英語ライティングの鬼100則

論理的思考をつきつめる

プラスワンポイント代表 髙橋 響 Hibiki Takahashi

明日香出版社

まえがき

　英語にはリスニング、リーディング、ライティング、スピーキングという4技能があり、多くの英語能力試験でそれらすべてのスキルが試されます。「正解」のあるリスニングやリーディングに比べて、「正解」のないライティングやスピーキングは自分で勉強をするのが難しい分野だと言われています。
　それゆえ、ライティングの勉強に行き詰まっている人も多いでしょう。

　特に、英語力以外の要素が含まれるライティングは英語学習者を悩ませています。
　文法の正確性を高め、語彙を増やすことはできても、力強く説得力のある英文を書けるようになるには、戦略的なアプローチが必要です。

　本書では、その**戦略を身につけるためのプロセス**を丁寧に説明します。

●──結論から伝える、根拠を添える

　日本の文化と欧米の文化は大きく異なります。その1つが、議論の進め方です。
　結論を最初に伝える欧米の文化に慣れていないと、いつまでも「日本語的」な話の進め方から抜け出せず、洗練された英文ライティングを実現することはできません。

　また、説得力のある英文ライティングを実現するためには、**主張の根拠を添える**ことが重要です。
　人によって意見が異なるのは当然です。しかし、「なぜそのように主張をするのか」を相手に伝えることができないと、力強く説得力のある英文にはなりません。

●──難解な文法用語は知らなくてもよい

　英語学習者がつまずくポイントはいくつかありますが、その1つが難解な文法用語ではないでしょうか？

「独立分詞構文」「付帯状況」「仮定法現在」……

　確かに、これらの文法用語は指導者が説明をする上で、また学習者が理解を整理する上で便利な場合もあります。
　しかし、多くの英語学習者にとって、最初からこれらの文法用語を理解することが重要だとは言えません。
　特に英語学習初級者にとっては、これらの難解な文法用語が原因でライティングに対するネガティブな意識が植えつけられてしまうこともあります。

　本書では、初級者であってもなるべくストレスなく読み進められるよう、特に前半の章においては可能な限り難解な文法用語を避け、場合によっては意図的に簡単な表現にとどめています。
　例えば、接続詞は厳密には「節と節をつなぐ役割」をしますが、あえて「文章と文章をつなぐ役割」と表現しているところもあります。

●──レベルに応じて得るものは異なる

　本書は学習レベルに応じて得るものが異なるように設計されています。

　これからライティングの勉強を始めるという初級者の方は、難しい部分は読み飛ばして、まずは本書を通読してライティングの楽しさ・面白さを知っていただけると幸いです。
　すでにライティングの勉強をしていてやや行き詰まっているという中級者の方は、本書を通してあなたがつまずいている原因を分析し、突破のきっかけを掴んでください。

　IELTS ライティングでハイスコアを目指すような上級者の方は、論理性・明瞭性を磨き上げるためのステップを理解し、あなたのライティングのプロセスにとり入れることで、無駄のない研ぎ澄まされた英文を実現しましょう。

　現在の学習レベルによって、簡単に感じる部分、難しく感じる部分があるかと思われますが、難しく感じる部分は読み飛ばし、物足りなくなったら読み返していただくと非常に効果的です。

　本書を手にとってくださった1人でも多くの方が、ライティングの世界に魅了されることを祈ります。

2021年8月　髙橋　響

第1章

第2章

第3章

第4章

第5章

第6章

第7章

第8章

第9章

第10章

第1章 ライティング学習の3つの基本

第2章 ミスのない英文を書く 7つのチェックポイント

第3章　意見を伝える英文の型

第1章
第2章
第3章
第4章
第5章
第6章
第7章
第8章
第9章
第10章

第7章　論理的に英文を組み立てる

第8章 説得力を増す論理展開

第9章 上級者でも間違えやすい表現12選

第1章
第2章
第3章
第4章
第5章
第6章
第7章
第8章
第9章
第10章

第10章　ライティング試験頻出議題とアイデア25選

第1章
第2章
第3章
第4章
第5章
第6章
第7章
第8章
第9章
第10章

カバーデザイン：krran　西垂水 敦・市川 さつき
本文イラスト　：末吉 喜美

ライティング学習の
3つの基本

ライティングを楽しむ

▶ まずは短い文章から練習する

ライティングの世界へようこそ！

　英語にはリスニング、リーディング、ライティング、スピーキングの4技能がありますが、その中でも「ライティングが苦手」という方は多いかと思います。

　リーディングでは書かれている英語を「理解する」スキルが必要であるのに対して、**ライティングでは日本語のアイデアを一から英語で「表現する」**という、全く別のスキルが求められます。

その単語、知っているけれども自分では使えない…

その文法、理解はできるけど自分では書けない…

理解した！

読める！

でも書くのはむずかしい…

　単語についても文法についても、こういった悩みを抱えておられる方も多いでしょう。

　ライティングでは、**自分で英語を書く（アウトプットする）というスキルを磨いて**いかなければなりません。

第1章

第2章

第3章

第4章

第5章

第6章

第7章

第8章

第9章

第10章

ライティングでは何をどう書くのか？

英文を書く目的はさまざまです。

ビジネスで手紙やEmailを書く場合もあるでしょう。英語の資格試験のために比較的長い文章を書く勉強をされている方もいるでしょう。あるいは、大学の課題のために数千語に及ぶような文章に挑戦されている方もいるかもしれません。

どのような目的で英文を書くにしても、自分で書く内容を考え、**読み手が理解しやすいように配慮をしながら書く**ことが求められます。

論理的な文章を書くには？

読み手が理解しやすい文章とはどのようなものでしょうか？

「英文ライティングは、論理的に書きましょう。」と言われることがあります。**論理的な文章**とは、内容（主張）が整理されていて、読み手がスムーズに理解・納得できる文章のことです。

論理的な文を書くための注意点やコツについては後章で詳しくお話ししますが、ここでは、「**世の中でいま問題になっていることなどを見渡し、情報を整理・分析をした上で、自分なりの理由を添えて主張をすること**」と理解しておきましょう。

つまり、単に「私はこう思います。」と主張するだけではなく、「いまこのようなことが社会で問題になっていて、こういう理由があって、だからこそ私はこのように主張をするのです。」というように理路整然と書くと、読み手はスムーズに理解ができます。

逆に、アイデアを十分に整理せず、思いつくがままに書いた文章はとても読みにくいものになってしまいます。

もちろん、はじめから論理的な文章を書けるように目指すのは大変です。

　これから英語のライティングの勉強を始めるという方は、まずは短い文章から練習をしていきましょう。

　どんなに長い文章も、もともとは短い文が基本になっています。

One of the causes of the increase in obesity in recent years is the prevalence of a sedentary lifestyle. Greater screen-based leisure time, including television and video games, has led to people spending longer hours without moving and exercising their bodies. Once people become overweight, they become reluctant to exercise regularly, which accelerates their descent into obesity and its many related health problems.

　　近年、肥満人口が増えている原因の１つは、座りっぱなしのライフスタイルが一般的になってきていることです。テレビやビデオゲームなどの画面を使った娯楽が普及したことにより、人びとは長時間、身体をあまり動かさずに過ごすようになりました。一度太り過ぎになると、運動を面倒に思うようになり、肥満とそれに関連する病気の危険性が一気に高まります。　（参照 Must 99）

　短い単純な文からスタートして、少し複雑な文にも挑戦しつつ、それらの文をつなぐ方法を習得していくと、論理的な文章を書けるようになります。

　ただし、そのためには少し準備が必要です。

論理的
な文章

文をスムーズにつなぐ
複雑な文にも挑戦
単純な文から練習

●──間違えやすい文法のおさらいをして不安を減らす

これまで英語をたくさん勉強して来られた方は、書かれている英文を読みこなす（リーディング）にはあまり不自由を感じていないかもしれません。

しかし、いざ白紙の状態から自分で英文を書いてみようと思うと、なかなかハードルが高いものです。

ハードルを高くしている原因の1つは、英文法に対する不安かもしれません。

もちろん、すべての英文法を熟知している必要はありませんが、**最低限押さえておきたい英文法をクリアにしておく**ことは、自分で英文を書く上で大変役に立ちます。

第2章では、日本人がよく間違える英文法をいくつかとり上げて紹介しますので、そこでぜひおさらいをしておきましょう。

●── ライティングを楽しもう

ライティング上達の秘訣は、何よりも「楽しむ」ことです。

どのようなライティングも、あなたの考えていることを読み手に伝えることを目的としています。

あなたは、言わば「作家」になるのです。自分が書いたものを誰かに読んでもらえるのは、とても幸せなことです。

もちろん、自分の考えを英語で表現することは最初のうちは大変かもしれませんが、ライティングのスキルが上がると、それが楽しいものに変わってきます。

読んでもらった後に、「この文章は読みやすかったね」「とてもわかりやすかったよ」と言われると嬉しいものです。

ぜひ、ライティングを「楽しみながら」勉強しましょう！

パズル感覚で文を組み立てる

▶ パーツを入れ替えて例文を量産する

　ライティングの英語試験などでは、たくさんの英文を書くことになります。
　文法にあまり自信がない方は、短い文であってもなかなか思うように英語
で書けないかもしれません。
　そのような方は、第3章でお話しする「ストラクチャーにパーツをあては
める」ことで、「パズル感覚」で文を書く方法を覚えてみましょう。
　もちろん、文法に自信のある方は、文法のルールを思い出しながら流れを
確認してみるとよいでしょう。

ストラクチャーにパーツをあてはめる

　すべての文は、「ストラクチャー（構文）」に対して、さまざまな「パーツ
（語句）」を組み込むことで作れます。

　車を組み立てる際、大雑把に言うならば、車体（ストラクチャー）にさま
ざまな部品（パーツ）を組み込むことで1台の車が作られますよね。

英文を作る際にも同じようなイメージを持ってみてください。まずは骨格となるストラクチャーを決めて、それにさまざまなパーツを組み込んで文を作るイメージですね。

●──パズル感覚で文を作る

このようにパズル感覚で文を作ることができると、文法が苦手だという方でも比較的スラスラと文を書けるようになります。

まずは英文を書くことに対する苦手意識を少しでも減らし、多少の間違いを気にすることなく、自分の力で文を完成させる力をつけていきましょう。

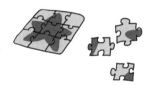

簡単で便利なストラクチャーから覚えよう

ストラクチャーとパーツの数がたくさんあると、それだけ多くのことを英語で表現できるようになります。

しかし、最初から欲張っていろいろ覚えようとしてもなかなか頭に残りません。また、丸暗記したようなストラクチャーは正しく使いこなせないこともあります。

第3章から、英文を書くために覚えておきたいストラクチャーをたくさん紹介しますが、一気に全部覚えようとするのではなく、「このストラクチャーを使ってみたいなぁ」と思ったものにフォーカスをして、一つひとつマスターすることを目指しましょう。

実際に使ってみる

　この本では、全部で100個のストラクチャーを紹介しますが、ストラクチャーを見ただけではなかなか使いこなせるようにはなりません。

　学んだストラクチャーは、実際に使ってみて、いろいろ間違いを指摘されながら覚えていくものです。

　間違いを恐れずにどんどん使ってみて、一つひとつマスターしていきましょう。

●── 同じストラクチャーを繰り返し使う

　ストラクチャーをしっかり身につけるための方法の１つは、同じストラクチャーを繰り返し使うことです。

　例えば、 Must 85では以下のようなストラクチャーを紹介していますが、例文のようにさまざまな状況を想定して使ってみることで、徐々にそのストラクチャーに慣れることができます。

 基本ストラクチャー（99）

not only A but also B
AだけではなくBもまた

例文 The use of plastics has a negative impact not only on the natural environment but also on human well-being.

（プラスチックの使用は、自然環境に悪影響を及ぼすだけでなく、人類の健康にも悪影響を及ぼします。）

例文 Not only did I forget to pay, but I also lost the wallet.

（私は、払い忘れただけではなく、財布もなくしました。）

　使い続けていくうちに間違いを指摘されることがあれば、自分が間違えやすい部分に気づくこともできます。

　自分に馴染みのないストラクチャーは、特に時間をかけてじっくりとマスターしていきましょう。

●──パーツを入れ替えて例文をたくさん作る

　同じストラクチャーを使いながら、パーツだけ入れ替えて例文を作る練習をしてみましょう。

　そうすることで、ストラクチャーに慣れるだけでなく、使いこなせる語彙も増え、それぞれの表現の違いなどにも興味を持つようになります。

●──成功体験を積む

　繰り返し使うことで、「成功体験」を積むことも重要です。

　スピーキングであれば、「自分の話した英語が通じた！」という成功体験が自信につながり、記憶につながります。

　ライティングでも、スピーキングと同様に、「自分の書いた英語が通じた！」という成功体験が重要です。

　そのような成功体験を重ねるにつれて、文法に対する苦手意識も薄れていき、使いこなせるストラクチャーも増えていきます。

　あたかも、自分のポケットの中にある数多くのストラクチャーの中から好きなストラクチャーを選ぶような感覚で、文章を作れるようになります。

●──現在のレベルに合わせて焦らずに

　本書で紹介するストラクチャーは、ライティングを学ぶ上で知っておくと便利なものばかりです。

　すでに使いこなすことができるストラクチャーもあれば、はじめて出会うストラクチャーもあるかもしれません。

　はじめから欲張ってすべてのストラクチャーを覚えようとすると、使いこなせないストラクチャーばかりが増えてしまいます。

　現在のレベルに合わせて、焦らずに一つひとつ増やしていきましょう。

エッセイの基本構成を覚える

▶イントロダクション・ボディ・コンクルージョンの役割を知る

　論理的に英文を書けるようになるためには、その構成を知っておく必要があります。この項では、ライティング試験で書く「**エッセイ（小論文）**」のような、論理的な文章の基本的な組み立て方についてお話しします。

３つのパートで組み立てる

　英文でエッセイを書く場合、大きく３つのパートに分けて組み立てます。

　最初のパートを「**イントロダクション（イントロ）**」と呼びます。イントロダクションは、これからどのような論を展開するのかを読み手に伝える役割を果たします。

　最後のパートを「**コンクルージョン**」と呼びます。コンクルージョンは、結論を示したり、どのような論を展開したのかを読み手に再確認したりする役割を果たします。

　イントロダクションとコンクルージョンに挟まれた最も大きなパートを「**ボディ**」と呼び、自分の主張を詳しく説明します。ボディは通常、複数の段落で組み立てます。

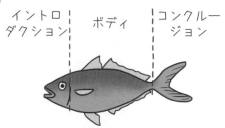

イントロ　　　　　コンクルー
ダクション　　ボディ　　ジョン

●──イントロダクションで読み手の興味を引く

イントロダクションでは、ボディで議論する内容について、なぜそのような議論が生じてきたのかという背景などを書きます。

イントロダクションとは日本語で「導入」という意味ですが、これは読み手に対して、これからのエッセイが何について書かれていて、あなたがどのような主張をしようとしているかを導入する、すなわち**話に引き込む役割**を果たします。

イントロダクションはエッセイの方向性を示すことが主な目的ですので、通常は簡潔に書きます。

●──ボディでしっかり主張する

イントロダクションに続いてボディを書きます。

ボディは、あなたの主張を詳しく説明するところです。イントロダクションで示した方向性に従って、**理由や具体例を加えながら主張を展開**します。

ボディは通常、数段落にわたって展開します。ボディを構成する段落の数は、そのエッセイをどのくらいの長さで書くか、どのくらいの数の論点について議論をするか、などによって変わってきます。例えばIELTS*で書くような250〜300ワードのエッセイでは、イントロダクションとコンクルージョンの間に、2〜3つの段落で構成されるボディを書くことが一般的です。

●──最後にコンクルージョンで再確認を！

ボディでの主張が終わったら、エッセイの最後にコンクルージョンを書きます。

※英語能力試験の1つ（International English Language Testing System）。

コンクルージョンとは、日本語で「結論」という意味です。読み手に対して、そのエッセイが何について書かれていて、あなたがどのような主張をしたかを結論づける役割を果たします。

イントロダクションと同様に、コンクルージョンも簡潔に書きます。

以下は、3つのパートで構成されたエッセイの例です。

イントロダクション

Life is all about change. While some may prefer life to be static, I would argue that it would be extremely monotonous if one only repeated the same actions. A person should incorporate changes into their life.

ボディ

There are indeed a number of people who opt to repeat the same course of action in their everyday lives. Such people believe that change always carries stress that they have to cope with. For example, changing jobs requires people to familiarize themselves with a new environment, including new bosses and colleagues. Because of the resultant mental strain, people frequently end up depressed after a job change. In this way, a change in life occasionally brings about distress, which is why some choose to stay in their comfort zones.

However, I believe that people should always endeavour to challenge themselves because the ability to change is a key to success. Life is unpredictable and those who avoid failure also avoid success. Many successful entrepreneurs have experienced numerous setbacks, from which they have learnt how to be more competitive in the market. Steve Jobs, for instance, experienced being dismissed from a company he himself had established because of the weak sales for a computer he designed. Yet, this failure fueled his passion and allowed him to make a dramatic comeback as one of the most renowned CEOs in the world.

コンクルージョン

> To sum up, although some people may seek regularity in their lives to avoid unnecessary anxiety, I advocate that one should always welcome change in life as this attitude will make one more successful.

主張するとは？

　英文でエッセイを書く際には、イントロダクション、ボディ、コンクルージョンの3種類のパートが必要であることがわかりました。メインとなるボディではあなたがさまざまな内容を主張するということもお話ししました。

　では、「主張」とは何でしょうか？

「主張」とは、ある物事に対してあなたがどのように考えているかを読み手に説明することです。

　人はそれぞれ異なる意見を持っています。

　それぞれの意見は尊重されるべきですが、「なぜそのような意見なのか」という根拠がないと説得力がありません。

　資格試験のライティングパートはもちろんですが、仕事で企画や商品をプレゼンする際にも必須のスキルです。

　そのような理由で、自分の意見を伝えるときは必ず根拠を添えて説明をします。

　「なるほど、そういう理由でそのように主張しているんだね！」

　というように、読み手に納得してもらうことが文を書く目的なのです。

　第3章以降、論理的な文章を書く上で、英語でどのようなことを表現したいかを考えていきますが、この点を基本的な考えとして持っていれば、きっとスムーズに理解が進むはずです。

第1章
第2章
第3章
第4章
第5章
第6章
第7章
第8章
第9章
第10章

第2章

ミスのない英文を書く
7つのチェックポイント

書くとやりがちなミス①
自動詞と他動詞の混同

▶ 単語ではなくフレーズでまとめて覚える

ライティングの説明に入る前に、英文を書く際に間違えやすい文法ミスのおさらいをしておきましょう。

英語は日本語と違い、基本的に主語を省略することはないので、必ず「主語」と「述語」を書きます。主語にあたるものは通常は名詞（または名詞に代わるもの）で、述語にあたるものは動詞を使います。

と、ここまでは当然のように行っていることですよね。

ただ、この動詞の使い方を間違える場合があるのです。

英語の動詞には、目的語を必要としない「自動詞」と、目的語を必要とする「他動詞」がありますが、上級者でも混同して使ってしまうことがあります。せっかくしっかりした論旨を組み立てたとしても、文法のミスがたくさんあっては読みにくい文章になってしまいます。

●── その動詞は自動詞？他動詞？

自動詞とは、動詞に「〜を」や「〜に」のような意味合いが含まれていないもので、「go（行く）」や「come（来る）」などがあげられます。

兄弟本の『英文法の鬼100則』では「主語から出る力が自分自身にぶつかって作用する」という意味で go と表しています。

「〜に」のように表現したい場合には、to や at などの前置詞を使って以下のように表します。

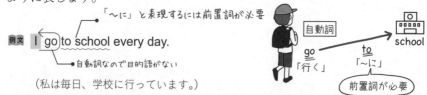

「〜に」と表現するには前置詞が必要

例文 I go to school every day.

自動詞なので目的語がない

（私は毎日、学校に行っています。）

自動詞

go
「行く」

to
「〜に」

前置詞が必要

school

一方、動詞に「〜を」や「〜に」のような意味合いが含まれているものが他動詞で、「visit（〜を訪れる）」などがあげられます。『英文法の鬼』では「自分から出た力が他者にぶつかって作用する」ので　visit　としていました。

他動詞なので目的語がないと不完全な文になる

例文 I visited the museum yesterday. （私は昨日、美術館を訪れました。）

visit に「〜を」が含まれているため to the museum とはならない

visit
「〜を訪れる」　the museum

　英文を書く際には、その動詞が自動詞なのか他動詞なのかを考え、「他動詞なのに目的語がない、自動詞なのに目的語がある」といったミスを少しでもなくしていきましょう。

自動詞か他動詞かはフレーズで覚える！

✕ I am going to visit to the place. （私は、その場所を訪れるつもりです。）

　それぞれの動詞が自動詞であるか他動詞であるかは、辞書を調べるなどして一つひとつ覚えるしかありません。

　その際、「この動詞は自動詞」「この動詞は他動詞」というように覚えるのもよいですが、両方の用法がある動詞も多いので、フレーズで覚えるようにすると記憶しやすくなります。

　例えば今回の例文では、「visit（〜を訪れる）」という動詞が使われています。「visitは他動詞である」と覚えるよりも、「visit the place（その場所を訪れる）」というフレーズで覚えておくと、英文を書く際に間違えづらくなります。

◯ I am going to visit the place. （私は、その場所を訪れるつもりです。）

自動詞と間違えやすい他動詞

●──「～を」以外の意味合いを含む動詞に注意

　このように動詞を覚える際には、自動詞か他動詞かを区別して覚えることがとても大切ですが、実は間違えやすい動詞には特徴があります。

　日本人が間違えやすい他動詞の一例をご紹介します。

自動詞と間違えやすい他動詞の例

enter (✕ into) university （大学に入学する）

discuss (✕ about) the matter （その問題について議論する）

attend (✕ to) the conference （その会議に出席する）

reach (✕ to) a conclusion （結論に達する）

oppose (✕ to) the idea （その考えに反対する）

　これらに共通していることは何でしょう？

　それは、動詞に含まれている助詞の部分が、「～を」ではなく、**「～に」**や**「～について」**となっている点です。

　「～を」については、私たち日本人は無意識のうちに目的語として認識をするのですが、「～に」や「～について」を目的語として認識しにくく、「～に」は前置詞 to や into に、「～について」は前置詞 about に置き換えがちです。その結果、✕ enter into university や ✕ discuss about the matter のように前置詞を入れてしまうのです。

　もちろん例外はありますが、「～を」以外のものを含む動詞については、特に注意して他動詞と自動詞の区別をしていきましょう。

他動詞と間違えやすい自動詞

　逆に、他動詞と間違えやすい自動詞もあります。

　どのような動詞が他動詞と間違えやすい自動詞であるかは、もう想像がで

きますよね？

　日本人は「〜を」を無意識のうちに目的語として認識する傾向にあるため、**「〜を」という助詞を伴う動詞は特に注意**をして覚えておく必要があります。

他動詞に間違えやすい自動詞の例

graduate <u>from</u> high school（高校を卒業する）

listen <u>to</u> music（音楽を聴く）

※正しい英語ではないとされていますが、口語ではgraduateを他動詞として、「graduate high school（高校を卒業する）」のように使うこともあります。

　もちろん、これらの傾向にあてはまらないものもありますので、よく使う動詞については辞書などで例文を確かめながらフレーズで覚えるように心がけてみてください。

📖 valuable information

「〜に入学する」のいろいろ

　「（学校に）入学する」を表現するための動詞はたくさん存在します。

　中でも最もよく使われる動詞の1つが enter です。

🔘 My son will enter university next year.（私の息子は来年大学に入学する予定です。）

　もう1つよく使われる動詞は、enrol（入学する、登録する）です。enrol という言葉には、団体や教育機関などの正式メンバーとして登録するという意味があります。フランス語の enrôler という動詞が語源となっていて、もともとは巻物（roll）に名前を記すということに由来します。

🔘 She enrolled <u>in</u> one of the most prestigious colleges in her hometown.

　（彼女は地元で最も名声のある大学の1つに入学しました。）

　この場合の enrol は自動詞ですので、上の例文のように前置詞として in や at が必要です。

　他に、「admit（〜への入学を許可する）」という動詞を使うこともできます。

🔘 She was admitted <u>into</u> one of the most prestigious colleges in her hometown.

　（彼女は地元で最も名声のある大学の1つへの入学が認められました。）

書くとやりがちなミス②
現在形と現在進行形の混同

▶「〜している」は現在進行形とは限らない

　文を書く上で、動詞の形は非常に重要です。

　特に、文の述語にあたる動詞の形を間違えていると、意味が伝わらなかったり、違う意味で伝わってしまうことがあります。

日本語の「〜している」に騙されない

　日本語では「〜している」という表現をよく使います。これをそのまま英語にしようとすると、現在進行形を使ってしまいがちです。

✕　I am belonging to the club.　（私は、そのクラブに所属しています。）

　しかし英語ではこのように表現しません。

　「belong to（〜に所属する）」は通常は進行形で表すことができないので、以下のように表現しなければなりません。

◯　I belong to the club.　（私は、そのクラブに所属しています。）

　もし、「いままさに所属しているところである」、すなわち「所属しようと思っている」という意味で書きたいのであれば、「join（〜に参加する）」のような動詞を使って表現するほうが適切です。

例文　I am joining the club.　（私は、そのクラブに入ろうと思っています。）

　日本語の「〜している」という表現に惑わされずに、現在形で表現するべ

きものは現在形で表現をすることが必要です。

同じように現在進行形にできない動詞の例

I own (✕ am owning) this house.

（私はこの家を所有しています。）

●──-ing 形だけでは述語の役割を果たせない！

日本人によくある間違いとして、主語の直後に動詞の-ing形を使ってしまうことがあります。

✕ I studying English every day.

（私は、毎日英語を勉強しています。）

もちろん、この文章は文法的に間違えています。

初級者によく見られるミスですが、日本語の「〜している」という表現に惑わされてしまった例ですね。

動詞の-ing形は文法的には「現在分詞」と呼ばれ、現在進行形として使うのであればbe動詞とともに用いる必要があります。例文のように be動詞を伴わない場合は、述語の役割を果たすことができません。

●── 日本語では現在形をあまり使わない

このような間違いが起こる原因として、日本語では現在形をあまり使わないことがあげられます。

「私は東京に住みます。」

「私は毎日英語を勉強します。」

どちらも日本語としてはやや不自然な響きを与えます。日本語では、現在形として「〜している」という表現を多用するため、英語にする際に現在形と現在進行形を混同してしまうのです。

●──習慣を表すなら現在形、いまだけのことなら現在進行形

　では、どのような状況に現在形を使って、どのような状況で現在進行形を使ったらよいのでしょうか？

　英語の現在形は、しばしば「習慣」や「条理」を表します。「いつもそのようにする」「常にそうである」という意味合いを含んでいます。したがって、普段の習慣として表現するのであれば現在形を使うことになります。

🈞 I study English every day. 　（私は毎日、英語を勉強しています。）

　一方、普段の習慣ではなく、いま（たまたま）していることとして表現するのであれば現在進行形を用います。

🈞 I am studying English now. （私はいま、英語を勉強しています。）

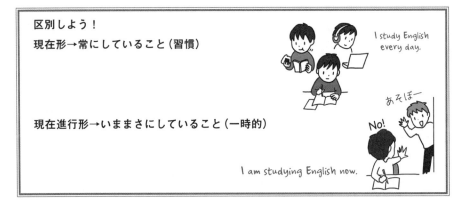

```
区別しよう！
現在形→常にしていること（習慣）



現在進行形→いままさにしていること（一時的）
```

I study English
every day.

あそぼー

No!

I am studying English now.

●──過去形と現在完了形の違い

　過去のことを表す際に、過去形を使うか、現在完了形を使うかで迷うことがあります。

　基本的にはどの部分に焦点をあてるかで過去形と現在完了形を使い分けます。「いつそれをしたのか」に焦点があたっている場合には過去形を、「それをしたかどうか」に焦点があたっている場合には現在完了形を使います。

🈞 I studied English yesterday. 　（私は昨日、英語を勉強しました。）
　　過去形　→　ちゃんと「昨日」やった、と伝えたい

　この文では、「英語を勉強したかどうか」ではなく、「いつ英語の勉強をしたのか」に焦点があたっています。

例文 I have finished my homework. （私は、宿題を終わらせました。）
現在完了形　→とにかく「終わった」と伝えたい

　一方、この文では、「いつ宿題をしたのか」ではなく、「宿題を終わらせたかどうか」に焦点があたっています。

　このように「いつそれをしたのか」を重視して伝えたいなら過去形を使い、「それをしたかどうか（いつしたかは重要ではない）」を伝えたいなら現在完了形を使うとよいでしょう。

区別しよう！

過去形→「いつそれをしたのか」に焦点があたっている（時点）

現在完了形→「それをしたかどうか」に焦点があたっている（完了）

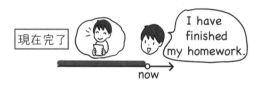

🏯 **valuable information**

ただしアメリカ英語では、現在完了形の代わりに過去形を使うことがよくあります。
"Mom, can I go out and play? I finished my homework."
　（お母さん、外で遊んでもいい？宿題終わらせたから。）

このように国によって用法は多少異なりますが、ライティングでは過去形と現在完了形の基本的なニュアンスを理解して使い分けるようにしましょう。

確信の程度で
助動詞を使い分ける

▶ 強い確信の will から弱い推測の may まで

英語には、動詞の意味を変化させる役割を持つ「助動詞」があります。
　助動詞を上手に使い分けることができると、自分の主張を正しいニュアンスで伝えることができます。

　助動詞の役割の1つに、「断定を避ける」ということがあります。
「これはこうです。」とはっきりと断言をすることも時には必要ですが、ライティング試験のエッセイで書くのはあくまで書き手の主張に過ぎません。

　そのため、**断定を避ける役割を果たす助動詞**はとても大切です。

　助動詞にもたくさんありますが、基本文法のおさらいということで、ここでは、will・may と would・might、そして should といった助動詞について確認をしておきましょう。

確信の程度に応じて will と may を使い分ける

　エッセイでは、書き手はさまざまな主張をします。
　その際、強く主張をしたいものと、あまり確信はないけれども可能性として伝えたいものがあります。
　助動詞の will と may を使い分けることで、書き手の確信の程度を示すことができます。

●── 強い確信を示す will

例文 The country will suffer from an economic downturn.
「ほぼ間違いなくそうなるだろう」（確信度が高い）

（その国は経済の低迷で苦しむでしょう。）

will は、「ほぼ間違いなくそうなるでしょう」というように、未来のことに対する**書き手の強い確信**を示すことができます。

今回の例文の場合、「現在のその国の状況を考えると、その国が将来的に経済の低迷で苦しむことはほぼ間違いない」という書き手の確信が示されています。

●── あくまで推測に過ぎない may

例文 The whole world may be completely different in ten years' time.
「〜かもしれない」（確信度が低い）

（全世界は10年後には全く違ったものになっているかもしれません。）

may は、「〜かもしれない」というように、あまり確信がない状況で使います。

「単なる推測に過ぎませんが……」というように、言ってみれば**発言に責任を持ちたくない**場合に使います。

このように、書き手がどの程度確信を持ってその内容を伝えたいのかによってwillとmayを使い分けると、より細かなニュアンスを読み手に伝えることができます。

can は may の代わりに使えるか？

✕ The situation can change in the near future.

may の代わりに can を使ってこのように表現する人もいますが、標準的な表現ではないため、資格試験などフォーマルなライティングでは避けるべきとされています。

can ではなく could（仮定法）を使うことで、「ひょっとしたら」という推測を表すことができます。

◯ At the moment we can grow enough food for everyone, but the situation could change in the near future.

（現時点ではすべての人に十分な食料を育てることができますが、近い将来、状況は変化するかもしれません。）

would と might

助動詞の will や may には「過去形」があります。それぞれ will は would、may は might という「過去形」が存在します。形は過去形ですが「過去」のことを表すのではなく、**確信の度合いをさらに弱める働き**をします（文法的には「仮定法」）。

ただし、可能性を表す場合の may と might の違いは現代の英語ではほとんどなく区別しない傾向にあります。

The whole world may be completely different in ten years' time.
　　　　　　↑
　　ほぼ同じ確信度で使われることも…
　　　　　　↓
The whole world might be completely different in ten years' time.

（全世界は10年後には全く違ったものになっているかもしれません。）

提言をするための should

should は、これまでの will や may とは少しニュアンスが異なります。

助動詞の should には「〜するべきである」という意味がありますので、**書き手が何かを提言したい**場合に使われます。

例文 Parents should read books to their children.
（親は自分の子どもに本を読み聞かせるべきです。）

ここには、科学的にそれが100％正しいかどうかは別として、「自分の意見としてそう思う」というニュアンスが含まれています。

エッセイでは、書き手は自分の考え（主張）を述べることが多いので、助動詞の should はとてもよく使います。

「〜するべきでない」という提言をしたい場合には、should not を用います。

例文 Children should not have their own television sets.
（子どもたちは自分のテレビを持つべきではありません。）

ちなみに should は shall という助動詞の過去形ですが、shall は「Shall I … （〜してあげましょうか？）」「Shall we … （〜しましょうか？）」のような疑問文以外では、現代英語ではほとんど使われなくなりました。

「それは便利」は
It is convenience.ではない

▶「〜だ」という日本語に惑わされない

　日本語のアイデアを英語で表現する際に、日本語と英語の表現方法の違いに悩まされることがあります。

それは便利だ！

　よくある間違いの1つが、品詞の混同です。中でも最もよく見かける間違いとして、名詞と形容詞の混同を考えてみましょう。

> スマートフォンは便利です。

　「〜は、〜です。」という表現は、おそらくbe動詞を使ったストラクチャーを考える人が多いでしょう。

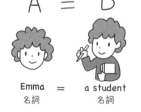

A is B .

　「スマートフォンは便利です。」という内容をこのストラクチャーにあてはめるためには、AやBにあたるものが何かを考える必要があります。今回の例文では、Aにあたるものが「スマートフォン」、Bにあたるものが「便利」になります。

　ここで問題になるのは、「便利」にあたる英語です。コンビニエンスストアなどの単語から推測されるように、便利は convenience であると思ってしまい、次のような英文を書きがちです。

✗ Smartphones are <u>convenience</u>.

　しかし、この英文は誤りです。convenience は「便利さ」という**名詞**であり、イコールの役割を果たす be 動詞を用いると、「スマートフォン＝便利さ」となってしまうからです。

　もちろん、「スマートフォン＝便利さ」ではありませんので、正しくは次のような英文になります。

⭕ Smartphones are <u>convenient</u>.

　「スマートフォン＝便利（なもの）」と表現するためには、convenience という名詞ではなく convenient という**形容詞**を使う必要があるのです。

●── 間違いの原因は日本語の「形容動詞」にあった

　実はこのような間違いはライティング初級者にはよく見られます。

　日本語を母語とする人は、なぜこのような間違いをしてしまうのかを考えてみましょう。

> 　スマートフォンは便利です。

　この日本語の文には、英語にはない品詞が含まれています。

　それは「便利です」という部分です。

　「便利です」は、「便利だ」の丁寧な形ですが、実はこの「便利だ」というのは英語にはない使われ方なのです。

　「便利だ」のような品詞は、日本語では**形容動詞**と呼ばれます。

　　形容動詞は、形容詞に似た働きをするものの、形容詞とは活用の方法が異なります。

スマートフォンは<u>便利です</u>。
　　　　　　　　　形容動詞

英語にはないので代わりによろしく！

Smartphones are
convenience
✗名詞
convenient
⭕形容詞

英語には形容動詞はないので、「形容詞」と同じように扱うことになります。そのため、「便利である」という形容詞を使う必要があるのです。

日本語に特有の「形容動詞」の見分け方

日本語には、形容詞の役割を果たしながらも形容詞とは異なる活用をする「形容動詞」と呼ばれる品詞があります。形容動詞は「〜だ」という形で表されるため、「名詞＋だ」との区別がつきにくい場合がありますが、「〜なもの」のような形に変化（活用）をさせてみると、違いがよくわかります。

> ①スマートフォンは便利だ。
> ②スマートフォンは道具だ。

この２つの文はどちらも「スマートフォンは〜だ」という形をしています。「〜だ」の部分を、「〜なもの」という形に変化させることができるかを考えてみてください。

便利だ → ○ 便利なもの
道具だ → ✕ 道具なもの

「便利だ」は「便利なもの」とできますが、「道具だ」は「道具なもの」とはできません。このことから、「便利（だ）」は形容動詞であり、「道具」は名詞であることがわかります。

●── 名詞と混同しがちな例

同じように「〜だ」という形容動詞を「名詞＋だ」と混同してしまいがちな例をいくつか紹介します。

> 日本は安全だ。

✕ Japan is safety.

「安全」という名詞は英語でsafetyですが、「日本＝安全・無事」ではないの

で、「安全な状態である（safe）」という形容詞を使って表現しなければなりません。

○ Japan is safe.

では、この例はどうでしょうか？

> 私は満足だった。

もちろん、「私＝満足（感）」という意味ではありませんので、「満足（satisfaction）」という名詞ではなく「満足した状態である（satisfied）」という形容詞を使って表現しなければなりません。

✕ I was satisfaction.

○ I was satisfied.

● ──「A=B」になっているか

もう1つ、見分ける方法をお話しします。

それは、日本語として「A＝B」の関係になっているかを考えるという方法です。

> 彼はとても多才です。

A is B . のbe動詞はイコールの意味を表しますので、「A＝B」の関係でなければなりません。「多才」とは「多くの才能」ですので、「彼＝多くの才能」ではないことがわかります。

✕ He is many talents.

正しい英語にするためには、日本語の文で足りない部分を補って考える必要があります。「彼が多才である」というのは、「彼は多くの才能を持っている」ということです。

○ He has many talents.

このように、日本語を丁寧に扱うことで間違いを防ぐことができます。

単数・複数形の間違いを減らす

▶ 数えられる名詞の一般論は複数形を使う

英語には、日本語にはない概念がいくつかあります。

その代表的な例が、名詞の単数・複数形と冠詞です。

> ─ グループ全体を表す集合名詞に注意！

英語の名詞には、数えられる名詞（**可算名詞**）と数えられない名詞（**不可算名詞**）があります。例えば、「book（本）」は数えられますが、「water（水）」は数えられません。

『英文法の鬼100則』では「『形』で認識するものが数えられる名詞、『性質・材質』で認識するものが数えられない名詞」だと教えています※。

多くの辞書には、その名詞が可算名詞であるか不可算名詞であるかは、例文とともに記載されています。

名詞を覚える際には、その名詞が可算名詞であるか不可算名詞であるかを合わせて覚える必要がありますが、特に間違えやすいものを中心に覚えるとよいでしょう。

可算名詞		不可算名詞
a book	books	water

● ──総称は不可算名詞

「book（本）」が可算名詞で「water（水）」が不可算名詞であることは、日本

語からもなんとなく想像がつきます。

　しかし、日本語では数えられそうに思えるものが、英語では不可算名詞であることもあります。

> マイクロソフト社はソフトウェアを作るのが得意です。

「software（ソフトウェア）」はWordやExcelといったアプリケーションなど全般をまとめて示す、数えられない名詞です。したがって、softwaresのような複数形は存在せず、softwareという形を用います。

✗ Microsoft is good at making softwares.
◯ Microsoft is good at making software.

　これは、software という単語が、「**集合名詞**」と呼ばれる総称だからです。どうしても複数形で表現したい場合には、「software products（ソフトウェア製品）」のように可算名詞を続ける必要があります。

　日本語では単数形・複数形の区別がされないため意識されることはあまりありませんが、英語にはこのようにグループをまとめて呼ぶ集合名詞という概念がありますので注意が必要です。

　例えば、police は「警察組織（全体）」を表し、個々の警察官を表現する場合には police officers と表現します。staff も間違えやすい名詞ですが、「職員（全体）」を表しますので、複数形にする場合には staffs ではなく staff members のように表す必要があります。

　集合名詞自体が、複数の人やものが集まった「総称」なので、複数形にするときには注意が必要です。

冠詞なしの複数形で一般論を話す

　エッセイでは、一般論をすることがよくあります。

　一般論とは、ある特定の状況やものではなく、「一般的に、〜というものは〜です。」というような説明をすることです。

> 　　コンピュータゲームは目によくありません。

　これは、「何か特定のコンピュータゲームが目によくない」というのではなく、「一般的に、コンピュータゲームというものは目によくない」ということを主張しようとしています。

　このように一般論を述べたい場合には、その名詞が数えられる名詞（**可算名詞**）であれば、「**冠詞なしの複数形**」を使うのが最も安全です。

例文 Computer games are bad for the eyes.

　一方、数えられない名詞（**不可算名詞**）の場合には、もちろん単数形となります。

例文 Caffeine is harmful for children. 　（カフェインは子どもたちに有害です。）

　この例文では、「カフェインというものは」というように一般論を語っていますが、caffeine という名詞が数えられない名詞であるため、単数形を用いています。

冠詞の大原則

　a / an / the という冠詞は、ライティング上級者であっても正しく使いこなすことが難しいものです。

　すぐに完璧に使いこなすことは難しいかもしれませんが、まずは大まかなルールだけ知っておきましょう。

2回目以降

はじめて

冠詞の大原則として、a / an ははじめて登場する名詞に使い、the はすでに登場している場合や書き手も読み手も同じものを想像できる場合に使います。

●── a / an は単数形の場合だけつける

基本的なところですが、ライティング初級者では a / an という単数を表す冠詞と名詞の複数形が一緒に使われている間違いがよく見られます。

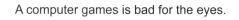 A computer games is bad for the eyes.

ライティング上級者を目指すにあたって、このようなうっかりミスもなくしていきましょう。

●── 冠詞を伴わない可算名詞の単数形は使わない

もう1つ注意できることとしては、「冠詞を伴わない可算名詞の単数形」を使わないということがあります。

✕　Computer game is bad for the eyes.

このような文章を書いてしまう人は、冠詞への意識が弱く、単数形・複数形の区別をあまりしていない可能性があります。

日本語の意識が強く、英語での表現の不自然さに気づけていないために起こるミスです。

game は可算名詞ですので、a computer game、computer games、the computer game、the computer games のような形はあっても、computer game という形は基本的に使いません。

一般論をするのであれば、複数形で表現をするようにしましょう。

主語と述語を一致させる

▶ 動詞を書いたら主語を確認する習慣をつける

動詞を書いたら主語を確認しよう

　ライティング初級者によく見られる間違いの１つは主語と述語の不一致です。

　英語は主語によって述語（動詞）の形が変わります。「三単現のｓ」と呼ばれるように、主語が「三人称」で「単数」で「現在形」の場合に、動詞にｓ（またはes）をつける必要があります。

　しかし主語が長くなったりした場合に、うっかり「三単現のｓ」を忘れてしまったり、逆に複数形の主語に対して「三単現のｓ」をつけてしまったりすることがあります。

✕ Speaking in front of others require a lot of skills.

　（他人の前で話をすることは多くのスキルを必要とします。）

　この例では、「Speaking in front of others（他人の前で話をすること）」のように、主語が比較的長くなっています。しかし、「他人の前で話をすること」自体は１つの動作なので「単数」として扱わなければなりません。動詞の直前にothersという複数形の名詞があることもあって、うっかり「三単現のｓ」を忘れてしまいがちです。

　このような失敗を防ぐためには、動詞を書いた時点で、その文の主語が何だったかを振り返る習慣をつけることが大切です。

◯ Speaking in front of others <u>requires</u> a lot of skills.

（他人の前で話をすることは多くのスキルを必要とします。）

> 私はつまらない人？

私は、映画を見ているとき、退屈でした。

　この日本語を不自然だと思う人はあまりいないでしょう。しかし、このまま英語にしようとすると以下のような間違いを起こす場合があります。

✕ I was boring when I watched the movie.

　日本語では、「私」が主語、「退屈でした」が述語です。

　ここで、「退屈である＝boring」のように紐づけて覚えていると、このような文章を作ってしまいがちです。

　boring は「人を退屈にさせるような」という意味の形容詞であり、例えば I am boring. と言うと、「私は人を退屈にさせるような人間です。」という意味になってしまいます。

　「人を退屈にさせるような」ものは「私」ではなく「映画」ですから、主語を「映画」にして次のように表現をすると主語と述語が一致します。

◯ The movie was boring.

　あるいは、「私」を主語にするのであれば、述語の部分を変更する必要があります。

「人を退屈にさせるような（boring）」ではなく「退屈させられた（bored）」にすると主語と述語が一致します。

> The movie was boring.

◯ I was bored when I watched the movie.

> I was bored.

51

私は難しい？

私は、人前で英語を話すのが難しいです。

日本語としてもやや不自然ですが、なんとなく意味はわかります。
しかし、このまま英語にしようとするとおかしなことになってしまいます。

✕ I am difficult to speak English in front of others.

主語は「私」、述語は「難しい」ですが、「私」が難しいわけではありません。難しいのは、「私」ではなく、「人前で英語を話すこと」です。
これも主語と述語が一致していない例です。

日本語には、主語以外のものにも「は」や「が」のような助詞を使うことがあります。これらに騙されてついつい主語を見誤ると、先ほどのような文法ミスをしてしまうことになります。
先ほどの文は、「人前で英語を話すこと」という部分を主語にして以下のように表すことができます。

◯ Speaking English in front of others is difficult for me.

あるいは、次のように表すこともできます。

◯ It is difficult for me to speak English in front of others.

これは「形式主語」と呼ばれるストラクチャーで、 Must 20 でもう少し詳しくお話しします。

それをするのは誰？

多くの親は、より良い学校教育を受けるために海外に子どもたちを留学させています。

ライティング中級者でも見られるミスが以下です。

✕ Many parents send their children overseas to receive better schooling.

メインの部分の主語と述語は一致しています。「多くの親が、子どもたちを海外に送る」という、主語と述語の関係ができています。

問題になるのは、「to receive better schooling（より良い学校教育を受けるために）」の部分です。

これは、Must 23 でお話しする「目的を表すためのストラクチャー」ですが、この部分には主語が書かれていません。そのような場合、主語はメインの部分の主語と同じであると判断されます。今回の場合は、「多くの親」が主語になってしまいます。もちろん「より良い学校教育を受ける」のは親ではありません。学校教育を受けるのは「子どもたち」です。

このような主語と述語の不一致を解消する方法はいくつかあります。1つは、動詞を使わずに表現をする方法です。

○ Many parents send their children overseas for better schooling.

for better schooling の中には動詞がないので、主語と述語の不一致を考える必要がありません。

もう1つの方法は、後述の 基本ストラクチャー (21) so that (S) may/can/will 〜 [Must 24 で紹介] を使う方法です。

○ Many parents send their children overseas so that their children can receive better schooling.

このように「より良い学校教育を受ける」のが「子どもたち」であることを明らかにすると、誤解を避けることができます。

カンマはどこに打ってもよい わけではない

▶ 文法のルールにしたがって句読点を使う

日本語にも英語にも句読点があります。

日本語では「、(読点)」や「。(句点)」、英語では「,(カンマ)」や「.(ピリオド)」などです。

英語には、その他にも「:(コロン)」や「;(セミコロン)」などもありますが、ここではカンマとピリオドについてお話しします。

日本語の句読点に合わせてカンマを打たない

日本語も英語も、読み手に意味が伝わりやすいように句読点を使うことに違いはありません。

しかし、日本語と英語では多少ルールが違う部分もありますので、確認をしておきましょう。

●──「なぜなら、」は「Because, …」ではない

国民は選挙に行くべきです。なぜなら、国民の義務だからです。

日本語では、このように「なぜなら」の後に「、」をつけても不自然ではありません。

しかし英語では、because の後に「,」をつけることはありません。

✕ Citizens should go to vote. Because, it is their duty to do so.

　この文には、2つの大きなミスが含まれていま
す。その1つが句読点の使い方です。

　英語では、接続詞の前にカンマをつけることは
あっても、後につけることは通常ありません。

　もう1つのミスについては Must 14 で詳しくお
話ししますが、Because …だけでは文法的に不完
全な文になってしまうため、前の文と合わせて1
つの文章で表現をしなければなりません。

日本語と英語の句読点

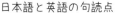

なぜかって
いうとー、

Because✕ …

〇 Citizens should go to vote because it is their duty to do so.

日本語では読みやすさを、英語は文の構造を重視する

　日本語は、中国から由来する漢字と、日本で独自に作りあげられた平仮
名・カタカナの3種類が混在する、世界でもまれに見る言語です。

　そのため、日本語では文章を読みやすくする目的で「、」を使うことがあ
ります。

> 政府は来春選挙を実施する予定です。

　例えば、この文では、「来春」の部分と「選挙」の部分が漢字が連なってい
るために読みにくいですよね。

　このような場合、日本語では、「来春」と「選挙」の間に「、」を使うのが
一般的です。

> 政府は来春、選挙を実施する予定です。

　また、人によっては、「政府は」の後にも「、」を使うかもしれません。

> 政府は、来春、選挙を実施する予定です。

このように日本語では、読みやすさを重視して、比較的自由に句読点を使う傾向にあります。

しかし、英文でも同じタイミングで句読点を使ってしまうと、当然ながら不自然になります。

 The government, will be holding an election, next spring.

もちろん英語の句読点も読みやすさを向上させるために使う場合もあるのですが、英文における「,」の主な役割は、文の構造をわかりやすくするということにあります。

先ほどの例文では、The government はこの文の主語（S）、will be holding の部分が述語（V）、an election がその目的語（O）です。

これらは文の基本構造ですので、その途中でカンマを使うことは通常はありません。

また、「next spring（来春）」の部分は修飾語（M）ですが、メインの主語と述語の後に修飾語をつける場合には、通常、カンマを用いません。

 The government will be holding an election next spring.

このように、日本語で（読みやすさのために）必要であった「、」は、英語では必要がない場合があるのです。

●──修飾語が文頭にくる場合にはカンマが必要

「next spring（来春）」のような修飾語は、通常、文の後半に書くことが多いですが、文頭に書くこともできます。

その場合には、英文でもカンマで区切るのが一般的です。これは、カンマで区切らなければ文の構造が見にくくなるからです。

 Next spring the government will be holding an election.

これでも間違いではありませんが、以下のようにカンマで区切ってあげることで読み手は文の構造を理解しやすくなります。

 Next spring, the government will be holding an election.

❶日常生活からトピックを見つけよう

英語学習全体がそうであるように、「何かを覚えればライティングが上達する」というような単純なものではありません。

普段の生活においても、ライティング上達につながるような「仕組み」を作ることが大切です。

各章の章末コラムでは、これからライティングの勉強をしていく上で普段の生活でも身につけたい習慣をお話しします。

日常生活はトピックの宝庫

私たちは、普段生活する中でさまざまなものを見たり聞いたりしています。通勤しているなら、朝起きて、朝食を食べて、電車に乗って出社して、仕事して、お昼にご飯を食べて、時に残業をして、電車で帰って、家族の時間を過ごして、寝る……　このように毎日行っていることから、議論として考えられそうなトピックを見つけてみるのです。

「〜するべきかどうか」という観点から考えてみる

最初は、「〜するべきかどうか」という観点から考えてみるとよいでしょう。

□ 朝は早く起きるべきである
□ 朝食はしっかり食べるべきである
□ 政府は電車の定員を設定するべきである
□ 会社は同じ時間に出社しなくてもよいようにするべきである
□ 会社は同じ時間に昼食をとらなくてもよいようにするべきである
□ 政府は残業の上限時間を法律で定めるべきである

このように、たった1日の行動を見つめ直すだけでも、多くのトピックを見つけることができます。

そして、これらを一つひとつ考えてみるのです。できれば Must 66 でお話しする PREP 法に沿って日本語でアイデアの流れを想像してみるとよいでしょう。

例えば、「朝は早く起きるべきである」というトピックについて、PREP 法に沿って日本語でアイデアの流れを想像してみましょう。

Advice for English learners

P（Point）：朝は早く起きるべきです。なぜなら、効率的に時間を使えるからです。

R（Reason）：朝は、夜に比べて脳が活発で集中力を高めやすいのです。

E（Example）：実体験として、朝の1時間を英語学習にあてるようになってから成績が伸び、試験に合格しました。

P（Point）：だから、朝は早く起きるべきです。

「〜するべきかどうか」以外の観点からも考える

慣れてきたら、ほかのトピックについても考えてみましょう。

□ 仕事が忙しく家族との時間が少ない人が多い。政府は何をするべきか？

□ 通勤に数時間もかける人が多くいる。なぜか？どうすれば解決できるか？

ここでは、2番目のトピックについて、PREP法に沿って日本語でアイデアの流れを想像してみます。「なぜか？」という**理由**と、「どうすれば解決できるか？」という**解決策**の2つについて、2つのボディに分けて議論をしましょう。

理由

P：通勤時間に数時間もかける人が多くいる理由は、勤務地の近くの家の値段が高いからです。

R：多くの国では大都市に仕事が集中しており、よい仕事を求めて都会に働きに出てきています。大企業の半数近くが首都の東京に集中しています。これにより、人口の約30％が首都近郊に住む事態になっており、平均的な収入では東京に住むことが難しくなっています。

P：このことが、通勤時間に数時間もかける人がたくさんいる理由です。

解決策

P：通勤時間に数時間もかける人を減らすための解決策として、国が大企業を地方に誘致することがあります。

R：地方に移転をした企業に対して補助金を支払うなどの方法で、都市部に集中している現状を緩和することができるでしょう。

E：日本では、地方に移転をした大企業を対象に、税制を優遇する方針をとっており、これにより約15％の企業が地方に移転しました。

P：国が大企業を地方に誘致することが解決策の1つです。

実際にエッセイを書く際にはもっと綿密なプランニングが必要ですが、論理的な思考力を身につけるために、普段の生活で身近なトピックを1つ見つけて、少し考えてみるという習慣を身につけましょう。習慣が力になります。

Advice for English learners

第3章

意見を伝える英文の型

英語でこんなことを表現したい！

▶ 意見を主張し、理由を述べ、重要性を訴える

どんなに長い英文も「文の集まり」です。

1つの文がスラスラ正しく書けるようになれば、長い文章でもやがてスラスラ書けるようになります。

しかし、どのような内容を英語で表現したいかがはっきりしていないと、ライティングの勉強方法も曖昧になってしまいます。

あなたがどのようなことを踏まえてどう判断し（賛成・反対し）、何を提案しているのかを読み手に正しく伝えるためには、主張や意見を伝える表現が必要です。

また、主張を裏づけるために、重要性や必要性を訴える表現も必要になってくるでしょう。

この項では、主張・提案するときにどのような表現がよく使われるかを考えてみることにしましょう。

自分の主張を伝えるために必要な表現とは？

●── 主張を伝える表現

あなたの考えを読み手に主張するとき、表現のバリエーションをいくつか持っておくとよいでしょう。英語は同じ表現の繰り返しを嫌う傾向にあり、同じ内容を複数の方法で表現できるスキルがあると、よりネイティブらしい自然なライティングにつながります。

私は、〜だと考えます。
→ I believe that ……. [*] Must 13

私の意見では、〜
→ In my opinion, ……. [*] Must 13

〜は、〜するべきです。
→ (S) should 〜. [*] Must 12

〜は、〜するべきではありません。
→ (S) should not 〜. [*] Must 12

例 政府は環境問題にもっとお金を使うべきです。

●── 理由を述べる表現

また、「なぜそのように考えるのか」についても説明することになりますので、理由を表す表現もいくつか持っておくと便利です。

……なので、〜です。
→ ○× because ……. [*] Must 14

これはなぜなら、〜だからです。
→ This is because ……. [*] Must 18

その理由は、〜です。
→ The reason for this is that ……. [*] Must 18

（1）である理由は（2）です。
→ The reason why (1) is that (2) [*] Must 15

例 なぜなら、環境問題は年々ひどくなっているからです。

●──重要性・必要性を訴える表現

　自分の主張を読み手にしっかり伝えるのに、重要性や必要性を説明することも大切です。

「何（をすること）が重要であるのか」「何（をすること）が必要なのか」などについて言及することで、読み手はあなたの主張に納得できるのです。

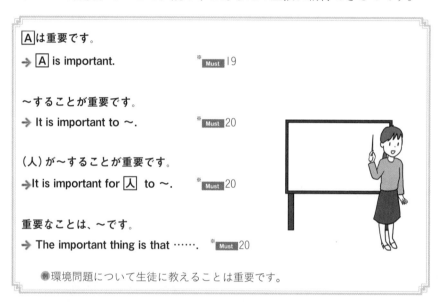

Ａは重要です。

→ **Ａ** is important.　　　　　＊Must 19

〜することが重要です。

→ It is important to 〜.　　　　＊Must 20

（人）が〜することが重要です。

→ It is important for **人** to 〜.　＊Must 20

重要なことは、〜です。

→ The important thing is that ……. ＊Must 20

　例 環境問題について生徒に教えることは重要です。

●──現状や世の中の傾向を紹介する表現

　読み手に何かの重要性や必要性について説明をする際に、その背景の事情を説明して読み手と知識を共有することも重要になってきます。

　最近どのようなことが起こっていて、だからこそどのような主張をしたいのか、を読み手に伝えるのです。

　人びとの行動や志向の変化、最近の議論の高まりについて表現する方法を知ることで、より説得力のある議論ができるようになります。

〜する人が増えています。

→ An increasing number of people 〜.　＊Must 21

〜の数が増えています。

→ The number of … is increasing.　　＊Must 22

~の量が増えています。

→ The amount of ⋯ is increasing.   ＊ Must 22

　例最近、ゴミの量が増えています。

●──目的を伝える表現

「こうするべきだ」という主張をする際には、その目的を伝えることが必要になることもあります。

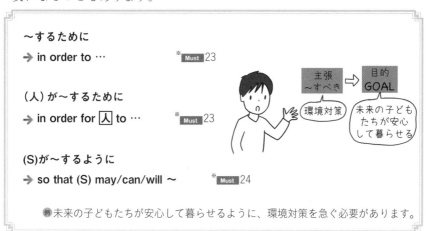

~するために

→ in order to ⋯   ＊ Must 23

（人）が~するために

→ in order for 人 to ⋯   ＊ Must 23

（S）が~するように

→ so that (S) may/can/will ~   ＊ Must 24

　例未来の子どもたちが安心して暮らせるように、環境対策を急ぐ必要があります。

よく使う表現から覚える

　この章で紹介する表現は、いずれも資格試験のライティング問題等でもとてもよく使うものばかりです。

　これらの表現をしっかり英語で表せるようになると、ライティングへの苦手意識も徐々になくなっていきます。

　この項で、「英語でこんなことを表現したい！」というものがはっきりしてきましたので、次の項以降で、ストラクチャー（構文）を学んでいきましょう。

should を使って「〜するべき」と主張する

▶ 自分の主張は曖昧にせずにはっきりさせる

　英文を書くときの第一の目的は、あなたの考えを読み手に伝えて納得させることです。

　日本人は自分の意見をはっきりと主張しない傾向にありますが、英語圏では意見を主張しなければ、相手は納得してくれません。

　例えば何かを提案する場合、「このようにしてもいいだろうし、このようにしてもいいかもしれない」というような曖昧な提案は、主張が見えず、相手を納得させられません。試験においても主張や提案がわかりにくいと低評価になりがちです。

　意見に反対されることを恐れずに、はっきりと自分の主張をすることが必要です。今回はそんなときに使うストラクチャーです。

> （S）は、〜するべきです。

> 政府は環境問題にもっとお金を使うべきです。

　例えば、このような文を英語で表現してみましょう。
　まずは使用するメインの「ストラクチャー」を決定しなければなりません。
　今回は、以下のストラクチャーを使います。

基本ストラクチャー（1）

S should ~.

（S）は、～するべきです。

（S）は今回の場合は「政府」になります。政府は
英語で government です。その国（または州）の
政府を指して the government とするか、いろいろ
な国の政府を一般的に指して governments と表現
しますが、ここでは the government としましょう。

次に、文を作る上で必要となるその他の「パー
ツ」を用意します。今回の場合、「もっとお金を使う」「環境問題」などのパ
ーツを英語で用意します。

基本スト ラクチャー	**S** should ~.
パーツ	政府 → **the government**
	もっとお金を使う → **spend more money**
	環境問題 → **environmental issues**
文	**The government** should **spend more money on environmental issues.**

● ──「～に（お金・時間）を使う」

今回の例文では、「～に（お金・時間）をもっと使う」という表現が出てき
ましたが、以下のようなパーツに交換することが可能です。

今回のパーツ	変更可能なパーツ
spend more money (on)	**allocate more of its budget (to)** **invest more money (in)** **devote larger sums (to)**

67

ここで注意したいことは、動詞によって一緒に使う前置詞が異なるという点です。動詞を覚える際には、前置詞とセットにして覚えておきましょう。

spend（お金）on …

allocate（お金）to …

invest（お金）in …

devote（お金）to ...

（S）は、〜であるべきです。

> 親は、子どもたちの模範であるべきです。

このような文も先ほどのストラクチャーを使って表現できます。「〜である」という部分は、be 動詞を使います。

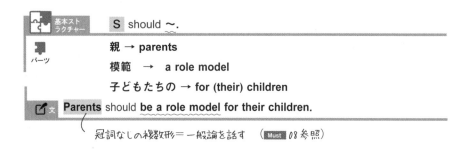

基本ストラクチャー	S should 〜.
パーツ	親 → parents
	模範 → a role model
	子どもたちの → for (their) children
文	Parents should be a role model for their children.

冠詞なしの複数形＝一般論を話す（ Must 08 参照）

role model は日本語にもなっていますが、模範あるいは模範となる人物のことを表します。

交換可能なパーツとしては、次のようなものがあります。

🧩 今回のパーツ	🧩 変更可能なパーツ
be a role model	be a good example
	be good mentors

（S）は、〜するべきではありません。

子どもたちは、コンピュータゲームに多くの時間を費やすべきではありません。

逆に、「〜するべきではない」という主張をしたい場合もあるでしょう。

そのような場合にも、先ほどのストラクチャーを応用して S should not 〜とすればよいだけですね。

先ほどと同様に、パーツを用意して文を完成させてみましょう。

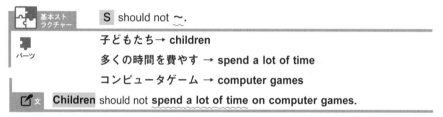

基本ストラクチャー	S should not 〜.
パーツ	子どもたち→ children
	多くの時間を費やす → spend a lot of time
	コンピュータゲーム → computer games
文	Children should not spend a lot of time on computer games.

もちろん、パーツを入れ替えることでさまざまな例文を作れます。

例えば、children、spend a lot of time、computer games の部分はそれぞれ次のようなパーツに入れ替えることができます。

今回のパーツ	変更可能なパーツ
children	teenagers
	adolescents
	schoolchildren

今回のパーツ	変更可能なパーツ
spend a lot of time	spend too much time

今回のパーツ	変更可能なパーツ
computer games	video games

I think ... を卒業する

▶ さまざまな方法で自分の主張を読み手に伝える

　英語の文章を書くとき、書いている内容が（他人の主張ではなく）自分の主張であることを強調したい場合があります。

　特に、他人の主張を紹介した後に自分の主張をする場合には、「私は、〜だと思います。」のように書くと誰の意見であるかがわかりやすくなります。

私は、〜だと考えます。

> 政府は環境問題にもっとお金を使うべきだと、私は考えます。

 基本ストラクチャー（2）

I believe that ……．
私は、〜だと考えます。

「私は、〜だと考えます。」は、このようなストラクチャーを使います。

that の後には、「〜が〜すること」という内容が入ります。

基本スト ラクチャー	I believe that …
パーツ	**政府 → the government**
	もっとお金を使う → spend more money
	環境問題 → environmental issues
文	I believe that **the government should spend more money on environmental issues.**

●──I believe … 以外にもいろいろある

believe の部分は、さまざまな動詞とパーツ交換が可能です。

もちろん、各々の動詞によってニュアンスは多少異なりますが、多くの場合、入れ替えが可能です。

ここで注意したいことは、言葉には「書き言葉」と「話し言葉」があり、ライティングでは主に書き言葉を使うという点です。

例えば、I think …のような表現はどちらかというと話し言葉寄りですので、書く際はもう少し硬い言葉を使うことになります。

主に書き言葉で使われるもの	主に話し言葉で使われるもの
I believe …	I think …
I argue …	I guess …
I claim …	I suppose …
I assert …	I reckon …
I maintain …	

●──believe、argue、claim、assert、maintain の違い

believe：確信はないものの、正しいと信じていることを示唆する場合に使います。

argue：「言い争う」という意味もありますが、that 節を伴う場合には「主張をする」という意味に。主張の後に理由を述べることを示唆する場合によく使います。

claim：内容の正確性は不明だが、言い分として主張をする場合に使います。

assert：元々は正当性を主張するという意味で、確固たる証拠はないものの確信を持っていることを示唆する場合に使います。

maintain：assert と同様に、自分が強く主張する場合に使います。

●──think、guess、suppose、reckon の違い

think：確信はないものの、自分はそう思うという場合に使います。

guess：根拠はないものの、何となくそう思うという場合に使います。

suppose：一般的に考えられている推論を述べる場合に使われる一方で、あまり確信がなく、自分の知識に基づくとそう推測できるという場合にも使います。

reckon：think に近い意味ですが、主に話し言葉で使います。

I do not believe that (S) should ... ?
それとも I believe that (S) should not ... ?

　Must 12 でお話ししたように、エッセイでは「〜するべきだと思います」や「〜す
るべきではないと思います」のような主張をすることがあります。

　「〜するべきだと思います」は英語で、I believe that (S) should ... です。

例 I believe that the government should spend more money on environmental issues.
　　（政府は環境問題にもっとお金を使うべきだと思います。）

　一方「〜するべきではないと思います」は、I believe that (S) should not ... です。

例 I believe that the government should not spend more money on environmental issues.
　　（政府は環境問題にもっとお金を使うべきではないと思います。）

　ここで「おやっ？」と思う人もいるかもしれません。

　なぜなら私たちは中学校や高校の英語の授業で、「英語では否定の単語をなるべく
前に出す」と習ったからです。

例 I do not believe that the government should spend more money on environmental issues.

　このように、最初の動詞の前に否定の do not をつけて表現することもできます。

　では、実際のところ、これらの2つの文章に違いがあるのでしょうか？

　　I believe that the government should not spend more money on environmental issues.
　　I do not believe that the government should spend more money on environmental issues.

　実はこれらの2つの文章にニュアンスの違いはほとんどありません。

　会話では文脈によってどちらを使用するかを選ぶことになります。

　例えば、"What do you believe about... ？（〜についてどう思いますか？）" のよう
な疑問文の後には、"I believe that...（〜だと思います）" のように答えるかもしれま
せんが、"Do you believe that...？（〜だと思いますか？）" のような疑問文の後には、
"I do not believe...（〜とは思いません）" となるかもしれません。

　しかし、実質的には同じ意味ですので、ライティングではどちらを選んでも問題あ
りません。

私の意見では、〜

自分の主張を述べるためのストラクチャーは、ほかにもあります。

> **基本ストラクチャー（3）**
>
> In my opinion, …
> **私の意見では、〜**

「私の意見では」と言うくらいですので、次に自分の主張を述べようとしていることは明らかです。このように文頭で、これから述べることが自分の意見であることを宣言してから、主張をすることもあります。

例文 In my opinion, the government should spend more money on environmental issues.

今回のパーツ	変更可能なパーツ
In my opinion, …	To me, … It seems to me (that) … In my view, … From my perspective, … From my point of view, … As far as I am concerned, …

In my opinion の交換パーツとして、このようなものがあります。view は「見解」、perspective および point of view は「視点・観点」という意味です。As far as I am concerned, …はここでは、「私に言わせていただくならば」という意味で使います。

●──I believe that とは併用しない

In my opinion, I believe that ...（私の意見では、私は、〜だと考えます。）のように使ってしまうことがあります。しかし、主張を表すストラクチャーが重複しており、冗長な表現なので避けましょう。

because を使って
主張の根拠を述べる

▶ 根拠があってこそ主張は相手に伝わる

Must 03 でお話ししたように、あなたの主張を読み手に納得してもらうためには、そのように考える根拠を添える必要があります。

> 人びとはもっと野菜や果物を食べるべきです。

と主張しても、もちろんある程度は理解してもらえるでしょう。しかし、

> 野菜や果物は健康によいので、人びとはこれらの食べ物をもっと食べるべきです。

のように**主張の根拠を添える**ことで、読み手はさらに納得しやすくなります。

| ……なので、～です。 |

> 野菜や果物は健康によいので、人びとはこれらの食べ物をもっと食べるべきです。

では、この文を英語にしてみましょう。

理由を表すストラクチャーとして以下のものを使います。

🧩 基本ストラクチャー（4）

○× because ……．
～なので、○×です。

基本スト
ラクチャー

○× because …….

パーツ

野菜や果物 → fruit and vegetables

健康によい → healthy

人びと → people

食べるべき→ should eat

文

People should eat more fruit and vegetables because these foods are healthy.

becauseの前後はそれだけで成立する完全な文

通常、becauseの前にカンマを入れない

---

valuable information

fruit and vegetables? fruits and vegetables?

「野菜や果物」は、一般的には fruit and vegetables と表現します。文法上は、fruit は通常数えられない名詞であり、vegetable は通常は数えられる名詞であるため、vegetable にだけ s がついています。

また、英語では2つのものを並べて表現する際、短い単語から表現する習慣があるため、vegetables and fruit ではなく、fruit and vegetables となっています。

ただし実際には、fruits and vegetables（特にアメリカ英語）や vegetables and fruit などの表現も使われます。これらは必ずしも間違いとは言えませんが、なるべく一般的な表現で覚えておきましょう。

●──「Because …….」だけでは文にならない

日本語では「……なので、〜です。」という代わりに、「〜です。なぜなら、……だからです。」というように2つの文に分けて表現することがあります。

そのため、英語でも「〜. Because …….」のように2つの文に分けて書いてしまいがちですが、これは誤りです。

✕ People should eat more fruit and vegetables. Because these foods are healthy.

話し言葉としては使われる表現ですが、書き言葉として Because ……. は文法的に不完全な文とされるので注意しましょう。

because の仲間

　because と同様に、since や as も理由を表すことができますので、合わせて覚えておくと便利です。

通常、since の前にカンマを入れない

例文 People should eat more fruit and vegetables since these foods are healthy.

└ since の前後はそれだけで成立する完全な文 ┘

（健康によいので、人びとは野菜や果物をもっと食べるべきです。）

例文 People should eat more fruit and vegetables as these foods are healthy.

（健康によいので、人びとは野菜や果物をもっと食べるべきです。）

● ──**because, since, as の違い**

because：since や as よりも **強い因果関係** を示します。読み手が理由について知らない状態で使います。

例文 I was absent from school because I was sick.

　　私は病気だったので、学校を休みました。

　この文では、学校を休んだ理由に焦点があたっています。読み手は、学校を休んだ理由を知らない状況であり、書き手は「学校を休んだ」という事実よりも、その理由を伝えたいのです。

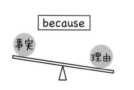

since：because よりも**弱い因果関係**を示します。読み手が理由について知っていることが予測される場合に使います。

since を文頭に出す場合は、次の文との間を「,」で区切る

例文　Since it was rainy today, I did not go to the gym.

今日は雨だったので、ジムには行きませんでした。

　この文では、「ジムに行かなかった」という事実に焦点があたっています。双方が雨であったことは知っていることが予測される状況であり、ジムに行かなかった理由よりも、ジムに行かなかったという事実を伝えたいのです。

as：since よりも**さらに弱い因果関係**を示します。理由を表すものの、補足的につけ足す場合などに用います。

例文　The café was closed as it was Sunday.

日曜日だったので、カフェは閉まっていました。

　この文では、「カフェが閉まっていた」という事実に焦点があたっています。双方が日曜日であったことは知っていることが予測される状況であり、カフェが閉まっていた理由よりも、カフェが閉まっていたという事実を伝えたいのです。また、カフェが閉まっていた理由はそれほど重要だとは考えていません。

理由や根拠を表す表現は because 以外にもある

▶ The reason why ... is that ... のストラクチャーを覚える

　理由を述べる際、それが何についての理由なのかを同時に表現したい場合もあります。

　もちろん、前の項で紹介した because や、その仲間である as、since を使ったストラクチャーでもそれを表現できますが、ここでは、英文ライティングで大変よく使われる The reason why ……のストラクチャーについてお話しします。

（1）である理由は（2）です。

> 人びとが野菜や果物をもっと食べるべきである理由は、これらの食べ物は健康によいからです。

基本ストラクチャー（5）

The reason why **(1)** is that **(2)**.
（1）である**理由**は（2）です。

　前の項で紹介した例文の内容を新しいストラクチャーにあてはめてみましょう。わかりやすいようにパーツは同じものを使います。

例文 The reason why <u>people should eat more fruit and vegetables</u> is that <u>these foods are healthy</u>.

　because を使った文章よりも複雑ですが、まずは the reason why … の後に「なぜ〜なのか」というパーツを挿入します。今回の場合、「なぜ人びとは野菜や果物をもっと食べるべきか」です。一方、その「理由」にあたる部分を … is that … の後につけ加えます。今回の場合、「これらの食べ物が健康によいこと」です。

---

①の理由は②です　→　The reason why ① is that ②

The reason [why people should eat more fruit and vegetables] is that

these foods are healthy.

①と②が逆にならないように気をつけましょう！

The reason why ① is that ②

● ──「**The reason why …**」のストラクチャーを使いこなそう！

　The reason why …のストラクチャーは複雑ですが、慣れると大変便利です。もう 1 つ練習をしてみましょう。

都市が過密になっている理由は、給料のよい仕事がたくさんあるからです。

 基本スト
ラクチャー　　The reason why **(1)** is that **(2).**

 パーツ

都市が過密になっている → **cities are overcrowded**

給料のよい仕事 → **well-paying jobs**

〜がたくさんある→ **there are many …**

文　The reason why **cities are overcrowded** is that **there are many well-paying jobs.**

（1）に相当するものは「都市が過密になっている」、（2）に相当するものは「給料のよい仕事がたくさんある」です。（1）と（2）が逆にならないように気をつけましょう。

主な理由は、〜です。

慣れてきたら、少しハイレベルな表現にも挑戦してみましょう。

reason の前に修飾のパーツ（形容詞）を加えると、より細かなニュアンスを伝えることができます。

例文 The main reason why cities are overcrowded is that there are many well-paying jobs.

> 都市が過密になっている主な理由は、給料のよい仕事がたくさんあるからです。

よく使われるのは「main（主な）」「major（主要な）」などです。また、これらと交換可能なパーツを覚えておくとバリエーションがさらに広がります。

今回のパーツ	変更可能なパーツ
main（主な）	major（主要な） chief（主な） primary（最も重要な） predominant（顕著な）

● —— The reason why …… か The reason that …… か？

「〜の理由は、……です」の英訳として、The reason why …という構文をよく用いますが、The reason that ... と書くこともできます。また、口語では that を省略して、The reason ...とすることもあります。

- ① The reason why people should eat more fruit and vegetables is that these foods are healthy.
- ② The reason that people should eat more fruit and vegetables is that these foods are healthy.
- ③ The reason people should eat more fruit and vegetables is that these foods are healthy.

←①も②も、どちらも文法的に正しい文とされています。また②のように書くとthatが連続するため、最初のthatを省略をして③のように表現することもあります。

●── The reason why …… か A reason why …… か ?

The reason why …のストラクチャーを使う際に多くの学習者が悩むことの 1 つが、The reason why … なのか、A reason why … なのかという点です。

① The reason why cities are overcrowded is that there are many well-paying jobs.

② A reason why cities are overcrowded is that there are many well-paying jobs.

①を使うことがほとんどですが、②でも間違いではありません。ただ、不定冠詞 a を用いる場合は、通常は何らかの形容詞を伴って使うことが多く、その場合は、**いくつかある主な理由のうちの 1 つであることを示唆**しています。

例文 A major reason why cities are overcrowded is that there are many well-paying jobs.
都市が過密になっている大きな理由は、給料のよい仕事がたくさんあるからです。

形容詞を伴わない場合には、A reason why …の代わりに、One reason why …や次の項でご紹介する One of the reasons why …という表現をよく使います。

例文 One reason why cities are overcrowded is that there are many well-paying jobs.
都市が過密になっている 1 つの理由は、給料のよい仕事がたくさんあるからです。

One of the reasons ... で
たくさんある根拠の１つを示す

▶複数の理由・根拠を伝えて説得力を高める

---| それだけが理由ではない！ |

> 人びとが夜食を控えるべき理由の１つは、睡眠の質を悪化させるからです。

　理由を示すのに、「たくさんある理由のうちの１つとして」というような前置きをつけたい場合もあるでしょう。そのようなとき、このストラクチャーを使うと便利です。

基本ストラクチャー (6)

One of the reasons why <u>(1)</u> is that <u>(2)</u>.
（１）である理由の１つは（２）です。

one of the reasons

　たくさんある理由のうちの１つですので、reasons のように複数形になっていることにも注意しましょう。

基本スト
ラクチャー

One of the reasons why **(1)** is that **(2).**

パーツ

夜食を控える → refrain from eating food late at night

睡眠の質を悪化させる → spoil one's sleep

文

One of the reasons why **people should refrain from eating food late at night is that it may spoil your sleep.**

「one of the reasons（理由の1つ）」と書くことで、あなたの考えている理由が「睡眠の質が悪化すること」だけではないと暗に伝えることができます。「それだけが理由ではない」ことを示唆したい場合に、今回のストラクチャーを使って「その理由が1つではない」という断りを入れておくわけです。

ワンポイント
表　現

「〜することを控える」

refrain from 〜ing

「〜することを控える」という表現を覚えてみましょう。

「控える、我慢する」は英語では refrain という動詞を使うことができます。前置詞 from とともに用います。from の後に動詞を続けたい場合には「〜すること」という意味の ing 形（動名詞）にします。

表現が思いつかない場合は日本語を言い換える

●──「夜食を控える」をどう表現する？

今回の例文では「夜食を控える」という部分で困った人も多いかもしれません。「『夜食』って英語でなんて言うのだろう」と考え始めると、書く手が止まってしまいます。

もちろん、「夜食」に相当する英語は存在します。a midnight snack や a late-night meal など気の利いた表現を知っていれば、それを使うこともできますね。しかし知らない場合には、少し違う角度から考えてみる必要があります。

「夜食を控える」とは、言い換えると「夜遅くに食事をすることを控える」という意味です。

「夜食」は英語で表現できなくても、「夜遅くに食事をすること」なら表現できそうですよね？

　このように、英語で表現しにくい部分は、英語で表現しやすい日本語に変えることでスムーズに英語にすることができます。

　冒頭の例はまさにそれで「夜遅くに食事をすることを避ける＝ refrain from eating food late at night」と、誰にでもわかる易しい単語で構成しました。

　ちなみに「夜食」という表現を使って表現すると、このようになります。

例文 One of the reasons why people should refrain from late-night meals is that they may spoil your sleep.

　同様に、「〜を控える」の部分も「refrain（我慢する）」のような動詞が思いつかない場合には、「止める（stop）」などの表現で代用することもできます。

例文 One of the reasons why people should stop eating food late at night is that it may spoil your sleep.

●──表現のバリエーションを広げよう！

　最後に、今回の例文で使われているパーツを、別のパーツに入れ替えて表現のバリエーションを広げてみましょう。

今回のパーツ	変更可能なパーツ
eat food（食事をする）	**have a meal**（食事をする） **have a snack**（軽食をとる）
spoil（損なう）	**damage**（損なう） **worsen**（悪化させる）

●——もう 1 つの理由は the other reason? another reason?

たくさんある理由のうちの 1 つであることを表現するための方法として、One of the reasons why (1) is that (2). というストラクチャーを紹介しました。

これに続けてもう 1 つ理由があることを説明したい場合もあります。

そのような場合には、「別の理由は……」と続けることになります。

「別の」は英語で other ですので、以下のようなストラクチャーを考えるかもしれません。

⚠ The other reason [why (1)] is that (2).
　　　　　　└ 2回目なので"省略可能

しかし、ここで other の冠詞を考える必要があります。冠詞とは a / an / the です。

the は、書き手も読み手もそれだとわかる場合に使う冠詞です。<u>the other reason と表現できるのは、読み手もあと 1 つしか理由がないとわかっている場合</u>です。例えば、最初に「理由は全部で 2 つです」と言っている場合は、1 つ目の理由の説明が終わった時点で残り 1 つであることが読み手もわかりますので、the other reason と表現できます。

それ以外の場合は<u>「他にも理由がある」</u>ことになるので、the ではなく a / an という冠詞を使います。other は母音で始まるので an を使いますが、an other reason ではなく another reason となりますので注意しましょう。

⭕ ┌ an+other が 1 つの単語になったもの
Another reason [why (1)] is that (2).
　　　　　　│
　　　　　2回目なので"省略可能

名詞で簡潔に
ひとこと理由を添える

▶ because of ... を使って簡潔に文章をまとめる

 Must 14 〜 16にて、理由を表す方法として、3つのストラクチャーを紹介しました。

 基本ストラクチャー（4）
○× because ……．
〜なので、○×です。

 基本ストラクチャー（5）
The reason why **(1)** is that **(2)**.
（1）である**理由**は（2）です。

 基本ストラクチャー（6）
One of the reasons why **(1)** is that **(2)**.
（1）である**理由**の1つは（2）です。

　これらのストラクチャーは、いずれも「理由」のところを文章で書かなければなりません。

　しかし、詳しく理由を述べるのではなく、**簡潔に理由を添えたい**場合もあるでしょう。

　この項では、そのような場合に使えるストラクチャーについてお話しします。

「〜のために」と、ひとことの名詞で理由を添える

気候変動のために、世界のあらゆる場所で自然災害の頻度が高くなっています。

基本ストラクチャー（7）

because of Ⓐ
Ⓐのために

この文で理由にあたる部分は、「気候変動のために」のところです。気候変動は英語で climate change と言いますので、「because of climate change（気候変動のために）」と表すことができます。

because of の後ろには、文章ではなく**名詞が続いて**いることに注目してください。

「気候変動が激しくなってきているので」というように文章で表現したい場合には**基本ストラクチャー** (4)〜(6)を、簡潔にひとことの名詞で表現したい場合には今回の because of Ⓐ のようなストラクチャーを使うと便利です。

because of Ⓐ

パーツ

気候変動 → climate change
世界のあらゆる場所 → in many parts of the world
自然災害の頻度 → the frequency of natural disasters
〜が増えている→ is increasing

Because of climate change, the frequency of natural disasters is
increasing in many parts of the world.

このストラクチャーでは、必ず「名詞ひとことで表現できる理由」が必要です。今回の例文では because of Ⓐ の部分を文頭に出していますが、文尾に回すこともできます。

例文 The frequency of natural disasters is increasing in many parts of the world because of climate change.

どちらの文も文法的には正しいものですが、先の文のように because of Ⓐ の部分を文頭に出すと、**理由の部分が強調**されます。

今回のストラクチャーは以下のようなパーツと交換が可能です。合わせて覚えておくと、さらに表現の幅が広がります。

今回のパーツ	変更可能なパーツ
because of Ⓐ	thanks to Ⓐ due to Ⓐ owing to Ⓐ as a result of Ⓐ on account of Ⓐ

Ⓐ の部分には、いずれも「名詞ひとことで表現できる理由」が入ります。

because of A の仲間を使ってみる

上記のパーツ交換で示したように、because of Ⓐ の他にも thanks to Ⓐ や due to Ⓐ というストラクチャーもよく使われます。少し練習をしてみましょう。

> 医療の向上のおかげで、多くの国で平均余命が長くなりました。

用意するパーツは以下の通りです。「名詞ひとことで表現できる理由」は、「医療の向上（medical advances）」です。

基本ストラクチャー　　thanks to Ⓐ

 パーツ
医療の向上 → medical advances
多くの国で → in many countries
平均余命 → the average life expectancy

文
Thanks to medical advances, the average life expectancy has increased in many countries.

● ──because of Ⓐ / thanks to Ⓐ / due to Ⓐ　の違い

because of Ⓐ ：「～のために」という意味で、ポジティブな場合にもネガティブな場合にも使われます。最もニュートラルな表現です。

thanks to Ⓐ ：「～のおかげで」という意味で、書き手がポジティブに感じている内容を示唆することが多いですが、皮肉として表現することもあります。

due to Ⓐ ：上の2つに比べるとやや硬い表現です。元々は be 動詞とともに用いられることが多かった表現ですが、現在では一般動詞と一緒にも使われます。

理由が長くなりそうなときは複数の文章で

　これまで、主張の根拠（理由）を接続詞 because などを使って１つの文章の中で表す方法についてお話をしてきました。しかし、内容によっては理由の部分が長くなってしまう場合もあります。

> 今日では共働きの両親が増えてきていることもあって、子どもたちが親と過ごす時間が減っており、家庭で道徳教育をする機会が減ってきているので、学校は子どもたちに道徳教育をする時間を増やすべきです。

　例えばこのように理由の部分が非常に長い場合、文章が複雑になりますので、理由の部分を別の文章に分けて説明をするとわかりやすくなります。

別の文章で理由を説明する

> 人びとは野菜や果物をもっと食べるべきです。これはなぜなら、これらの食べ物は健康によいだけなく、癌などの病気を予防するのに効果的だからです。

●── this が前の文からバトンを受け継ぐ

　今回の例文のように理由を別の文章に分けて説明したい場合に Because ……. のように書くことは、文法的に誤りであると Must 14 でお話ししました。「Because …….（〜なので。）」の文が文法的に不完全になってしまうためです。

People should eat more fruit and vegetables. Because …

　　人びとは野菜や果物をもっと食べるべきです。～なので。

　ここで便利なのが this という指示語です。this は「このこと」というように、**前の文で述べたこと全体**を指します。

 基本ストラクチャー（8）

This is because ……．

これはなぜなら、～だからです。

　このようなストラクチャーを使うことで先ほどの例文のような文法ミスを避けることができます。このストラクチャーは、Must 07 でお話しした「A ＝ B」の形になっており、「This（このこと＝前の文章の内容）」の理由が、「because ……」の内容である、という関係が成り立っています。

　また、Must 84 で詳しくお話しする this という指示代名詞を使うことで、前の文章の内容をスムーズに引き継ぎながら、理由の説明を展開することができます。

　このストラクチャーは、直訳すると「～なので、こう（前の文の内容）なのです。」ですが、日本語で理解する際には「これはなぜなら、～」と理解するとわかりやすいでしょう。

　では、パーツを用意して英文を完成させてみましょう。

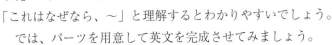

基本ストラクチャー　This is because ……．

パーツ
　Aだけなく Bもまた → not only A but also B
　癌などの病気 → diseases such as cancer
　予防する → prevent
　～に効果的である → be effective in …

文　People should eat more fruit and vegetables. This is because **these foods are not only healthy but are also effective in preventing diseases such as cancer.**

this を使ったその他の表現

This is because ……. 以外にも、前の文章の内容を this で引き継いで、理由を詳しく述べる方法があります。

The reason for this is that ……. その理由は、〜です。

このストラクチャーは、厳密に訳すと、「このこと（＝前の文章の内容）に対する理由は、〜です。」という意味になります。that に続く「……」の部分には文章を続けます。

このストラクチャーを使うと、先ほどの例文は次のようにできます。

例文 People should eat more fruit and vegetables. The reason for this is that these foods are not only healthy but are also effective in preventing diseases such as cancer.

同じような意味を表す表現として、「The reason behind this is that 〜（このことの背景にある理由は、〜です。）」もあります。

例文 People should eat more fruit and vegetables. The reason behind this is that these foods are not only healthy but are also effective in preventing diseases such as cancer.

また、 Must 15 と同じように、「どのような」理由であるかを表すために、「The main reason（主な理由）」や「A major reason（大きな理由）」のような形容詞をつけ加えることもできます。

例文 People should eat more fruit and vegetables. The main reason behind this is that these foods are not only healthy but are also effective in preventing diseases such as cancer.

● —— **The reason for this is that … ?**
　　The reason for this is because … ?

be 動詞の is に続く部分が that なのか because なのかで迷う人もいるかもしれません。

① The reason for this is that these foods are not only healthy but are also effective in preventing diseases such as cancer.
② The reason for this is because these foods are not only healthy but are also effective in preventing diseases such as cancer.

　どちらも使われる文ですが、文法的には①が正しいとされています。ただ、口語では②の方を好んで使われる傾向にあります。
　ライティングでは基本的には文法的に正しいものを使うことが推奨されますので、①の that を使うことをお勧めします。

● —— **原因（cause）と理由（reason）の違い**

　cause と reason は同じように使える場合もありますが、厳密には意味が異なります。
　cause は、「cause（引き起こす）」という動詞からも推測できるように、基本的には「ある事象を引き起こす原因（因果関係）」を表し、「たまたま起こった出来事」の場合にも使われます。

例文 The cause of the accident is yet to be known.
　　（その事故の原因はまだわかっていません。）

　　→事故の原因、すなわち事故を引き起こしたある出来事（居眠り運転など）について言及

　一方、reason は、①物事の背後にある理由、②なぜなのかという理由（動機・意図）、③そうだと信じる根拠を表します。

例文 The reason why the restaurant is popular is that its food is delicious.
　　（そのレストランが人気である理由は料理が美味しいからです。）

重要性・必要性を訴える

▶ 重要性・必要性を説いて主張の説得力を高める

　エッセイには、その内容がいかに重要であるか、なぜそれが必要だと思うのかを説明する場面があります。重要性・必要性を説明することによって説得力を持たせることができるからです。

A は重要（必要）です。

> 職場において、コミュニケーションは重要です。

基本ストラクチャー（10）

A is important.
A は重要です。

　非常にシンプルなストラクチャーですが、重要性を表現する最も基本的な形です。A の部分には、重要であるもの、今回の場合「コミュニケーション」が入ります。

基本スト ラクチャー	A is important.
パーツ	職場において → in the workplace
	コミュニケーション → communication
文	**Communication** is important **in the workplace**.

日本語に忠実に訳そうとした方は、このように考えたかもしれません。

例文 In the workplace, communication is important.

もちろん、このように表現することもできます。しかし、「職場において（in the workplace）」のような文章全体を修飾するパーツは、特にその部分を強調したいという場合を除いて、述語よりも後につけるのが基本です。

今回の例文では「important（重要な）」という形容詞を使いましたが、他にも「necessary（必要な）」のようなさまざまな形容詞に置き換えることができます。合わせて覚えてさらに表現の幅を広げましょう。

今回のパーツ	変更可能なパーツ
important	necessary（必要な） essential（必要不可欠な） vital（必要不可欠な） crucial（極めて重要な）

valuable information

「必要である」という形容詞は非常に多く存在します。

この項でお話しした、「necessary（必要な）」「essential（必要不可欠な）」「vital（必要不可欠な）」「crucial（極めて重要な）」などはその一例です。

実際にはあまり区別せずに使われることもありますが、厳密な意味の違いを確認しておきましょう。

necessary：それが「必要である」ことを示します。必ずしもそれが最も重要な構成要素とは限りません。

例 The government can change laws if necessary.

（政府は必要があれば法律を変えることができます。）

essential：それが「必要不可欠な」ものであることを示します。多くの場合、それが最も重要な構成要素ですので、それがなければ機能しないような場合に使います。必要不可欠なものは当然ながら必要なものですので、多くの場合、essential を necessary に置き換えることができます。

例 Confidence is essential (necessary) in public speaking.

（パブリック・スピーキングでは、自信は必要不可欠です。）

vital：「命」を意味する vita に由来する言葉で、「命に関わるほど重要なもの、必要不可欠なもの」という意味が含まれています。医療現場では、血圧や心拍など「生命が維持されていることを示すもの」をバイタルサインと呼んだりします。

例 Confidence is vital in public speaking.

（パブリック・スピーキングでは、自信は極めて重要です。）

crucial：本来は、それが「決定的な（decisive）」要素であることを示しますが、essential と同じように「必要不可欠である」という意味でも使われます。

例 Creativity is a crucial factor for business success.

（独創性はビジネスの成功にとって決定的な要素です。）

～することは重要（必要）です。

上で紹介した「Aは重要（必要）です。」というストラクチャーを応用して、A の部分にもう少し多くの情報を追加することもできます。

職場において、同僚と積極的にコミュニケーションをとることは重要です。

今回の場合、A に相当するものは「同僚と積極的にコミュニケーションをとること」です。「～すること」は、Must 16でも少し触れたように、動詞の-ing形（動名詞）で表現できます。

 A is important.

 積極的に → actively

同僚とコミュニケーションをとること

→ communicating with coworkers

文 **Communicating actively with coworkers** is important **in the workplace.**

●── 長い文でもストラクチャーを見極めれば簡単に書ける！

コミュニケーションを円滑にするためには、話し手の話をしっかり聞くことが必要です。

　このように長い英文を書こうとすると、元にした日本語のどの部分がストラクチャーで、どのようなパーツを用意したらよいのか、わからなくなってしまうかもしれません。

　しかしどんなに長い文章であっても、**まずは英文の骨格となるストラクチャーをしっかり決める**ことが大切です。

　骨格がしっかり見極められるようになると、残りの部分はパーツとして見えるようになってきます。

　ストラクチャーを見極めるポイントは「**述語（動詞）**」です。

　文章のメインとなる述語（動詞）を決められると、使うべきストラクチャーもわかります。

　今回の場合、述語は「必要です」という部分です。これを見て、「A は重要（必要）です。」というストラクチャーが使えそうであると判断します。

　次に A にあたる部分を探します。「何」が必要だと言いたいのかを考えます。もちろん、「コミュニケーションを円滑にする」ことが必要なのではありませんよね。「話し手の話をしっかり聞くこと」が必要であると言いたいことがわかります。したがって、「話し手の話をしっかり聞くことが必要です。」という部分が今回の骨格になることがわかります。

　あとは、必要となるパーツを用意すれば英文の完成です。

基本ストラクチャー	A is necessary.
パーツ	コミュニケーションを円滑にするために → for smooth communication 話し手の話をしっかり聞くこと → listening carefully to the speaker
文	**Listening carefully to the speaker** is necessary **for smooth communication.**

　「〜するために」という部分は、for の代わりに in order to 〜というストラクチャーを使うこともでき、その場合は in order to communicate smoothly と言い換えられます。詳しくは Must 23 にて詳しくお話しします。

誰が何をすることが
重要なのかを説明する

▶ 主語が長い場合はとりあえずの主語を使ってスタイルを整える

長い主語を避けるための仮主語 it

 基本ストラクチャー（11）

It is important to 〜.
〜することが重要です。

　前の項で、「Ａは重要です。」「〜することは重要です。」というストラクチャーについてお話ししました。しかし状況によっては、Ａに相当する部分、すなわち主語がとても長くなってしまうことがあります。

> 職場において、同僚と積極的にコミュニケーションをとることは重要です。

　これは前項でとり上げた例文ですが、主語が「同僚と積極的にコミュニケーションをとること」のようにやや長くなっています。

△ Communicating actively with coworkers is important in the workplace.

　英語では**長い主語を嫌う**傾向があります。そのため、このような状況では「とりあえずの主語」として it を使い、その it にあてはまる部分を文章の後半で説明する方法が使われます。
　文法的には「形式主語」や「仮主語」と呼ばれるものですが、現段階では文法用語にはあまりとらわれずに、この形のまま使ってみましょう。

○ It is important to communicate actively with coworkers in the workplace.

Communicating actively with coworkers is important in the workplace.
主語が長い

It is important to communicate actively with coworkers in the workplace.
とりあえずの主語（to 以降で説明する）

～が～することが重要です。

基本ストラクチャー（12）

It is important for 人 to ～.

（人）が～することが重要です。

「～することが重要です」と説明する際に、「誰が」それをすることが重要なのか、を説明しなければならない場合もあるでしょう。

そのようなときには、to ～の前に for 人 をつけ加えます。

> 子どもたちが自分自身で勉強をする習慣を身につけることが重要です。

このような例文を考えてみましょう。

 It is important for 人 to ～.

パーツ

子どもたち → children

自分自身で勉強する → study by themselves

～する習慣を身につける→ get into the habit of …

文　It is important for **children** to **get into the habit of studying by themselves**.

※なお、本書では便宜上 人 としていますが、実際には「政府」「会社」など、人以外のものにも応用することができます。

Children getting into the habit of studying by themselves is important.

It is important

for children to get into the habit of studying by themselves.

頭でっかちは△　　　It ～だと安定する

「〜する習慣を身につける」という表現を覚えてみましょう。

「習慣」は英語では habit です。「身につける」は英語で表すことが難しい部分ですが、「get into … （〜を始める）」あるいは「form（形成する）」という動詞を使うことができます。

重要なことは、〜です。

 基本ストラクチャー（13）

The important thing is that ……．

重要なことは、〜です。

重要なことは、子どもたちが自分自身で勉強をする習慣を身につけることです。

先ほどの例文とほぼ同じ内容ですが、このように表現したい場合もあるかもしれません。

「重要なこと」は、「the important thing」なので、これを主語にして以下のように表現できます。

例文 The important thing is that children get into the habit of studying by themselves.

●── 関係代名詞 what を使った表現

基本ストラクチャー（14）

What is important is that …….
重要なことは、〜です。

「重要なこと」は、関係代名詞の what を使って「what is important」と表現することもできます。

例文 What is important is that children get into the habit of studying by themselves.

●── 文脈が重要

「重要なことは、〜です。」という表現として、「The important thing is that …….」「What is important is that …….」の２つを紹介しました。どちらもよく使われる表現ですが、使い方に注意が必要です。

　それは、**文脈のない状態でいきなり使わない**ということです。

　例えば、「〜は、あまりたいした問題ではない。」というような文脈があった上で「重要なことは、〜です。」のように使います。

例文 It matters little whether children study maths or science. What is important is that children get into the habit of studying by themselves.
（子どもたちが数学を勉強するか科学を勉強するかはたいした問題ではありません。重要なことは、子どもたちが自分自身で勉強をする習慣を身につけることです。）

It matters little whether children study maths or science.

What is important is that children get into the habit of studying by themselves.

主張の背景にあるのは
どんな世の中の傾向か

▶「最近、〜する人が増えている」と背景事情を説明する

　あなたの主張を読み手に理解してもらいやすくするには、なぜそのような主張に至っているのかを世の中の傾向から説明することも大切です。

　この項では、そのようなときによく使う「〜（する人）が増えている」という表現についてお話しします。

〜する人が増えています。

基本ストラクチャー（15）

An increasing number of people 〜.

〜する人が増えています。

　　最近、日本では英語を勉強する人が増えています。

例えば、このような文を英語で表現することにしましょう。

 基本スト
ラクチャー | An increasing number of people 〜.

パーツ

最近 → these days

日本では → in Japan

英語を勉強する → study English

📝 文　An increasing number of people **in Japan** are **studying English** **these days**.

●──「増えつつある数の人」という英語独特の表現

今回ご紹介したストラクチャーは、直訳すると「増えつつある数の人が〜している」という意味で、すなわち「**〜する人（の数）が増えている**」ことを示します。

日本語としてはやや不自然に聞こえますが、英語ではよく使われる表現の１つです。ぜひ覚えておきましょう。

増殖中!

🧩 今回のパーツ	🧩 変更可能なパーツ
these days（最近）	nowadays（最近）

●──日本語の「最近」と英語の「最近」

「最近」という言葉は、元来、近い過去を意味します。しかし、現在の日本語では、「最近（近い過去）」と「今日（現在）」の両方の意味で使われているので、注意が必要です。

「最近」という表現の英語に recently という言葉がありますが、これは近い過去を指します。したがって、通常は現在のことを表す文章では用いることができません。

 Recently, an increasing number of people study English in Japan.

recently を使うのは基本的には過去の話の場合です。「少し前」と理解するとわかりやすいかもしれません。また、過去の出来事が現在にまで影響を及ぼしているような場合には現在完了形を用います（特にイギリス英語では現在完了形を使うことが多いようです）。いずれにしても、recently は現在形と一緒に使うことがめったにないことを覚えておきましょう。

◯ Recently, an increasing number of people have started to study English in Japan.

現在完了形

（近年、日本では多くの人が英語の勉強を始めるようになりました。）

●──recently、these days、nowadays の違いと適切な時制

「最近」という表現にはいろいろあり、中でも recently、these days、nowadays の3つがよく使われます。

recently：「つい最近」という意味で、**直近の過去**のことを指します。多くは過去形、現在完了形、現在完了進行形などと一緒に使われます。特にイギリス英語では現在完了形が多く使われる傾向があります。いずれにしても現在形が使われることはほとんどありませんので注意しましょう。

these days：「近頃は」という意味で、**直近の過去から現在にかけて**のことを指します。多くは現在形で用いられますが、現在進行形とともに使われることもあります。

nowadays：these days とほぼ同様に使うことができますが、nowadays のほうがやややフォーマルな表現だとする人もいます。

「人」以外のものにも使える「増えている」

> 娯楽目的の大麻を合法化する国（の数）が増えてきました。

このように、「人」以外のものが増えている場合にも同様に表現をすることができます。

基本ストラクチャーの「人（people）」の部分を「国（countries）」に置き換えてみましょう。

パーツ交換

An increasing number of people 〜.

（**people → countries**）

娯楽目的の → **for recreational use**

大麻 → **marijuana**

合法化する → **legalize**

An increasing number of countries **have legalized marijuana for recreational use.**

●──現在進行形か現在完了形か？

冒頭の例文では現在進行形を使って表現しました。

An increasing number of people in Japan are studying English these days.

（最近、日本では英語を勉強する人が増えています。）

一方、今回の例文は現在完了形を使って表現されています。

An increasing number of countries have legalized marijuana for recreational use.

（娯楽目的の大麻を合法化する国の数が増えてきました。）

現在進行形を使って表現した場合には、その変化がいま起こっていることを表しており、将来もその状況が続きそうであることが示唆されています。現在進行形の場合には、過去にどうであったかについては触れられていません。

一方、**現在完了形**を使って表現した場合には、その変化が以前から起こっており、その結果、いまは昔とは異なる状況があることを示しています。将来もその状況が続きそうであるかどうかについては触れられていません。その変化がすでに完了したのか、今後も続くのかは文脈次第です。

増えているのは数？
それとも量？

▶ 可算名詞なら number、不可算名詞なら amount

「～する人（の数）が増える」という内容を表すための基本ストラクチャーとして、**An increasing number of people** ～を前の項で紹介しましたが、同じ内容を表すストラクチャーをもう1つ覚えておきましょう。

～の数が増えています。

 基本ストラクチャー（16）

The number of ⋯ is increasing.
～の数が増えています。

> 近年、外国に旅行する人が大幅に減ってきました。

the number of は「～の数」ですので、文字通り「～の数が増える」という意味のストラクチャーです。

今回作成する例文は、「増えている」ではなく「減っている」なので、increase（増える）の代わりに decrease（減る）を使いましょう。

もちろん、ここでも「人が減る」のではなく「人の数が減る」と解釈します。

また、「減ってきました」というように「完了」の意味を出すために、現在進行形（is

The number of people

has decreased.

decreasing）ではなく現在完了形（has decreased）を使うことになります。

　　…　に相当する部分は、「外国に旅行する人（people who travel abroad）」です。関係代名詞whoについては Must 45 で詳しくお話しします。

🧩 **基本スト**
ラクチャー　　The number of … is increasing. **(is increasing → has decreased)**

🧩 パーツ
　　　　近年 → **in recent years**
　　　　外国に旅行する → **travel abroad**
　　　　大幅に → **substantially**

✏️ 文　　**In recent years,** the number of **people who travel abroad** has decreased **substantially.**

　　もちろん、「the number of …」という表現は「人の数」以外にも使うことができますが、「数」というくらいですので、…に入るのは数えられる名詞に限られるという点に注意しましょう。

　　では、数えられない名詞の場合はどのように表現するのでしょうか？

～（の量）が増えています。

> 今日、人口の増加とともにゴミの量が急激に増えています。

　　 Must 08 で少し触れましたが、名詞には「数えられる名詞（**可算名詞**）」と「数えられない名詞（**不可算名詞**）」があります。

　　数えられない名詞は「number（数）」で表すことができないため、「amount（量）」で表します。「人口の増加とともに」という部分は、「as（～するにつれて）」を使ってみましょう。

基本ストラクチャー (17)

The amount of ⋯ is increasing.
～の量が増えています。

基本スト ラクチャー	The amount of ⋯ is increasing.
パーツ	今日 → today
	人口の増加とともに → as the population grows
	ゴミ → waste
	急激に → rapidly
文	**Today,** the amount of **waste** is increasing **rapidly as the population grows.**

The amount of waste

is increasing.

---

amount と number を混同しない

the number of ⋯ (数えられる名詞)
the amount of ⋯ (数えられない名詞)

　数えられる名詞には「number (数)」、数えられない名詞には「amount (量)」を用いるのが原則です。口語では数えられる名詞であっても the amount of ⋯を使う人がいますが、厳密には誤りとされていますので、書き言葉ではなるべく正しい英語を使うようにしましょう。

　参考までに、Oxford Learner's Dictionaries では、amount と number の違いを以下のように説明しています。

Amount is most often used with uncountable nouns: an amount of cash/space/material/food It is also sometimes used with countable nouns, especially in spoken or informal English: You're competing with a massive amount of people. However, some people consider that this is not correct and prefer to use number with countable nouns: You're competing with a very large number of people.

(https://www.oxfordlearnersdictionaries.com/definition/english/amount_1)

amount は、an amount of cash/space/material/food のように、多くの場合、不可算名詞とともに用いられます。しかし、特に話し言葉やインフォーマルな英語では、ときに可算名詞とも用いられることがあります。（例）You're competing with a massive amount of people. しかしながら、これは誤りであると考え、可算名詞は number(s) とともに用いることを好む人もいます。（例）You're competing with a very large number of people.

●──amount と number で意味が変わる場合も

　状況によっては、amount と number の両方を用いることができる場合もあります。しかし、それぞれで異なる意味を示唆してしまう可能性がありますので注意しましょう。

> The number of loans you take out can adversely affect your credit.
> 　借りるローンの数はあなたの信用に悪い影響を及ぼす可能性があります。
> The amount you can take out in a loan is limited.
> 　借りられるローンの総額は限られています。

　number を使った場合にはローンの数（何社から借りているか）を示唆しますが、amount を使った場合にはローンの総量（総額）を示唆しています。

---

valuable information
amount 自体は数えられる名詞

　数えられない名詞の「量」を表すために使われる amount という名詞ですが、amount 自体は数えられる名詞として扱われます。

- People need a large amount of money to study abroad.
  （外国に留学するためには多くのお金が必要です。）
- Small amounts of radiation do not immediately cause health issues.
  （少量の放射線はすぐに健康問題を引き起こすことはありません。）

in order toを使って
目的を伝える

▶「～するために」「～しないために」

　ライティングの試験などでは、世の中で起こっている問題について、「こうしたほうがよいと思います。」「こうするべきだと思います。」というような提案や意見を出す場合があります。その際、どのような目的で提案しようとしているのか、つまり「～するために、こうしたほうがよいと思います。」と説明すると、読み手には伝わりやすくなります。

　この項では、目的を表す表現について考えてみましょう。

～するために

> 伝染病を防ぐために、定期的に手を洗うことが推奨されています。

　目的を表す表現にもいろいろありますが、最もよく使われる「in order to…」というストラクチャーを紹介します。

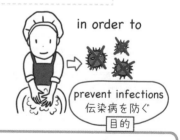

基本ストラクチャー（18）

in order to ～
～するために

　in order の部分を省略して、単に「to …」と表現することもよくあります。

ただし、to不定詞にはさまざまな用法があるため、「目的」であることを明確にしたい場合には、in order を省略せずに使うとよいでしょう。

**基本スト
ラクチャー**　　in order to ～

パーツ

伝染病を防ぐ → prevent infections
定期的に → regularly
手を洗う → wash one's hands
推奨する → encourage

✎文　**People are encouraged to wash their hands regularly** in order to **prevent infections.**

ワンポイント
表　現

「(人) が～することが推奨される」
[人] is encouraged to ～.

今回のワンポイント表現は、「(人) が～することが推奨される」です。
「(人) が～することを推奨する」は、英語では「encourage [人] to ～」をよく使います（ Must 41 参照）。今回は、推奨「される」というように受け身の形になっていますので、[人] is encouraged to ～ という形になります。

(人) が～するために

> お客様が安心できるように、多くのレストランが衛生対策を導入してきました。

先ほどの例文では、to不定詞の中にある「prevent（防ぐ）」の主語は、メインの主語でもある「people（人びと）」でした。しかし、今回の例文では、「安心する」のは「お客様」であり、主語である「レストラン」ではないため、少し工夫が必要になります。

in order for 人 to ～

（人）が～するために

　このように to不定詞の動詞とメインの主
語が一致しない場合には、to不定詞の前に
「for 人 」をつける必要があります。これ
を文法的には「意味上の主語」と呼びます。

in order for
customers to

feel safe
安心する
目的

 基本スト
ラクチャー　　　　　in order for 人 to ～

パーツ
安心する → feel safe

多くのレストラン → many restaurants

衛生対策 → hygiene measures

導入してきた → have introduced

文
Many restaurants have introduced hygiene measures in order for
customers to feel safe.

～しないために

後で悔やまないために、学生は一生懸命勉強するべきです。

　逆に、「～しないために」と言いたい場合には、in order not to ～のように、
to不定詞の前に not を入れて表現します。

in order not to ～

～しないために

基本スト ラクチャー	in order not to 〜

パーツ	後で → later (in life)
	後悔する → have regrets
文	Students should study hard in order not to **have regrets later in life.**

この例文で使われている「後で」は、「数分後」とかではなく「将来」という意味なので、in the future や later in life のように表現すると意味が伝わりやすくなります。

 valuable information

in order to と so as to の用法の違い

in order to 〜 と同じ意味で so as to 〜という表現もよく使われます。

- People are encouraged to wash their hands regularly so as to prevent infections.

（伝染病を防ぐために、定期的に手を洗うことが推奨されています。）

- Students should study hard so as not to have regrets later in life.

（後で悔やまないために、学生は一生懸命勉強するべきです。）

ただし、1つだけ注意点があります。

so as to 〜 には「意味上の主語」として「for 人」をつけ加えることができません。

✗ Many restaurants have introduced hygiene measures so as for customers to feel safe.

so that 構文を使って
目的を伝える

▶「S が〜するように」「S が〜しないように」

　この項では、いわゆる「so that 構文」と呼ばれるストラクチャーの使い方を考えてみましょう。

　「so that 構文」にはいくつかの用法があるのですが、ここでは最もよく使われる「目的を表す用法」についてお話しします。

(S) が〜するように

> 将来の就職の選択肢が増えるように、学生はさまざまな分野に興味を持っておくべきです。

　今回はこのようなアイデアを英語で表現してみましょう。

基本ストラクチャー（21）

so that **S** may / can / will 〜
(S)が〜するように

　S は、「that …」の部分の主語です。また、多くの場合、助動詞の **may** や **can** を伴います。

基本スト ラクチャー	so that **S** may / can / will ～
パーツ	就職の選択肢 → career options さまざまな分野 → various fields ～に興味を持つ → take an interest in …
文	Students should take an interest in various fields so that **they** can **have** more career options in the future.

　助動詞の部分は本来 may がよく使われれていましたが、現代英語では can や will で代用されることもしばしばあります。

　なお、口語では so that ... 構文の that が省略されることがありますが、書き言葉ではなるべく省略せずに書くようにしましょう。

　今回の例文は、前の項でお話しした 基本ストラクチャー (18) の in order to ～を用いて、以下のように表現することもできます。

例文 Students should take an interest in various fields in order to have more career options in the future.

(S) が～しないように

　「so that 構文」は、否定文になると「(S) が～しないように」という意味になります。

　先ほどの基本ストラクチャーの中にあった助動詞を否定形にする、すなわち助動詞に not をつけるだけですが、「～しないように」の場合には助動詞に can を用いることは稀です。

> 将来の就職に困らないように、学生はさまざまな分野に興味を持っておくべきです。

基本ストラクチャー (22)

so that **S** may / will / do not ～
(S)が～しないように

基本スト ラクチャー	so that **S** may / will / do not ～
パーツ	～に困る → have difficulty ～ing 就職 → finding a job
文	**Students should take an interest in various fields** so that **they** will not **have difficulty finding a job in the future.**

また、助動詞の do を使って同じ意味を表すこともできます。

例文 Students should take an interest in various fields so that they do not have difficulty finding a job in the future.

（将来の就職に困らないように、学生はさまざまな分野に興味を持っておくべきです。）

「～に困る」は、have difficulty ～ ing という表現を使いました。「就職」は「仕事を見つけること」と理解すると、英語で表すことが容易になりますね。

ワンポイント 表 現	**「～することに困る」** **have trouble ～ing** **have difficulty ～ing** **have a hard time ～ing**

今回のワンポイント表現は、「～することに困る」です。

「困る」という言葉を1語の英語で表現するのは難しく、通常は状況に合わせて別の表現を使います。「～することに困る」とは、例えば「～することにおいて問題になる」「～することにおいて困難を感じる」などと意訳することができます。

「spend time（on/in）～ ing（～することに時間を費やす）」「be busy（in）～ ing（～することに忙しい）」などと同じように、動名詞（動詞 ＋ing）が続く場合には、一般的に前置詞は省略されます。

●——so that　S V〜　と　in order that S V〜

このように、in order to 〜は so that S may / can / will 〜 で、in order not to 〜は so that S may / will / do not 〜 で言い換えることができます。

両者を比較した場合、so that ... 構文はややカジュアルな響きを与えるのに対して、in order to 〜はややフォーマルな印象を与えます。

また、in order that… という構文もありますが、that… の中の主語がメインの主語と異なる場合に使われることが多く、主語が同じ場合には in order to 〜のほうがよく使われます。

①Students should take an interest in various fields so that they will not have difficulty finding a job in the future.

②Students should take an interest in various fields in order not to have difficulty finding a job in the future.

③Students should take an interest in various fields in order that they will not have difficulty finding a job in the future.

これから書く文章がどの程度フォーマルなものであるかに合わせて表現を選択してみましょう。

●——so that ... の主語がメインの主語と違うこともある

Must 09 でお話ししたように、so that … 構文の中の主語とメインの主語が異なる場合もあります。

メインの主語

例文 Many parents send their children overseas so that their children can receive better schooling.

so that…構文の中の主語

（多くの親は、子どもたちがよい学校教育を受けられるように海外に留学させています。）

A is that… で原因・問題点・影響・解決策を説明する

▶ the problem of … と the problem with … は意味が違う

エッセイでは社会で起こっている問題を議論することがよくあります。

例えば、「携帯電話を公共の場で使用すること」というテーマで議論する場合を想定してみましょう。

・「携帯電話を公共の場で使用することを控えるべき」である理由は？ 根拠
・「携帯電話を公共の場で使用すること」の問題点は？ 問題点
・「携帯電話を公共の場で使用すること」で具体的に何が起こっているか？ 具体例
・「携帯電話を公共の場で使用すること」で懸念される影響は？ 影響
・「携帯電話を公共の場で使用することを控えさせる」ための方法は？ 解決策

この項では、こうした議論に沿って覚えておくと便利なストラクチャーを紹介します。理由や根拠の書き方は Must 14 ～ 18 でお話ししたので、忘れてしまった方は復習をしておきましょう。

A に関する問題点は、～です。

携帯電話を公共の場で使用することに関する問題点は、注意力散漫になりがちであることです。

最近では、ショッピングセンターや駅などで携帯電話を手にしていない人を見つけることのほうが難しいかもしれません。しかし、そのためにいろいろと問題も起こっています。

その1つとして、携帯電話の画面に夢中で人とぶつかってしまったり、駅

などでは線路に転落してしまう、というような事故があげられます。

「（Aに関する）問題点は、～です。」という内容は、以下のようなストラクチャーを使って表すことができます。

基本ストラクチャー（23）

The problem (**with** A) is **that** ……．
（Aに関する）問題点は、～です。

be動詞がイコールの性質を持つのでしたね。これを利用して、ここでは「The problem with A（Aに関する問題点）」＝「……（自分の主張）」という形を作ればよいのです。「……」の部分には名詞を入れることもできますし、「that ……」のように文章を入れることもできます。

The problem (with ～)　　is　　that ……．
↑ これとこれがイコールであるイメージ ↑

では A にあてはまるものを考えてみましょう。何に関する問題点かというと、「携帯電話を公共の場で使用することに関する問題点」です。「～すること」という部分は、動詞の -ing 形（動名詞）を使います。

基本ストラクチャー	The problem (**with** A) is **that** ……．
パーツ	携帯電話を使用すること → using mobile phones 公共の場で → in public places 注意力散漫になる → get distracted
文	The problem **with using mobile phones in public places** is that **people tend to get distracted.**

傾向を表す表現として「tend to …（～しがちである）」を使っていますが、代わりに「be likely to ～（～する傾向にある）」などを使うこともできます。

またthat ……を使わずに、名詞でひとことにまとめたいならば、「people getting distracted（人びとの気が散ること）」と表現できます。

例文 The problem with using mobile phones in public places is <u>people getting distracted.</u>

　状況に応じて、しっかりと文で説明をしたい場合には that ... で詳しく説明をし、簡潔に表現したい場合には名詞（句）でまとめるとよいでしょう。

●──problem に続く前置詞は of? with?

　problem に続く前置詞として、with のほかに of が使われることもあります。

　　例文 The problem of <u>using mobile phones in public places</u> is …

the problem with ... は「〜に関する問題」、「〜に伴う問題点」といったニュアンスで使われることが多く、the problem of ... と表現した場合には「〜という問題点」という意味になります。

 注意力が散漫になる
get distracted (by …)

　「注意力が散漫になる」を日本語のまま考えようとすると苦戦します。「注意力」は英語で attention だとわかっても、「散漫になる」という動詞がわからずに困ってしまいます。
　英語では、「distract（注意を逸らす）」という意味の動詞があります。「attract（注意を引きつける）」の逆の動詞と考えると覚えやすいかもしれません。
　「注意力が散漫になる」は、すなわち、「（何かによって）注意力を逸らされる」という意味ですので、be distracted や get distracted と表現できます。

●── 影響や解決策も同じように表現できる

　今回の基本ストラクチャーは以下のように「problem（問題点）」の部分を「effect（効果・影響）」や「solution（解決策）」に置き換えることができます。

基本ストラクチャー（24）

The effect (**of** $\boxed{A}$) **is that** ……．

（Aの）影響は、〜です。

 基本ストラクチャー（25）

The solution (**to** $\boxed{A}$) **is that** ……．

（Aの）解決策は、〜です。

「〜の解決策」は、「〜に対する解決策」という意味であり、「The solution to $\boxed{A}$」のように前置詞 to を用いることが多いので注意しましょう。

　また、「大きな（major）」「主な（main）」「考えうる（possible）」などの形容詞を補うと、さらに細かなニュアンスを伝えることも可能になります。

例文　A major effect of alcohol is that it increases blood pressure.
　　　（アルコールの主な影響の1つは、血圧を上昇させることです。）

　さらに、「that …」の部分は、「（人）が〜すること」という意味の「for $\boxed{人}$ to …」の形をとることもできます。

例文　A possible solution to this issue is for people to help each other.
　　　（この問題に対する考えうる解決策は、人びとがお互いに協力することです。）

---

valuable information

each other は「お互いに」ではない

　each other を「お互いに」という意味で覚えてしまっている人も多いかもしれませんが、each other には「お互い」という意味しかありません。

　今回の例文で help の目的語になっていることからもわかるように、each other は言ってみれば「代名詞」の仲間なのです。

　したがって、目的語をとることができない自動詞の文で使う場合には前置詞が必要になります。

例 Employees are required to cooperate with each other.
　　（従業員はお互いに協力することが求められます。）

❷納得できるまで説明する習慣を身につけよう！

論理的な思考力を身につけるための2つ目の方法は、「相手が納得できるまで説明する」ということです。

最近は、自分の考えを母語ですらうまく伝えることができない人も増えていると言われています。うまく伝えられないと、感情に訴えてしまったり、議論を放棄してしまうこともよく見られます。

日本人は欧米のようなディスカッションに慣れていませんので、「相手が納得できるまで理路整然と説明する」という習慣を身につけることは、ライティングを上達させる上で非常に役立ちます。

反対意見の人を想定してみる

❶でお話しした、日常生活の中からトピックを見つけてロジックを組み立てる練習に慣れてきたら、今度は反対意見の人を想定する練習をしてみましょう。

❶では、「朝は早く起きるべきである」というトピックに対して、以下のようなロジックを組み立てました。

P：朝は早く起きるべきです。なぜなら、効率的に時間を使えるからです。

R：朝は、夜に比べて脳が活発で集中力を高めやすいのです。

E：実体験として、朝の1時間を英語学習にあてるようになってから成績が伸び、試験に合格しました。

P：だから、朝は早く起きるべきです。

もちろん、今回の主張が100％正しいとは言えません。朝早く起きると全員が時間を効率的に使える、というわけではないでしょう。

では、この主張に対する反対意見とはどのようなものでしょうか？
反対意見はいろいろ考えられます。

「①朝は早く起きるべきではない」とも、「②好きな時間に起きればよい」とも考えられるでしょう。ただ、①を主張することは現実的には難しそうですので、「②好きな時間に起きればよい」について考えてみましょう。

反対意見を考えることで自分の意見の隙が見えてくる

反対意見

P：中には、朝は好きな時間に起きればよいと考える人もいます。なぜなら、無理に早起きをすることで体調を崩す可能性があるからです。

R：人によって睡眠の質は異なるので、最も快適に目覚める時間に起きるほうがその日を快適にスタートできます。

E：無理に朝6時に起きようとしたことがありましたが、結局、午後になって眠くなってしまい、ダラダラ過ごす日々が続きました。

P：だから、朝は好きな時間に起きればよいと考える人がいるのでしょう。

このようにざっくりと反対意見についても、PREP に沿って議論を考えると、自分の主張の「隙」が見えてきます。今回の場合、自分の主張は「多くの人」に言えることではあっても「全員」に言えることではない、と気づくでしょう。

ライティング試験攻略では、「自分の主張は強く断定表現で書くほうがよい」と教わることもあります。しかし、100％正しいと主張できるのは確固たる事実を前提とした議論の場合だけです。自分の意見を述べるようなエッセイでは100％正しいと主張できることはなく、「多くの人がそうであろう」という推測に基づいて主張が成り立っています。こうした場合は**あえて断定を避けること**で隙がなくなり、**説得につながる**ことを覚えておきましょう。

反対意見を認めることで説得力アップ

上のような反対意見を踏まえて、議論を進めてみましょう。

自分の意見

P：しかし、一般的には朝は早く起きるべきだと思います。なぜなら、効率的に時間を使えるからです。

R：朝は、夜に比べて脳が活発で集中力を高めやすいです。

E：実体験として、朝の1時間を英語学習にあてるようになってから成績が伸び、試験に合格しました。

P：だから、朝は早く起きるべきです。

このように、反対意見を認めてあげることで、「反対意見にも一定の理解を示した上で、このような主張をしている」ということが読み手に伝わり、逆に説得力が増すのです。

「話し上手は聞き上手」という格言がありますが、自分の主張をしっかり聞いてもらうためには、まず相手の話を聞いてあげる、という姿勢が重要なのです。

Advice for English learners

第 4 章

数値やデータを説明する英文の型

割合を表すのは
％だけではない

▶ 10％とは10人中1人ということ

　この章では、「文字以外の情報を文字で伝える」ということをテーマにお話ししします。

　情報には文字以外で書かれたものもたくさんあります。例えば、グラフやデータなど図形や数値で表された情報、あるいは写真やイラストなど視覚的な情報もあるでしょう。これらの「文字以外の情報」を英語で説明してみることは、英語表現の練習になるだけではなく、英語のライティング試験対策にも役立ちます。

パーセンテージを表現する

基本ストラクチャー（26）

X% of ～
～のX%

　まずは、「～の何％」という表現を覚えることにしましょう。例えば、このような文を考えてみましょう。

> 約10％のアメリカ人が糖尿病です。

**基本スト
ラクチャー**　**X**% of 〜

パーツ　糖尿病である → have diabetes

アメリカ人 → Americans

文　**Approximately 10% of Americans have diabetes.**

「have diabetes（糖尿病を持っている）」の代わりに、「are diabetic（糖尿病である）」という形容詞を使ったパーツに置き換えることも可能です。また、「アメリカ人」という部分も以下のようにパーツを交換することが可能です。

そのままの表現	言い換え表現
have diabetes	are diabetic
Americans	U.S. citizens the U.S. population people in the United States

●── 「％」以外の表現

基本ストラクチャー (27)

X in **Y** / **X** out of **Y**

Y（人）中、**X**

「 ％ 」という単位は、「per（〜につき）+ cent（100）」という語源からわかるように、100人中何人がそうであるかを表します。

10％とは100人中10人、つまり10人中1人という意味になります。

したがって、先ほどの例文は以下のように言い換えることもできます。

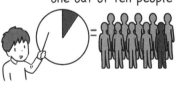
one in ten people
one out of ten people

Approximately <u>one</u> in <u>ten</u> Americans have diabetes.

Approximately <u>one</u> out of <u>ten</u> Americans have diabetes.

（アメリカの人の約10人に1人が糖尿病です。）

イギリス英語ではone in ten ... を好む人が多いのですが、アメリカ英語ではone out of ten ... もよく使われます。どちらを使っても問題ありません。「Y人中X人が」という表現はエッセイでもよく使いますので、ぜひストラクチャーとして覚えておきましょう。

●──パーセントとパーセンテージ

percent（per centと綴ることもあります）と似た単語で、percentage があります。percentageとは、百分率（割合）のことを意味します。percentとは異なり、以下のように表現できないので注意しましょう。

✕ Approximately <u>10 percentage</u> of Americans have diabetes.

percentageを使うのであれば、以下のように言い換える必要があります。

◯ <u>The percentage of</u> Americans who have diabetes is approximately 10%.
（糖尿病を患っているアメリカ人の割合は約10%です。）

同様に、「何%の人が糖尿病ですか？」という質問をしたい場合には、以下のように表現します。

例文 <u>What percentage</u> of Americans have diabetes?
（何%のアメリカ人が糖尿病ですか？）

---

valuable information

percentage は単数扱い？複数扱い？

① The <u>percentage</u> of Americans who have diabetes is approximately 10%.
（糖尿病のアメリカ人の割合は約10%です。）
② A relatively large percentage of <u>Americans</u> have diabetes.
（比較的多くの割合のアメリカ人が糖尿病です。）

①の文では「パーセンテージ」自体が主語なので、単数で扱われています。一方、②の文では「アメリカ人」が主語なので、複数形で扱われています。この違いは、「the number of A（Aの数）」が単数形の扱いになるのに対して、「a number of A（多くのA）」が複数形の扱いになるのに似ていますね。

より一般的な割合を表す proportion

percentageと同じように使われるものとして、proportionという表現があります。

proportionも、日本語にすると「割合、比率」です。percentageの言い換えとして使われるほか、percentageに比べてより一般的な割合を表す場合にも使います。

例文 <u>The proportion of</u> females in this company is increasing year by year.

（この会社における女性の割合は、年ごとに増えています。）

ratio は％ではない

最後に、「ratio（比率）」という表現を紹介します。ratio は percentage や proportion とはやや異なり、次のような表現をよく用います。

The ratio is ~~two~~ to one.
The ratio is ~~66.7%~~.

例文 <u>The ratio of</u> females to males in this company <u>is two to one</u> this year.

（この会社における女性の男性に対する割合は、今年は2：1です。）

以下のように％で表現することができませんので、注意しましょう。

✕ The ratio of Americans who have diabetes is approximately <u>10%</u>.

（糖尿病を患っているアメリカ人の割合は約10％です。）

27

変化を表す前置詞
from、to、by をマスターする

▶ 計算して簡単にわかることは書かない

　続いて、数値の増減を表す表現を覚えることにしましょう。

　科学論文などでは、データの変化を文字で説明することが求められます。また、エッセイで意見を書く際にも、サポートの1つとして何か実際のデータを示すこともあるでしょう。その際に、数値の変化を自由に表現できると非常に便利です。

from A to B が基本形

基本ストラクチャー（28）

from **A** to **B**
AからBへ

　数値の変化を表す表現の基本は、「from A to B（AからBへ）」です。

　オーストラリアでは、年々、菜食主義者（ベジタリアン）の割合が増えています。Roy Morgan社のデータによると、オーストラリアにおける菜食主義者の割合は、2014年の11.2％から2018年には12.1％に増えたそうです。

> オーストラリアにおける菜食主義者の割合は、2014年の11.2％から2018年には12.1％に増えました。

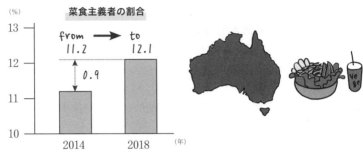

菜食主義者の割合

Source: https://www.animalsaustralia.org/features/study-shows-surge-in-Aussies-eating-veg.php

　数値がたくさんありますが、「2014年の11.2％（11.2% in 2014)」から「2018年の12.1％（12.1% in 2018)」へ変化したと考えてみましょう。

 from **A** to **B**

オーストラリアにおける → in Australia

菜食主義者の割合 → the percentage of vegetarians

The percentage of vegetarians in Australia increased from 11.2% in 2014 to 12.1% in 2018.

●──変化量を表す by

　では、もう少し表現のバリエーションを増やしてみましょう。

　「AからBへ変化をした」と表現する代わりに、その**変化量（X）に注目**して、「AからX増えて（減って）Bになった」という表現をすることができます。今回の例では変化量は0.9％です。

　変化量を表す前置詞としてはbyを使います。前置詞のbyにはさまざまな用法がありますが、「程度や尺度」を表すのがこれです。ちなみに、「by far（はるかに）」という表現も、「far（はるか）という尺度で」という意味に由来します。

The percentage of vegetarians in Australia increased by 0.9%, from 11.2% in 2014 to 12.1% in 2018.

（オーストラリアにおける菜食主義者の割合は、2014年の11.2％から0.9％増えて、2018年には12.1％になりました。）

●──計算して簡単にわかることは書かないのが原則

　先ほどの英文をもう一度見てみましょう。「11.2％から12.1％に変化した」という情報と「0.9％増えた」という情報は、実は内容が重複していることに気づいたのではないでしょうか。

　英語は繰り返しや冗長さを嫌う言語ですので、**計算して簡単にわかることは書かない**のが原則です。例えば、前の文章で2014年の話をすでにしていたのであれば、単純にこのように書けばよいのです。

The percentage of vegetarians in Australia increased by 0.9%, to 12.1% in 2018.

（オーストラリアにおける菜食主義者の割合は、0.9％増えて、2018年には12.1％になりました。）

変化の様子を表す表現

　これで数値の変化を表すことができるようになりましたが、「どのように変化したか」まで表すことはできていません。

　先ほどのグラフでは2014年と2018年のデータしかありませんでしたが、仮に途中のデータがあったとして、数値が「急激に（rapidly）」増えたのか「徐々に（gradually）」増えたのか、変化の様子をつけ加えることができると、読み手にさらに多くの情報を伝えることができます。

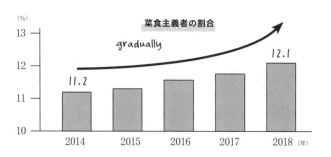

The percentage of vegetarians in Australia has rapidly increased during the last four years.

（オーストラリアにおける菜食主義者の割合は、ここ4年で急激に増えてきています。）

The percentage of vegetarians in Australia has gradually increased during the last four years.

（オーストラリアにおける菜食主義者の割合は、ここ4年で徐々に増えてきています。）

●──1語で表すハイレベル単語

ライティングの授業で、「very（非常に）」という単語を使わないようにしましょう、と教わることがあります。これは、英単語には「very（非常に）」という意味をすでに含んだ語彙があるからです。

同様に、「rapidly（急激に）」という意味をすでに含んでいる動詞があります。「急激に増える（rapidly increase）」の意味を持つ単語は soar や skyrocket など、「急激に減る（rapidly decrease）」の意味を持つ単語は、plunge や plummet などです。これらの単語を使うことができそうであれば、使ってみてもよいでしょう。

The percentage of vegetarians in Australia has soared during the last four years.

（オーストラリアにおける菜食主義者の割合は、ここ4年で急激に増えてきています。）

このようなハイレベルな単語が使えるようになると、表現のバリエーションがさらに広がります。

時系列のグラフと
比較のグラフ

▶ グラフのタイプを分析して表現を使い分ける

代表的な３種類のグラフ

　データを表すグラフにはいろいろな種類があります。中でも代表的な以下の３種類のグラフについて考えてみましょう。

> **折れ線グラフ**（line graph）
> **棒グラフ**（bar graph）
> **円グラフ**（pie graph）

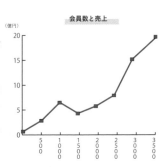

会員数と売上

　数値の変化を折れ線でつないで示したものが「**折れ線グラフ**」です。英語では、line graph あるいは line chart と呼びます。多くの場合、横軸は時間の変化を、縦軸は数値を表します。時間とともにどのように数値が変化したのかを示す場合によく使われます。

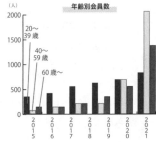

年齢別会員数

　「**棒グラフ**」も、折れ線グラフと同じように数値の変化を表します。英語では、bar graph あるいは bar chart と呼びます。折れ線グラフとは異なり、全体の数値の推移を示しながらも、個々のカテゴリーの数値も、比較しやすいかたちで示すことができます。

「**円グラフ**」は英語では、pie graphあるいはpie chartと呼びます。全体を100％として、カテゴリーごとにどのような割合で構成されているかを示すことができます。折れ線グラフや棒グラフとは異なり、時系列でのデータを示すのにはあまり適していません。

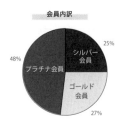

会員内訳

25%
シルバー会員

48%
プラチナ会員

ゴールド会員
27%

●―― グラフの種類よりも内容で表現を使い分ける

　このようにグラフにはいろいろな種類がありますが、「データを英語で表す」という観点から考えると、グラフの種類で表現を選ぶよりも、グラフの内容で表現を選ぶようにしましょう。

「折れ線グラフ」のように、時間の経過とともに数値がどのように変化をしたのかを表すグラフと、「円グラフ」のようにカテゴリーごとの比較を表すグラフがあります。ここでは、前者を「時系列タイプ」、後者を「比較タイプ」と呼ぶことにしましょう。

> 時系列タイプ：時間の経過とともに数値がどのように変化をしたのかを表すグラフ
> 比較タイプ　：カテゴリーごとの比較を表すグラフ

　時系列タイプでよく使うのは「増えた」「減った」という増減を表す表現、比較タイプでよく使うのは「何倍」「何分の何」という比較を表す表現です。前者については前の項でお話ししましたので、この項では「比較タイプ」で使う表現について考えてみましょう。

データを比較するとは？

データを比較するとき、以下のような表現が考えられます。

- ・AはBの4倍である。
- ・BはAの4分の1である。
- ・AはBよりもはるかに大きい。
- ・BはAよりもはるかに小さい。

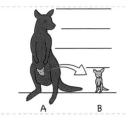

A　　　B

先ほどの円グラフの例で考えると、それぞれの会員のパーセンテージを順番に書いていくだけでも情報を伝えることはできます。

> The percentage of Silver Membership is 25%. The percentage of Gold Membership is 27%. The percentage of Platinum Membership is 48%.

しかし、これでは同じような表現の繰り返しになり、その数値がどのような意味を持っているのかもはっきり示すことができません。単純に「〜は、〜％です。」という表現を繰り返すのではなく、表現にも工夫をしつつ、比較を加えることで数値に意味を持たせることができるのです。

> Silver Membership accounts for a quarter while the percentage of Gold Membership is slightly higher. Nearly half the members chose Platinum Membership.

このように表現すると、シルバー会員は全体の4分の1を占めていることがイメージできます。また、ゴールド会員はそれよりも少し多いこと、半分近くの人がプラチナ会員を選んだ様子も思い浮かべることができます。

データを比較することは、表現の繰り返しを避けるだけではなく、読み手にデータをわかりやすく伝える役割も果たしているのです。

●──「X倍」はX times、「X分の1」はa / an X-th

基本ストラクチャー（29）

X times
X倍

基本ストラクチャー（30）

a / an X-th
X分の1

データを説明する上で、「X倍」「X分の1」などの比較表現は大変よく使います。

「X倍」は X times と表現します。例えば「5倍」であれば five times となります。ただし、「2倍」「3倍」については例外です。

倍数の例外

2倍 → double

3倍 → triple（米）/treble（英）

※3倍については、three times を使うこともあります。

例文 The number of Platinum Membership holders is nearly double that of Silver Membership.

（プラチナ会員はシルバー会員の2倍近くです。）

例文 The number of Gold Membership holders has tripled in the last two years.

（ゴールド会員の人数はここ2年で3倍になりました。）

一方、「X分の1」などの分数は、a / an X -th、one X -th のように表します。例えば「5分の1」であれば a fifth（または one fifth）となります。

数字の部分は「**序数**（「-th」のような形）」になります。「3分の1」であれば a third（または one third）、「5分の2」であれば two fifths となります。a fifth（＝ 1/5）が2つあるというイメージですね。

分数についても例外がありますので注意しましょう。

分数の例外

1/2 → **half**

1/4 → **a quarter**

3/4 → **three quarters**

※half は半分、quarter は4分の1という意味です。

的確な前置詞を使って
位置情報を表す

▶前後関係や方角を英語で表現する

　　この項では、写真やイラストなどの画像を描写する際に使う表現を見てみましょう。

存在を知らせるのに便利な There is/are ….

基本ストラクチャー（31）

There is/are …….
〜があります（います）。

「〜があります（います）」のように存在を伝えるのに便利な表現はThere is/are …….というストラクチャーです。

例文 **There is a fountain in the middle of the park.**
　　（公園の中央に噴水があります。）

　　このように、There is/are ….のストラクチャーでは、「場所の情報」をつけて説明をすることがよくあります。そうすることで、単に「〜がある」だけではなく、「どこにあるのか」という情報を加えることができ、より正確に情報を伝えられるからです。

●——位置情報を表す表現

　1つの情報を説明できると、「そのとなりに」「その前に」「その後ろに」の
ように位置関係で別のものを説明することが可能になります。

例文 There are two benches <u>next to</u> the fountain.

　　（その噴水の横にベンチが2つあります。）

「Aのとなり（横）に」はnext to A と表現します。すでに説明をした
「fountain（噴水）」については、the がついていることに注意しましょう。

　「next to A (Aのとなりに)」以外にも、「close to A (Aの近くに)」「in front of
A (Aの前に)」「behind A (Aの後ろに)」なども位置情報を表す表現として覚え
ておきましょう。

●——方角を表す前置詞

基本ストラクチャー（32）

in the [方角] of A

A の[方角]に　（※Aの内部にある場合）

基本ストラクチャー（33）

to the [方角] of A

A の[方角]に　（※Aの外部にある場合）

「〜のとなりに」や「〜の前に」のようなすぐ近くの位置関係ではなく、「〜
の東側に」のように方角で位置関係を表したい場合にはこのストラクチャー
を使います。

　　公園の東側に植物園があります。

このように表現することを考えてみましょう。

　ここで、「〜の東側に」というように方角を表したいのですが、前置詞は
「in」を使うべきか「to」を使うべきか、迷う人も多いでしょう。

例文 There is a botanical garden in the east (of the park).

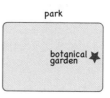

このように表現すると、「（公園の内部で）公園の東側に植物園がある」という意味になります。

例文 There is a botanical garden to the east (of the park).

上のように表現すると、「（公園の外部で）公園の東側に（東方向に）植物園がある」という意味になります。

なお、to the [方角] of Ａ の部分は「to the」を省略して、[方角] of Ａ と表現することもできます。

例文 There is a botanical garden east of the park.

There is/are…. というストラクチャーを使わずに表現することも可能です。

例えば、葛飾という場所は東京都の内部にあり、千葉県は東京都の外部にありますので、以下のような例文が考えられます。

例文 Katsushika is in the east of Tokyo.
←葛飾は東京都の中にある。中にあるので in
（葛飾は東京都の東部にあります。）

例文 Chiba is to the east of Tokyo.
←千葉県は東京都の外にある。
東京都から東側の方に向かうので to
（千葉県は東京都の東側にあります。）

より複雑な位置関係を説明する

「〜の反対側に」や「〜の斜め前に」のように、より複雑な位置関係を説明することにも挑戦してみましょう。

●──「〜の反対側に」

「反対」は英語で opposite です。

例文 There is a library <u>opposite</u> to the park.
（公園の反対側には図書館があります。）

　書き言葉では opposite はこのように形容詞として使うのが一般的ですが、話し言葉では opposite を前置詞として使うこともあります。その場合には「opposite the park（公園の反対側に）」となります。

「道を挟んで」のように、さらに複雑な情報を伝える場合には、次のように表現することもできます。

例文 There is a library <u>across the road from</u> the park.
（公園から道を挟んで反対側に図書館があります。）

●──「〜の斜め前に」

「〜の前に」はin front of Ａでしたので、それを応用することで表現できます。「斜め」は英語で diagonal と表現します。in front of Ａを修飾するためには、「diagonally（斜めに）」という副詞の形で使います。

例文 There is a playground <u>diagonally in front of</u> the fountain.
（噴水の斜め前には遊び場があります。）

　もちろん、「〜の斜め後ろに」と表現したい場合はdiagonally behind Ａです。

『三段論法』と『トゥールミン・モデル』

ロジカルな議論の展開をする方法として、『三段論法』と『トゥールミン・モデル』と呼ばれる方法があります。

三段論法

三段論法とは、論理学における論理的推論の形式の１つであり、典型的には、「小前提」と呼ばれる具体的な事実と、「大前提」と呼ばれる絶対的な事実から、「結論」を導き出す方法です。

例えば、「彼はオーストラリア人である」という具体的な事実（小前提）と、「オーストラリア人は英語を話す」という絶対的な事実（大前提）から、「彼は英語を話す」という結論（主張）を導き出すような方法を『三段論法』と呼びます。

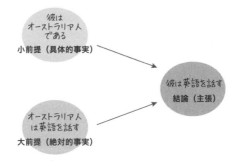

しかし、三段論法には弱点があります。

それは、「大前提」が正しければ主張は正しいが、**「大前提」が正しくなければ主張の信頼性が下がる**という点です。

先ほどの例では、「オーストラリア人は英語を話す」という絶対的な事実（大前提）をもとに、「彼は英語を話す」という結論（主張）を導き出しましたが、「オーストラリア人は英語を話す」という大前提が 100％ 正しいとは言い切れない場合には、主張の信頼性が揺らいでしまいます。

実際、移民大国であるオーストラリアの国民全員が英語を話すとは限りません。

Advice for English learners

トゥールミン・モデル

『三段論法』の弱点を克服したのが、イギリスの哲学者、ステファン・トゥールミン（Stephen Toulmin）です。彼が提唱した『トゥールミン・モデル』と呼ばれる手法では、「大前提」の部分が絶対的な事実ではありません。この点が『三段論法』との大きな違いです。

トゥールミンは、絶対的な事実である「大前提」の代わりに、主張する根拠を用いることを提唱しました。この「主張する根拠」のことを「論拠（ワラント）」と呼びます。

あくまで主張を裏づける「論拠」であって、「絶対的な事実」ではないという点が重要です。

トゥールミン・モデルの論拠では、「多くの～」「ほとんどの～」のような修飾語を用いることで 100%の断定を避けます。

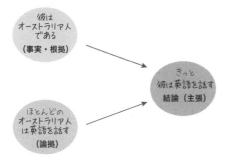

三段論法とトゥールミン・モデルの違い

『三段論法』では、絶対的な事実を元に導き出した結論なので説得力がある一方、例外がある状況では反論されやすい結論（主張）になります。

『トゥールミン・モデル』では、論拠を元に導き出した結論なので、三段論法に比べると説得力が下がる一方、反論されにくい結論（主張）を導き出すことができます。

第 5 章

より自然な英語を
目指すための11か条

日本語をスリム化する

▶ 英語にしやすいストレートな日本語に整理する

　これまでの章で、基本ストラクチャーとパーツを知ることで、自分が考えているアイデアをスムーズに英語で表現できるようになることをおわかりいただけたと思います。

　しかし、いざ自分の考えを英語で表現しようとすると、思うように英文を書けないという悩みに陥ることがあります。

　それは、私たちの母語である日本語と英語の特徴の違いが英語で表現することに大きく影響するためなのです。これを理解せずに、日本語のまま英語にしようとすると不自然な表現になってしまいます。そうならないよう、「日本語のクセ」を理解しておくことが重要です。

　この章では、自然な英語を書けるようになるために知っておきたい「日本語のクセ」を、その対処方法とともにお話しします。

回りくどい表現をストレートな表現に

　日本語は、時に、とても回りくどい言語です。

　日本には、「直接的な表現を避けて、やんわりと意味を伝えることがよい」とされている文化的な背景があります。そのため、私たちは遠回しな表現や、（英語にする上では）無駄な表現に慣れてしまっています。

　しかし、読みやすい英文ライティングを目指す上では、それらがむしろ障

壁になります。洗練されたライティングを目指すためには、日本語のアイデアをしっかりブラッシュアップしてスリムにしておくことが重要になってきます。

●── 日本語をスリムにする

例えば、以下のようなアイデアを英語にしてみましょう。

> もちろんすべての人ではないとは思いますが、最近の人びとは、食事と呼べるような食事をとっていなかったり、あるいは運動をする時間がほとんどとれなくなってしまっているために、肥満の人の割合が大変多くなっています。

日常会話であれば、このような日本語を聞いてもそれほど違和感を感じないかもしれません。しかし、そのまま英文にしようとすると、以下のような意味が伝わりにくい文章を書いてしまうかもしれません。

▲ Although it is not always the case, the rate of overweight people has increased because people in recent times do not eat food that can be considered a proper meal or can hardly find time for doing exercise.

この文章の意味が伝わりにくい理由は、日本語をそのまま英語に書き換えようとしているため、文法的に不自然なだけではなく、英語としては非常に回りくどい表現になっているからです。

洗練された英文を書くためには、日本語のアイデアの段階で情報を整理しておき、英語ではどのように表現するかを考える習慣をつけましょう。

例えば、「食事と呼べるような食事をとっていない」というのは、要するに「不健康な食事をとっている」ということです。「肥満の人の割合が大変多くなっています」という部分も、「割合」ではなく「数」でよいでしょうし、「最

近の」という部分も現在進行形を使って書くだけで十分に伝えられそうです。

　このように、冗長になっている表現をストレートな表現に改めておくことが大切です。言わば、「贅肉をそぎ落としておく」ことが洗練された英文を書くコツなのです。

回りくどい表現	スリムな表現
食事と呼べるような食事をとっていない	不健康な食事をとっている
運動をする時間がほとんどとれなくなってしまっている	運動が不足している
肥満の人の割合が大変多くなっています	肥満の人の数が増えています
最近の	→ 削除

●── 日本語特有の「前置き」は省略する

　冒頭の、「もちろんすべての人ではないと思いますが」の部分にも注目してください。

　こうした前置きは、日本語でアイデアを出した場合によく見られるものです。日本語は断言を避ける傾向にあるので、日本語でアイデアを考えた場合にこのような表現がよく見られます。

　Must 43で詳しくお話しする「譲歩」のようにも見えますが、今回のように「あたり前の前置き」に終わっている譲歩は、単なる冗長な表現となってしまいます。特に自分の意見や主張を求められるエッセイにおいて、「合っているかどうかわからないのですが……」「もちろん絶対ではないと思いますが……」のような前置きをしてもあまり意味がないのです。

回りくどい表現	スリムな表現
もちろんすべての人ではないと思いますが	→当然過ぎてあまり意味がないため削除したほうがよい

　では、これらの点を踏まえてアイデアをもう一度整理してみましょう。

不健康な食事と運動不足のために、肥満の人が増えています。

最初の日本語の文章と比べると、かなりスリムにすることができました。

○ An increasing number of people are becoming overweight because they eat unhealthy foods and spend too little time on exercise.

このように日本語には、英語にする上で必要のない情報がたくさん含まれている可能性があることを覚えておきましょう。

日常でも意識的に日本語をスリム化しよう

日本の文化では、不要な心理的衝突を避けるために、いわゆる「クッション言葉」がよく使われます。ストレートな表現を避けることで、言葉のとげとげしさをなくして柔らかい響きにする役割があるために、特にビジネスの場面などで多用されます。

しかし、英語はそのような冗長さを良しとしません。洗練された英文を書くためには、冗長さを可能な限り排除することが大切です。英語はなるべくシンプルな表現を好む言語なのです。

日本語をスリム化し、必要な情報だけをアイデア化する習慣を身につけることで、自然と英文も洗練されてくるはずです。

表現や情報の
繰り返しをなくす

▶ 類義語よりもまずは代名詞で置き換える

　前の項で、日本語は回りくどい言語なので、日本語をスリム化してストレートな表現で考えることが重要であるというお話をしました。この項では、日本語のもう1つの「クセ」である「繰り返しの情報」について考えます。

連続して同じ単語を繰り返さない

　私たちが日本語でアイデアを考える際、同じ表現を繰り返し使ってしまうことがあります。

> 生徒は音楽にも興味を持つべきです。なぜなら、音楽(←2回目)は生徒(←2回目)の将来の生活を豊かなものにするからです。

　この日本語の文章では、「音楽」「生徒」という単語がそれぞれ2回使われています。しかし、英語では連続して同じ表現を使いません。特に1つの文章の中で同じ単語を複数回使うことは、なるべく避けたほうがよいとされています。

　これは、英語には it や they などの「代名詞」があるからです。もちろん、日本語にも代名詞はありますが、英語ほど頻繁に代名詞を使いません。

　日本語から英語を考える際には、<u>単語の繰り返しがないかを意識しながら、</u><u>2回目以降は代名詞で置き換える</u>ことも考えてみましょう。

例文 Students should take an interest in music because it will enrich their future lives.

= music

= the students'

●──別の単語ではなく、まずは代名詞で置き換える

　似たような意味を持った「同義語」あるいは「類義語」で単語を言い換える方法もあります。しかし、代名詞を使って表現をするべきところを同義語を使って言い換えようとすると、意味が伝わりにくくなる場合があります。

　music や students の繰り返しを避けるために「同義語」を探してみると、music の代わりにtunes、studentsの代わりに childrenのような単語が見つかるかもしれません。

⚠ <u>Students</u> should take an interest in <u>music</u> because <u>tunes</u> will enrich <u>children</u>'s future lives.

　しかし、これでは意味がうまく伝わらない可能性があります。tunes（旋律）には music（音楽）とは異なるニュアンスがあり、文章の前半で述べていたmusic とは異なるもののように聞こえます。同様に、children はstudents と同じグループの人を指しているのかが曖昧になります。

students?　≠　children?

　同義語を使って言い換えをしてもよいのは、それぞれの語彙のニュアンスをしっかり理解した上で、文脈上誤解を招く可能性が非常に低い場合に限られるのです。

重複する情報をなくす

> 若い頃、私は高校の寮に住んでいたのですが、誰の助けも得ずに自分で料理を作っていました。
>
> ↓
>
> When I was young, I used to live in the dormitory in my high school and I used to cook for myself without the help of others.

　日本語の内容を見るとそれほど違和感はありませんが、英語にすると「情報の重複」があるのに気づきます。

　高校時代の話をしていますし、used to という表現を使っていることからも「若い頃」であるのはあたり前です。また「自分で料理を作る」ということとは、すなわち「他人の助けを借りない」ことを意味します。

　さらに、used to … が繰り返されていますが、この部分も省略することが可能です。

　話し言葉では特に問題になることはありませんが、ライティングでは必ずしも 2 回言わなくてもよい部分なのです。

2度目の used to を省略

例文 I used to live in the dormitory in my high school, and　cook for myself.

　（私は高校の時に寮に住んでいたのですが、自分で料理を作っていました。）

　このように簡潔に表現をすることができます。

第1章

第2章

第3章

第4章

第5章

第6章

第7章

第8章

第9章

第10章

英語にする前にちょっと時間をとってみよう

　私たちが日本語でアイデアを考える際には、アイデアを考えることに集中しがちです。そのため、単語や情報の重複については気づきにくい傾向にあります。

　スピーキングでは聞き手の理解を深めるためや間を持たせるために、同じ内容を別の方法で何度も説明することがあるのですが、ライティングはそのような冗長さを嫌う傾向にあります。

　ライティング上級者を目指すにあたっては、いかに冗長さを排除し、シンプルでわかりやすい文章を書くかが重要になります。

　日本語から英語にする前にちょっと時間をとってアイデアを整理する習慣をつけてみましょう。

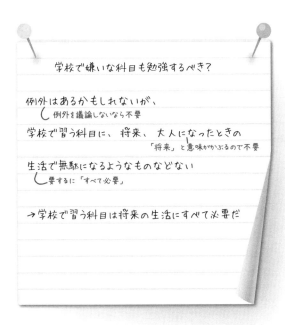

日本語の助詞に騙されない

▶「〜が」「〜は」の部分が主語とは限らない

　日本語のアイデアを英文にする際、まずはどれが「主語」で、どれが「述語」かを探すことになります。

「私は〜と思います。」「多くの生徒が〜しています。」など、「〜は」「〜が」に着目するのが、基本中の基本です。

　しかし、日本語では**主語以外の部分にも「〜が」や「〜は」のような表現が使われる**ため、一見するだけではどれが「本当の主語」なのかがわからない場合があります。

最近は野菜が嫌いな
子どもが増えています。

え？どれが
主語…？

内容から本当の主語を見極める

　英文を書く上で主語がどれなのかを見極めるには、日本語の「が」や「は」という助詞に注目するだけではなく、文章の内容から判断をする必要があります。

> 最近は、野菜が嫌いな子どもが増えています。

　例えば、この文には「が」や「は」が複数使われています。
　この文の主語は、一体どれでしょうか？

　主語を探すには、**述語の方から考える**とわかりやすいかもしれません。助詞だけに注目していたのでは主語を見誤ってしまいます。

　述語は「増えている」だとすぐにわかりますので、では「何」が増えているのかを内容から考えるのです。そうすると、増えているのは「子ども」であることが見えてきます。

　もちろん、 Must 22でお話ししたように、英語では「子どもが増える」とは表現せず、「子どもの数が増える」と表現するのは言うまでもありません。

例文 <u>The number of children who do not like vegetables</u> <u>is increasing</u> these days.
　　　　　　　　　主語　　　　　　　　　　　　　　　　　述語

　関係代名詞whoが使われていますが、関係代名詞については Must 45で詳しくお話しします。

---

valuable information

なぜ日本語には「が」や「は」が多いのか？

日本語に「が」や「は」が多い理由は大きく2つあります。

　　①話題を提示する習慣がある

　　②形容動詞という英語にはない品詞がある

日本語では主語がしばしば省略される代わりに、いまから何の話題について話をするかを相手に伝える習慣があります。

　先ほどの例文で言うと「最近は、〜子どもが」という部分です。「最近の子どもに関して言うと」というように、話題を導入する役割を「は」が果たします。

　また、日本語特有の形容動詞は「コーヒーが好き（だ）」「野菜が嫌い（だ）」のように、主語ではないにもかかわらず「が」を使うことがあるため混乱を引き起こします。もちろん日本語にも「嫌う」という動詞はあるのですが、普段、私たちが使う日本語ではほとんど使いません。

　日本語と英語は異なる言語ですので、日本語から英語に機械的に訳そうとするといろいろおかしなことが起こります。英語で書くときの主語がどれなのかをしっかり見極めることが大切です。

自然な英語になるように主語を「微調整」する

　このように、日本語では主語以外の部分にも「が」や「は」が使われるので、英文にする際に惑わされないようにする必要があります。また、より自然な英語になるように、主語を「微調整」しなければならない場合もあります。

> 最近の子どもたちは、栄養の偏りが ひどいです。

　述語は「ひどい」です。何がひどいのかというと、「栄養の偏り」がひどいわけなので、前ページの手法で割り出すと、これが主語になるはずです。
　しかし、そのまま英語に訳すとやや不自然な表現になってしまいます。

 The imbalance of nutrition in recent children is terrible.
　　　　　　　　主語　　　　　　　　　　　　　　　　　述語

　なんとなく意味は伝わるものの、英語としては不自然です。
　このような場合には、日本語のアイデアをそのまま英語に訳すのではなく、英語として自然に表現ができるものに言い換える必要があります。

🧩 そのままの表現	💡 言い換え表現
最近の子どもたちは、栄養の偏りがひどいです。	最近の子どもたちは、栄養的に偏った食事をとっています。

　これなら、自然な英語にできそうですね。

○ Children these days have a nutritionally unbalanced diet.
　　主語　　　　　　　　　述語

　「ひどい」という部分は削り落とされていますが、時にはこのように日本語の情報を整理して、英語で表現しやすい形に整えることも必要なのです。

●── 日本語の「は」は be 動詞とは限らない

「I am a teacher.（私は先生です。）」のように、主語と補語がイコールの関係にある場合、be動詞を使って表現します。

だからと言って、「～は、～です。」という表現をすべて be動詞で表現しようとしてはいけません。

以下の例文のような場合にはbe動詞の前後のものがイコールの関係にありませんので、be動詞を使って表現をすることができません。

> 山頂は雪です。

少し考えるとわかりますが、「山頂＝雪」ではありません。

✕ The top of the mountain is snow.

このような場合には、「山頂では雪が降っています」というように日本語のアイデアをいったん変換し、その上で英語で表現をする必要があります。

○ It is snowy at the top of the mountain.　（山頂では雪です。）
　主語　述語

○ It is snowing at the top of the mountain.　（山頂では雪が降っています。）

名詞を使い過ぎない

▶ 堅苦しい日本語でアイデアを考えない

　日本語は、英語よりも名詞を多用する傾向にあります。それに伴って、名詞と名詞をつなぐための「の」という助詞も多くなりがちです。

> 最近の若者の犯罪の増加の傾向は、社会にとっての重大な関心事です。

　この日本語にはたくさんの名詞が含まれており、それに伴ってたくさんの「の」が含まれています。

　「の＝of」のように丸暗記をしていると、以下のような英文を書いてしまうことになります。

✗ The recent trend of an increase of crimes of young adults is a serious concern of society.

　このように、すべての「の」を「of」で表現しようとすると、とても不自然な英語になってしまいます。

　ここでも、英語で表現しやすいような日本語に情報を整理しておく必要があるのです。

　例えば、「若者の犯罪」は、「若者によって犯される犯罪」のように理解し直します。「増加の傾向」は「増加」だけでも十分に意味が伝わりそうです。もちろん、「犯罪の増加」は「犯罪の数の増加」ですね。

　　　　　　　　　　　　　犯罪の数の増加
○ The recent <u>increase in the number of crimes</u> committed by young adults is a serious concern for society.　　若者によって犯される

1文あたりの名詞の数を減らす

日本語のアイデアに名詞が多くなってしまいがちな原因の1つに、漢字を使った熟語を多く使うことがあります。特に、書き言葉では漢字を多用しがちですので、名詞を使う頻度はさらに高くなります。

うぅっ
硬い…くどい…

> 学校の校則の厳格化に対する不満の高まりは、多数の学生の非行の原因となりました。

やや極端な例かもしれませんが、もちろんこれを以下のような英語にしてしまってはとても不自然になります。

✗ A rise of dissatisfaction due to stricter regulations of school led to delinquency of many of the students.

日本語の硬さにつられて、「dissatisfaction（不満）」「delinquency（非行）」のような硬い表現が多くなってしまっています。もちろん、あえてこのように硬く表現する場合もありますが、より自然な英語にするためには、まずは名詞の数を減らしておくことがポイントです。

> 校則が厳しくなったことによって、学生の不満が高まり、多くの学生が非行に走るようになりました。

このくらいにまで名詞の数を減らすことができると、自然な英語にしやすくなります。

○ As the school regulations became stricter, many students felt frustrated and started to misbehave.

この文では名詞は2つしか使われておらず、ofは1つも使われていません。このように、名詞に頼らない表現で日本語のアイデアを準備すると、自然な英語にしやすくなります。

名詞を並べて1つの名詞として表現する

先ほどの例文において「校則」という単語がありました。もちろん「regulations at school」と表現することもできますが、「school regulations」と名詞を2つ並べることで、前置詞を使わずに表現できます。

このように複数の名詞を並べて、1つの名詞のように扱うことができる場合があります。これを「**複合名詞**」と呼び、最初の名詞が形容詞の役割を果たします。

●──どのような場合に複数の名詞を並べられるか?

実は、どのような名詞であっても名詞を2つ並べることで「複合名詞」を作ることは可能です。ただし、それが一般的に使われているものでなければ、読み手には不自然に聞こえます。

例えば、「猫のエサ」を英語で表現する場合、「food of cats」と書く人はほとんどいないでしょう。「food for cats」と表現する人はいるかもしれませんが、ほとんどの人が「cat food」と表現するはずです。

同様に、「英語のレッスン」「サッカーの選手」などは複合名詞で表現されることのほうが多く、前置詞を使って表現することのほうが稀です。

英語のレッスン＝an English lesson　　←a lesson of Englishとはあまり言わない
サッカーの選手＝a soccer player　　←a player of soccerとはあまり言わない

●──Google Ngram Viewer を使って使用頻度をチェック

「名詞＋名詞」の組み合わせが「複合名詞」としてよく使われているものであるかは、辞書を使っても調べることができますし、インターネット検索などで調べることも可能です。

　コラムで詳しくお話ししますが、例えば『Google Ngram Viewer』というウェブサイトでは、指定した表現が実際の書籍でどの程度使われているか、500年以上の膨大なデータからグラフで表示してくれるツールです。
（https://books.google.com/ngrams）

　『Google Ngram Viewer』によると、「regulations at school」という表現はほとんど使われておらず、代わりに「school regulations」が使われていることがわかります。

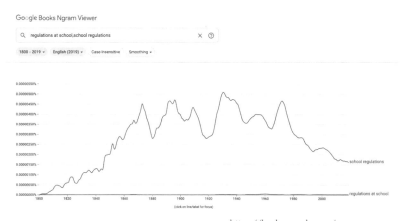

https://books.google.com/ngrams

正しいコロケーションが自然な英文を生み出す

▶ 正しいコロケーションが自然な英文を生み出す

　コロケーションとは、「罪を犯す」のような「単語と単語の慣習的なつながり」を意味します。

　英語ではこのコロケーションが「動詞＋名詞」「形容詞＋名詞」など、さまざまな組み合わせで見られ、いずれも自然な英文を書く上で非常に重要なものです。

「動詞＋名詞」のコロケーション

　中でも重要な組み合わせは、「動詞＋名詞」のコロケーションです。

　コロケーションは、それぞれの言語において慣習的に使われている組み合わせですので、当然言語によって異なります。特に、日本語と英語でコロケーションが異なるものについてはしっかり覚えておく必要があります。

　例えば、日本語では「薬を飲む」と言いますが、英語では drink medicine とは言わず、「take medicine（薬をとる・摂取する）」と表現します。ちなみに、韓国語では「薬を食べる（약을 먹다）」と言うそうです。このように言語ごとにコロケーションが違う場合がありますので、自分の母語と異なるものについては、特にしっかりと覚えておく必要があります。

> 日本語 → 薬を飲む
> 英語　 → 薬をとる (take medicine)
> 韓国語 → 薬を食べる (약을 먹다)

　それぞれの名詞に対して、英語ではどの動詞を使うのが最も自然なのかを日頃から意識しておくことが大切ですね。

●── コロケーションに自信がない場合の対処法

✕ Many people in cities <u>send</u> a busy lifestyle.

△ Many people in cities <u>spend</u> a busy lifestyle.
　　（都市に住む多くの人が忙しいライフスタイルを送っています。）

　例えばこの文では、lifestyle（ライフスタイル）という名詞に対する適切な動詞が必要です。

　「送る」をそのまま英語にするとsendですが、これはコロケーションとして誤っています。また「spend time（時間を過ごす）」のような表現から想像して「spend（費やす）」を使いたくなる人もいるかもしれませんが、これもめったに使われない表現です。

　どんな名詞にも「相性のよい動詞」というものがあり、lifestyleには have、lead、live、enjoy などの動詞が相性よく使われます。

◯ Many people <u>live</u> a busy lifestyle.

◯ Many people <u>lead</u> a busy lifestyle.

　もちろん、自分が使いたい表現のコロケーションに自信がない場合にはしっかり調べることが重要ですが、英語試験など、すぐに調べることができない状況であれば、自信のある表現に変えてしまうのも1つの方法です。

◯ People in cities <u>are busy</u>.

◯ <u>The lifestyles of</u> people in cities are busy.

　このように言い換えると、文法ミスを防ぐことができます。

「形容詞＋名詞」のコロケーション

「形容詞＋名詞」のコロケーションも重要です。あなたが伝えたい内容をより正確に伝えるために形容詞は欠かせません。

> 学生は、しばしば自分の国の古い神話を学びます。

このような内容を英語にしたい場合、「古い＋神話」という「形容詞＋名詞」のコロケーションが必要になります。

もしコロケーションを十分に知らずに、「antique（古代の）」という単語をたまたま知っていたとしましょう。そうすると、次のような文章を書いてしまうかもしれません。

✕ Students often study <u>antique myths</u> from their own culture.

antique は確かに「古代の」という意味がありますが、今回のように「古い（古代の）神話」という表現では使われることはほとんどありません。
正しくは、「ancient（昔の）」という形容詞を使って、以下のように表現します。

○ Students often study <u>ancient myths</u> from their own culture.

●── **economic growth? economical growth?**
よく似た形容詞が複数ある場合には、コロケーションに注意が必要です。

「経済的な成長」と表現したい場合に、「economy（経済）」の形容詞を考えますが、economy の形容詞には「economic（経済の）」「economical（経済的な、無駄のない、安価な）」という2つが存在します。

　それぞれの意味をしっかり理解していれば問題ありませんが、両者の意味を混同していると、本来はeconomic growthと表現するべきところを、誤ってeconomical growthのような表現をしてしまうことがあります。

　同様のものとしては、「sensitive（敏感な）」と「sensible（分別がある）」、「comparable（～に匹敵する）」と「comparative（比較に基づく）」などがあります。

　複数の形容詞がある場合には特に注意してコロケーションを意識するようにしましょう。

ライティングでよく使うコロケーションの一例

have access to ...	～を利用できる、～が手に入る
play an important role in ...	～において重要な役割を果たす
take advantage of ...	（機会・利点など）を利用する
gain knowledge	知識を得る
commit a crime	罪を犯す
broaden one's horizons	視野を広げる
raise awareness of ...	～についての意識を高める
make contact with ...	～と連絡をとる
contract a disease	病気にかかる
place emphasis on ...	～を強調する
tackle the problem	問題にとり組む
address the issue	問題にとり組む
live a 形容詞 life	～な生活を送る
pose a threat to ...	～にとって脅威となる
impose a tax on ...	～に税金を課す
in stark contrast to ...	～とはまるで対照的に

不自然な受動態を使わない

文章には、「能動態」と「受動態」があります。

能動態とは、「政府がその建物をとり壊した」というように、主語がその動作を行っているものを指します。受動態（受け身）とは、「その建物は（政府によって）とり壊された」というように、主語が（誰か・何かによって）その動作をされているものを指します。「〜によって」の部分は省略することができます。

日本語には主語がない文章が多いため、英語で表現するときに受動態を多用しがちです。

もちろん、英語でも受動態を使うほうがよい場面がありますが、基本的には**なるべく能動態を使うほうが読み手にわかりやすく書くことができます**。

日本語の受動態をそのまま訳さない

その図書館には10万冊もの本が置かれています。

下線部分は、「本が置かれている」という状態を表していますが、「本は（誰かによって）置かれている」というようにとらえて受動態で書いてしまうことがあります。

△ As many as 100,000 books are placed in the library.

　しかし、これはやや不自然な表現です。実際には能動態を使って表現するほうが自然です。

○ The library has as many as 100,000 books.

　一方、日本語では「図書館が10万冊もの本を持っている」とはなかなか言いません。この辺りがまぎらわしいところですが、日本語のアイデアに含まれている受動態に惑わされることなく、あくまで英語として自然な表現を選択することが大切です。

　もちろん、 Must. 29 でお話ししたような「There is/are….（〜があります）」のストラクチャーを用いて、次のように表現することもできます。

○ There are as many as 100,000 books in the library.

21 世紀の英語は能動態が基本

「エッセイでは能動態よりも受動態が好まれる。」
そう教わった人もいるかもしれません。

　確かに20世紀後半までは、受動態を好んで使っていた時代もありました。しかし、20世紀後半から学術論文の世界でトレンドが大きく変化し、現在では多くの学会で、論文では**可能な限り能動態を使うように**推奨しています。

　さまざまな学会が論文を書く上でのスタイルガイドを定期的に発表しています。以下はその一例ですが、いずれの学会でも、最新のガイドラインにおいて可能な限り能動態を使用するように推奨しています。

●アメリカ心理学会（American Psychological Association）

"Use the active voice as much as possible to create direct, clear, and concise sentences, especially when you are writing about the actions of people."

（直接的で明瞭で簡潔な文を作るために、可能な限り能動態を用いましょう。特に、人の行動について書く場合はそうです。）

"Use the passive voice when it is more important to focus on the recipient of an action than on who performed the action, such as when describing an experimental setup."

（実験の設定など、行動を起こした人よりも行動を起こされたものにフォーカスすることがより重要な場合には受動態を用いましょう。）

https://apastyle.apa.org/style-grammar-guidelines/grammar/active-passive-voice

●アメリカ化学会（American Chemical Society）

"Use the active voice when it is less wordy and more direct than the passive."

（受動態に比べて、語数がより少なく、より直接的になる場合には能動態を用いましょう。）

"Use the passive voice when the doer of the action is unknown or not important or when you would prefer not to specify the doer of the action."

（行動を起こす人が不明である場合や重要ではない場合、あるいは特定を避けたい場合には受動態を用いましょう。）

https://www.acs.org/content/acs/en.html
https://www.editing.tw/files/The_ACS_Style_Guide_Writing_Style.pdf

●——**受動態は冗長になりがち**

　受動態が好まれなくなった理由の1つは、表現が回りくどくなり、文章が必要以上に長くなるからです。

> 学校は、学術的な教科を教えることにフォーカスするべきだという意見の人たちがいるかもしれません。

　例えば、この文を受動態と能動態で表現してみましょう。

受動態 It may be argued (by some people)* that teaching academic subjects should be focused on by teachers at school.

* 実際の英語では、It may be argued by some people that ... という表現は非常に冗長に聞こえるためほとんど使われません。

能動態 Some people may argue that teachers should focus on teaching academic subjects at school.

　どちらが読み手にとって優しい文章でしょうか？

　能動態のほうが、よりストレートな表現になっていることがわかります。文の長さはそれほど変わりませんが、能動態のほうがシンプルにわかりやすく表現されています。

「エッセイは読み手のためのものである。」

　この原則に従って、能動態で書くことが推奨されるようになったのです。

人以外のものが主語になる能動態もある

　能動態は必ずしも人（あるいは生物）が主語になるわけではありません。人や生物以外のものを主語にした能動態もエッセイではよく使われます。いわゆる「無生物主語」と呼ばれる構文です。無生物主語については Must 48 以降で詳しくお話しします。

こんなときは
あえて受動態を使う

▶能動態と受動態を場面で使い分ける

前の項で、現代のライティングでは能動態が好まれる傾向にあるというお話しをしました。しかし、あえて受動態を積極的に使ったほうがよい場面も存在します。

ニュアンスを正確に伝えるための受動態

自動車事故が原因でその男性は亡くなりました。

⚠ <u>A car accident</u> <u>killed</u> the man.

このように「自動車事故」を主語にして能動態で書くことも可能ですが、「（他の理由ではなく）自動車事故が原因でその男性は亡くなった」という意味にも読みとれます。

男性が亡くなったこと自体にフォーカスをあてつつ、原因は自動車事故であったことを説明するには、次のように受動態で書くほうが自然です。

⭕ <u>The man</u> <u>was killed</u> in a car accident.

「誰がしたのか」を強調したい場合の受動態

> その駅は、警察によって閉鎖されました。

「〜された」ものに着目しつつ「誰がしたのか」の部分を強調したい場合にも、受動態を用いることがあります。

受動態の場合は、「誰がしたのか」の部分は「by〜」で表現します。英語の文は、はじめよりも**後の方に重要な情報を含める**傾向にありますので、文の後半に「by〜」と書かれていると、その部分が強調されることになるのです。

例文　The station was closed by the police.
　　　　受動態　　　　　　　強調したいのはココ！

「The police closed the station.（警察が駅を閉鎖しました。）」のように表現することもできますが、警察が「何をしたのか」という部分を強調したように受けとられてしまいます。受動態で表現することによって、「誰によって」閉鎖されたのかという部分を強調することができます。

話の流れを乱さないための受動態

エッセイやレポートでは、内容のつながりが重視されます。そのため、前の文からの流れをスムーズに引き継ぐために意図的に受動態を用いる場合があります。

> 日本には多くの使われなくなったスポーツ施設があります。政府はオリンピックを開催するためにこれらの施設を作りました。

このような例文を英語にしてみましょう。

▲ There are many unused sports facilities in Japan. The government constructed these facilities for the Olympic Games.

　1文目から2文目へと読み進めた際、やや違和感を感じたはずです。

　これは、1文目では「使われなくなった施設（unused sports facilities）」にフォーカスがあたっていたはずなのに、2文目になって突然、「政府（the government）」の話が始まったように感じられ、話の流れが一瞬途切れてしまったためです。

　このような場合、<u>前の文でフォーカスがあたっていたものを次の文の主語</u>にすることで、話の流れをスムーズにすることができます。

前の文でフォーカスがあたっていたもの

○ There are many unused sports facilities in Japan. <u>These facilities</u> <u>were</u> <u>constructed</u> by the government for the Olympic Games.

（日本には多くの使われなくなったスポーツ施設があります。これらの施設は、政府によってオリンピックを開催するために作られました。）

責任を曖昧にしたい場合

　あえて受動態を使う場面の1つが、責任を曖昧にしたい場合です。

　能動態では「誰が」という部分を書かなければ文が成立しませんが、受動態では「誰が」という部分を曖昧にできるのです。

　以下は、2016年5月27日、アメリカのバラク・オバマ大統領（当時）が現職大統領としてはじめて被爆地・広島を訪れた際のスピーチの一部です。

Seventy-one years ago, on a bright, cloudless morning, death fell from the sky and <u>the world was changed</u>. A flash of light and a wall of fire destroyed a city and demonstrated that mankind possessed the means to destroy itself.

（71年前、雲ひとつない晴天の朝、空から死が降ってきて、世界は変えられました。閃光と火柱が街を破壊し、人類は自らを滅ぼす手段を持っていることを証明しました。）

「the world was changed」という表現は非常に考え抜かれた表現です。あえて受動態で表現することにより、「誰が」という部分を曖昧にすることに成功したのです。

　もし能動態で表現をするなら、「誰が」という部分を言わなければなりません。そうすると、「誰が」にあたる部分は、「アメリカ政府」あるいは「原子爆弾」となり、いわば責任を認めるような発言になってしまいます。

　オバマ元大統領は、あえて受動態を使うことで客観的な事実のみを述べようとしたのです。

「～する」を自然に表現する

▶「てにをは」の省略に惑わされない

　日本語には、「～する」「～をする」「～にする」のような、いわゆる「する動詞」が非常にたくさん存在します。

　これらは、そのまま英語に訳そうとすると不自然になってしまうことがありますので、注意が必要です。

「する」は do とは限らない

●──「名詞＋する」タイプの動詞

　「名詞＋する」タイプの動詞には、「実験する」「記録する」「経験する」のようなものがあります。

　これらは、あえて強調をしたい場合を除いて、「do study」、「do record」、「do experience」のように表現せず、study、record、experience のように1語の動詞で表現します。

```
勉強する → study （  ✕   do study）
記録する → record （  ✕   do record）
経験する → experience （  ✕   do experience）
```

一方、英語でも「名詞＋する」の形で表現する動詞があります（英語の場合は「する＋名詞」）。ただし、その場合にも動詞は do とは限りません。

> 努力する → make an effort（✕ do an effort）
> 研究する → do research
> 進歩する → make progress（✕ do progress）

ここでも、「動詞＋名詞」のコロケーションが重要であることがわかります。

もちろん、よりハイレベルな動詞を使って、以下のように表現することも可能です。

> 努力する → endeavour
> 研究する → research, investigate
> 進歩する → progress, advance

● ──「名詞＋をする」タイプの動詞

「名詞＋をする」タイプの動詞には、「野球をする」「宿題をする」のようなものがあります。「を」の部分を省略すると不自然な日本語になるものです。

このタイプの動詞の場合は、名詞の部分を「目的語」と考えて、「動詞＋目的語」の形で表現します。

> 野球をする → play baseball
> 宿題をする → do (one's) homework

「てにをは」の省略と「外来語＋する」

「毎日、電車乗り継いで会社行くの大変だよね。」

　このように私たちが耳にする最近の日本語は、いわゆる「てにをは」がしばしば省略されます。

「毎日、電車<u>を</u>乗り継いで会社<u>に</u>行く<u>こと</u>は大変だよね。」

　特に話し言葉でこのように「てにをは」を使い分けて表現することはほとんどないため、「名詞＋する」「名詞＋をする」の境界も曖昧になりがちです。また「外来語＋する」というタイプの動詞も増えています。「チェックする」「コミットする」のような「外来語＋する」というタイプの動詞のほとんどは、本来 1 語だった英語を翻訳する際に「外来語＋する」と日本語訳をあてたものですので、do check、do commitment のようにはならず、check、commit のように本来の形に戻して使いましょう。

　ただし「アルバイトする」のように、英語以外の言語（今回の場合はドイツ語のarbeit）に由来するものは英語で 1 語で表現できない場合もあります。「アルバイトをする」は、英語では do a part-time job または work part-time という表現が使われます。

●──「形容詞＋にする、形容詞＋くする」タイプの動詞

　日本語には、「形容詞<u>＋にする</u>」「形容詞<u>＋くする</u>」という形も存在します。「きれい<u>にする</u>」「さらによ<u>くする</u>」などがそうです。

　これらは、「（何かを）きれいな状態にする」「（何かを）さらによい状態にする」と解釈して考えるとわかりやすくなります。

 基本ストラクチャー（34）

make O C

（O）を（C）の状態にする

「きれいにする」＝「（何か）をきれいな状態にする」と解釈できるので、「make O clean」と表現できます。同様に、「～をさらによくする」＝「（何か）をさらによい状態にする」と解釈できるので、「make O better」と表現できます。

動詞の選択肢を増やす

Must 33 でお話ししたように、日本語には名詞を使った表現が多いため、私たちは知らずしらずのうちに「名詞＋する」という表現を多用しています。そのため、英語学習歴の長い人であっても、意外と「動詞」の語彙数が少ない人もいます。

> 政府は、その道路の制限速度を低くするべきです。

この文章には「低くする」という「形容詞＋くする」の形が含まれています。「（何かを）低い状態にする」と考えると、以下のような英語で表すことができます。

例文 The government should make ┃the speed limit on the road┃ lower.
　　　　　　　　　　　　　　　make　　　　　　　O　　　　　　　C

しかし、make と lower が位置的に離れており、英文としてはあまり洗練された形になっていません。ここは、「下げる（lower）」という動詞を使うことでより洗練された表現にすることができます。

例文 The government should lower the speed limit on the road.

このように、動詞の選択肢が増えると表現の幅が広がり、洗練された英文を書くことができるようになります。

not を使わずに
否定の意味を表す

▶ 否定の意味を含む単語をマスターする

肯定文で否定的な内容を表す

> その本を期日までに返却できませんでした。

この日本語を英語にする際、以下のように表現する方が多いでしょう。

例文 I <u>could not return</u> the book by the due date.

もちろんこれでも問題はありません。
一方で、肯定文で表現する方法もあります。

例文 I <u>failed to return</u> the book by the due date.

「fail to 〜（〜することに失敗する）」という表現を使うと、cannot とほぼ同じ
内容を肯定文で表現することができます。

●── cannot と fail to の違い

上の 2 つの文章はほぼ同じ内容を表していますが、厳密
には含んでいる意味が異なります。

could not return the book は「<u>（何かによって妨害され
て）</u>本を返却できなかった」という意味を含みます。
例えば、本を失くしてしまった、あるいは病院に入院す

cannot return

fail to return

忘れて
きちゃった

ることになって返却しに行けなかった、などの理由が考え
られます。

　一方、failed to return the book は「本を返す責任を果た
せなかった」という意味を含みます。

● —— **should not** と **avoid** の違い

　同様に、以下のような内容も肯定文で表現することができます。

> インフルエンザの季節には人混みに行くべきではありません。

「〜するべきではない」という表現は should not を使って表現することが多
いでしょう。

例文　People should not go into crowded places during the flu season.
　　　（インフルエンザの季節には人混みに行くべきではありません。）

　一方、「avoid（避ける）」という動詞を使うことで肯定文でも表現できます。

例文　People should avoid going into crowded places during the flu season.
　　　（インフルエンザの季節には人混みを避けるべきです。）

　どちらも正しい文章ですが、should notを使った文章のほうがより強いメ
ッセージになります。

否定的な意味を持つ動詞を使いこなす

　「fail（失敗する）」「avoid（避ける）」以外にも否定的なニュアンスを持つ動詞
はたくさんあります。

> 都市の中心部に監視カメラを設置することは犯罪の防止につながります。なぜな
> ら、犯罪者はそれによって罪を犯そうと思わなくなるからです。

「思わなくなる」という部分を、「discourage（思いとどまらせる）」という動
詞を使って表現してみましょう。

例文 Installing CCTV cameras in city centres improves security because it discourages criminals.

※discourage という動詞の使い方については、 Must 52 の「無生物主語でよく使う動詞③」で詳しくお話しします。

否定の意味を持つ名詞や形容詞を使う

否定的の意味を持つ単語は動詞だけではありません。否定の意味を持つ形容詞も存在します。

> 多くの人がウルルをぜひ訪れたいと考えています。なぜなら、知らない世界への旅を楽しむことができ、そこにはほとんどの自然が手つかずの状態で残されているからです。

「知らない世界」「手つかずの」の部分は、「the unknown（未知の世界）」「untouched（そのままの、手つかずの）」という名詞や形容詞を使って表現できます。

例文 Many people really want to visit Uluru because it is possible to enjoy trips into the unknown, where nature remains almost untouched.

unknown は形容詞としても使うことができます。

例文 Before the infection started spreading, the virus was completely unknown in most countries.
（感染が広がる前までは、そのウイルスはほとんどの国で全く知られていませんでした。）

同様に、「unprecedented（かつてない）」のような表現もよく使われます。

例文 The Amazon rainforests are being destroyed on an unprecedented scale.
（アマゾンの雨林は前代未聞の規模で破壊が進んでいます。）

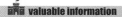 **valuable information**

肯定文が好まれる理由

英語では、どちらかというと肯定文で書くことが好まれます。

特に、読み手に誤解を与えないようにするために肯定文を使う場合があります。

例えば、以下の文を見てみましょう。

 This computer <u>cannot be repaired</u> free of charge.

　（このコンピュータは無償では修理ができません。）

　最後まで読めばきちんと理解できますが、英語は前から順に理解を進めていく言語です。

　「This computer cannot be repaired …」まで読んだ段階で、「あ、修理できないのか」と思ってしまうわけですね。

　最後まで読んではじめて「free of charge」とついているので、「無料では修理できないけれども、お金を払えば修理はできる」ことがようやくわかるのです。

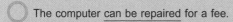 The computer <u>can be repaired</u> for a fee.

　（このコンピュータは有料で修理が可能です。）

　肯定文でこのように書かれていれば、前から理解を進めていっても、誤解を生むことはありません。文章の最後まで読んで理解をすることが普通である日本語とは違うところですね。

文をダラダラと続けない

▶ 1 文あたりの長さは 25 ～ 30 語を目安にする

「Simple is best.（簡潔が最良である）」と言われるように、英語ではなるべくシンプルな文を書くことがよしとされています。

文が長くなりがちな人の特徴

文が長くなりがちな人の特徴は 3 つあります。

①英語のスキルを見せるために意図的に長くしている
②文法・語彙の知識不足により端的に表現できない
③論理性（ロジック）が意識されていない

●──英語のスキルを見せるために意図的に長くしている

ライティング中級者くらいになってくると、文法のスキルを見せるために意図的に長い文を書く人がいます。

確かに、長い文を書けるのは高い文法のスキルがあってこそのことでしょう。しかし、読み手が理解しにくいような長い文は考えものです。

△ The government is investing astronomical sums of money in the development of technology in space science, which is due to the fact that staying on top in space development amongst all nations around the world is of paramount importance in maintaining a lead in the world economy.

　この例文は47語で構成されていますが、一読して理解できた人は少ないはずです。もちろん、単調な文を避けるために技巧を凝らすことも時には大切ですが、読み手が読みにくくなってしまっては本末転倒です。

**　簡潔に表現できそうな部分を見直してみましょう。**

　which is due to the fact that は because に置き換えられそうです。the development of technology in space science は space technology と表現すれば済むでしょう。staying on top in space development の部分は、既に前半で space development の話をしていますので staying on top in this field としておきましょう。また、amongst all nations around the world」は削除したほうがスッキリしそうです。

✏ そのままの表現	✂ 言い換え表現
which is due to the fact that	**because**
the development of technology in space science	**space technology**
space development	**this field**
amongst all nations around the world	**→削除**

これで、かなり簡潔にできます。

○ The government is investing astronomical sums of money in space technology because staying on top in this field is of paramount importance in maintaining a lead in the world economy.

（政府は宇宙科学技術に天文学的な額のお金を投資しています。なぜなら、宇宙開発においてトップの座を維持することが世界経済の主導権を握る上で非常に重要であるからです。）

もちろん、「astronomical（天文学的な）」「paramount（最重要の）」のような
ハイレベルの単語を使い慣れていない方は、自分の使いこなせる単語に置き
換えてもよいでしょう。

●── 文法・語彙の知識不足により端的に表現できない

　文法・語彙の不足により文が長くなりがちな人もいます。

　使いこなせるストラクチャー（文法）や単語
（語彙）が限られていると、端的に表現をできる
場面でも回りくどい表現に頼らざるを得ないこ
とがあるからです。

　仮にforeignersという単語を知らなければ、
people from other countriesと表現することにな
り、語数が増えてしまいます。

　対策として、英字新聞やニュースなどの「生の英語」になるべくたくさん
触れて、**端的に表現するためのストラクチャーやパーツを増やしていきまし
ょう**。

●── 論理性（ロジック）が意識されていない

　論理性（ロジック）については第8章で詳しくお話ししますが、エッセイ
では「AだからB、だからC」のような明確な話の流れが段落内に存在しま
す。この流れのことを**「論理性（ロジック）」**と呼びます。ロジックがしっ
かり意識されていないと、and などの接続詞で内容をダラダラとつないでし
まい、結果的に長い文章になってしまいます。

　特に、話し言葉に慣れてしまっている方は
注意が必要です。日常生活で話す言葉は、文
と文の間でしっかり区切ることがありません。
そのため、話し言葉の感覚でアイデアをつな
げようとすると、ダラダラと長い文になりが
ちです。

なぜ文を短くするのか？

文を短くするべき理由は2つあります。

①現代は短い文のほうが好まれる傾向にある
②あなたの主張を読み手に理解してもらいやすい

●──現代は短い文のほうが好まれる傾向にある

現代は短い文を好む傾向にあり、1文あたり平均15〜20語*と言われています。16世紀頃は一文の長さの平均が70語*だったそうですので、かなり短くなったと言えます。(*参考資料：Edwin Herbert Lewis『History of the English Paragraph』)

また、さまざまな学会の英文ライティングの基準においても、なるべく簡潔に英文を書くことが推奨されています。ライティングの目的や英語のレベルにもよりますが、**1文あたり25〜30語まで**を目安として考えておくとよいでしょう。

●──書き手の主張を読み手に理解してもらいやすい

もう1つの理由は、簡潔な文のほうが主張を読み手にしっかり伝えることができるからです。文が長いと、メインのポイントやフォーカスがぼやけてしまい、あなたの主張は十分に理解されません。

あなたが書いた英文は、英語を母語とする人だけが読むとは限りません。英語を話す人の過半数は、英語を母語としない人です。どのような人が読んでもしっかり理解してもらえるように簡潔な文を書くことを心がけましょう。

必要以上に挿入句を使わない

▶ 技巧と読みやすさのバランスを保つ

表現の技巧か、読みやすさか

　挿入句とは文章の途中に語句を挿入するもので、通常前後にカンマ（ , ）やダッシュ（ − ）などを伴って用います。表現の単調さをなくして文章に動きをつけるために使う有効な方法の１つです。

　しかし、挿入句を多用してしまうと、前の項でお話しした「長い文章」と同じように、読みにくい文章になりがちです。

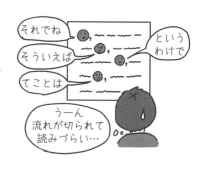

例文 Others, however, argue that robots can, to a large extent, improve human life because, as long as they are under control, they perform better than humans in terms of speed and accuracy.

　　（しかしながら、ロボットは大部分において人間の生活を改善することができると考える人たちもいます。なぜなら、ロボットはコントロールされている限り、そのスピードと正確性において人間よりもよいパフォーマンスを示すからです。）

　確かに挿入句は表現にバリエーションを与えてくれますが、挿入句を多用すると、このように文章の流れがブツブツ切れて、とても読みにくい文章になってしまいます。

```
┌── however
├── to a large extent
└── as long as they are under control
```

　この文章にはこのようなフレーズが挿入句として使われていますが、挿入句が使われ過ぎているために読みにくさを感じてしまいます。

●── 挿入句はカンマの多用の原因になる

　挿入句を多用することは、カンマの数にも影響します。

　句を挿入するために使うカンマやダッシュは、読み手に理解をいったん中断させるサインとなり、多用するとスムーズな理解を阻害してしまいます。

　エッセイは書き手の満足のために書くものではなく、読み手に自分の主張を理解してもらうためのものです。挿入句を減らして書いた文章と比較をしてみると、どちらが読み手にとって理解しやすいかは一目瞭然です。

> Others, however, argue that robots can improve human life to a large extent because they perform better than humans in terms of speed and accuracy as long as they are under control.

　もちろん、howeverの部分も挿入句にせずに、以下のように書いてもよいでしょう。

> However, others argue that robots can improve human life to a large extent because they perform better than humans in terms of speed and accuracy as long as they are under control.

●── 技巧を凝らすためだけの挿入句は使わない

　確かに、挿入句を効果的に用いると文に躍動感が生まれる場合もありますが、技巧を凝らすためだけの挿入句はなるべく避けたほうがよいでしょう。

　生の英語にたくさん触れ、どのような英語が自然で読みやすいかがわかるようになってきたら、必要に応じて挿入句を活用するようにしましょう。

●──修飾語のパーツの数と位置にも注意

修飾語のパーツの数と位置にも注意しましょう。

日本語の語順通りに英語にしようとすると、いわゆる「前置き」のような
フレーズが多くなり、それに伴ってカンマの数も増えてしまいます。

<u>In the past few decades</u>, <u>in many countries</u>, <u>particularly in developed countries</u>,
　　修飾語のパーツ　　　　　　　修飾語のパーツ　　　　　　　修飾語のパーツ

<u>due to a scarcity of parks</u>, children have been spending too little time on exercise.
　修飾語のパーツ

（ここ数十年、多くの国、特に先進国においては、公園の不足から、子どもたちは
運動に十分な時間を費やしていません。）

この例文では修飾語のパーツが4つもあり、いずれも文頭につけられてい
ます。

まずは<u>パーツの数を減らし</u>、あえて文頭や文中に書いたほうが理解しやす
いと思われるものを除いて、<u>修飾語のパーツはなるべく文の後半に回しまし</u>
<u>ょう</u>。

今回の場合、in many countries を children の直後に移動させ、due to a
scarcity of parks や particularly in developed countries を文の後半に移動させ
るとカンマの数を減らすことができます。

In the past few decades, children in many countries have been spending too
little time on exercise due to a scarcity of parks, particularly in developed
countries.

（ここ数十年、公園の不足から、多くの国の子どもたちは運動に十分な時間を費や
しておらず、特に先進国においては顕著です。）

---

valuable information
日本語から英語にするとなぜ「前置き」が多くなってしまうのか？

　日本語は英語と異なり、述語（動詞）が文章の最後にあります。英語のように述語が文章の前半に来ることは、まずありません。

　一方で、日本語においても英語と同様に主語と述語はあまり離さないようにする傾向にあります。主語と述語が大きく離れてしまうと、読み手が理解しづらくなるからです。

　そのため、修飾語が多い文章では、主語が文章の後半にあることがあります。

　先ほどの例文では、主語は「子どもたち」、述語は「費やしていません」でした。

> ここ数十年、多くの国、特に先進国においては、公園の不足から、子どもたちは運動に十分な時間を費やしていません。

　このように日本語と英語では主語や述語の位置が大きく異なるため、前から順に訳そうとすると「前置き」の多い英文になってしまうのです。

　スマートな英文を目指すのであれば、英語の語順、すなわち「**主語→述語（動詞）→目的語→修飾語**」という基本の流れを意識しつつ、必要に応じて強調したい修飾語を文頭に移動させるとよいでしょう。

　また、読みやすい文章にするために修飾語の数を減らすことも検討しましょう。
　今回の例文であれば、in many countries を省略しても良さそうです。

> In the past few decades, children have been spending too little time on exercise due to a scarcity of parks, particularly in developed countries.

❸1つの話にフォーカスする習慣を身につける

講演家の先生たちは、よく、「今日は3つのことをお話しします」というような話の始め方をします。これは、聞き手にポイントを絞らせる役割を果たします。「たった3つのことしか話さないので、その代わりじっくり聴いてくださいね」というメッセージが込められています。

読み手に受信ボックスを用意させる

「今日は3つのことをお話しします」と言われた瞬間に、聞き手の頭の中には、3つの「受信ボックス」ができます。3つの話を受け入れる準備をしてくれるのです。

スティーブ・ジョブズ氏が2005年にスタンフォード大学で行った有名なスピーチでも、以下のような話の切り出し方をしています。

Today I want to tell you three stories from my life. That's it. No big deal. Just three stories.（今日は、私の人生の中から3つの話をしようと思います。たったそれだけです。大したことはしません。たった3つの話です。【著者訳】）

聴衆が、その3つの話を掴み取ろうと、集中して聞いていたことは言うまでもありません。（【スタンフォード大学 YOUTUBE】https://www.youtube.com/watch?v=Hd_ptbiPoXM）

たくさんのことを伝える代わりに一つひとつを詳しく伝える

エッセイでは、アイデアをたくさん伝えることよりも、一つひとつのアイデアを丁寧に説明することが大切です。そのための練習として、普段の何気ないアイデアに対しても、「理由を考える」「理由を説明する」という習慣を身につけることが大切です。

授業で、「無人島に1つ持っていけるとしたら何を持っていきますか？」というクイズをすることがあります。

> 無人島に1つ持っていけるとしたら、私なら○○を持っていきます。

もちろん、これには正解はありません。そもそも、どういう状況で無人島に行くのかも設定されていません。しかし、何を選んだとしても、「なぜそれを持っていこうと思うのか」、「なぜ他のものよりもそれが重要だと思うのか」を自分の言葉でしっかり説明していただきます。

Advice for English learners

　無人島に1つ持っていけるとしたら、私ならライターを持っていきます。無人島にはどのようなものがあるかが全くわからないため、火を簡単に起こせるとは限りません。海に囲まれた島では夜間に想像以上に低い気温になることも考えられます。ライターでいつでも火を起こすことができると、暖をとることができるので体温を維持できます。また、火を簡単に起こせることは、食の面でも非常に役立ちます。海で捕獲した魚を調理することも可能になり、海水を蒸留することで飲み水を確保できます。このような理由から、無人島に1つ持って行くものとして、私はライターを選びます。

　やや屁理屈に聞こえるかもしれませんが、「アイデアに理由をつけて説明する」「状況をしっかり説明する」という練習をする上では大変面白い練習です。

アイデアの瞬発性を身につける

　アイデアの瞬発性を身につけたい方は、パートナーを見つけて、相手のアイデアに瞬時に返す練習をしてみましょう。

Ａ：無人島に１つ持っていけるとしたら、私なら○○を持っていきます。
Ｂ：私もそう思います。なぜなら……

　こちらはかなり難易度が上がります。パートナーの人が答えた内容が突拍子もないものであったとしても、それを無人島に持っていくべき理由を考えながら説明をしなければならないからです。

　授業では、「携帯電話」「眼鏡」「友だち」など、いろいろと面白いアイデアが聞かれます。

　あなたなら「眼鏡を持っていく」と言われたときどのように話を続けますか？

　眼鏡は全員にとって必要なものではないので、一般論として話をすることは難しいですが、この方に代わって主張のサポートをする練習をしてみましょう。

　無人島に1つ持っていけるとしたら、私なら眼鏡を持っていきます。私は目が悪く、眼鏡がなければ1m先のものも見えないような状態です。眼鏡があれば、足元もよく見えるようになるため、怪我を防ぐことができます。無人島で怪我をしてしまうと、消毒や薬がないため命とりになりかねません。また、眼鏡があると、浅瀬で泳いでいる魚を見つけることができます。魚を捕まえて食料を確保することが可能になります。このような理由から、無人島に1つ持って行くものとして、私は眼鏡を選びます。

理由を説明する習慣

　すべてのことには理由があります。しかし、忙しい生活をしている私たちはその理由まで考えることなく過ごしていることがほとんどです。今回ご紹介したようなクイズなどを通して、ゲーム感覚で何かについて理由を説明してみることは、論理的な思考力を養う上で大変役立ちます。

第6章

英語で語る世界を広げる

「もし〜ならば」と
仮定・条件の話をする接続詞 if

▶ if を使って想像の世界を語る

　この章では、英語で表現する内容を大幅に広げてくれる役割を果たす「**接続詞**」や「**関係代名詞**」、無生物主語や強調などのよく使う**構文**をマスターすることを目指しましょう。

　まずは接続詞からです。

　理由を表す because について Must 14 でお話ししましたが、because も接続詞の1つです。

　because 以外にも接続詞はたくさんあります。もし、エッセイで最もよく使う接続詞を5つあげるとすれば、以下の5つをあげることになるでしょう。

because	（〜なので）
if	（もし〜ならば）
when	（〜する／したとき）
although	（〜だが）
while	（〜である一方）

　この項では、まず if を使ったストラクチャーについてお話しします。

「もし〜ならば」

基本ストラクチャー（35）

if ……
もし〜ならば

> もしこの状況が続くならば、経済は悪くなるでしょう。

「もし〜ならば」という仮定を表す接続詞は「if」です。

接続詞とは、文章と文章をつなぎ合わせるものですので、文章（節）が 2 つ必要になります。

今回の場合、「この状況が続く」という文章と「経済が悪くなる」という文章を、接続詞 if を使ってつなぐことになります。

基本ストラクチャー　　**if ……**

パーツ
この状況が続く → **this situation continues**
経済 → **the economy**
悪くなる → **worsen**

文　**The economy will worsen if this situation continues.**

●──カンマは必要？

if のような接続詞を使った文章は、「if …」の部分（これを「**従属節**」と呼びます）と、「if …」がつかないメインの部分（「**主節**」と呼びます）で構成されます。

この「主節」と「従属節」の間にカンマ（,）が必要かどうかで迷うことがあるかもしれませんが、カンマが必要かどうかは文章を「主節」と「従属節」のどちらから始めるかで決まります。「主節」から始める場合には「従属節」の前にカンマは不要ですが、「従属節」から始める場合には、その節の終わりに必ずカンマが必要です。

「主節」から始める場合にカンマが不要である理由は、従属節が始まる部分に if などの接続詞があるために、カンマがなくても文章がどこで切れるのかがわかるからです。しかし、「従属節」から始める場合には、カンマがなければ文章がどこで切れるのかがわかりにくくなってしまいます。

✕ If this situation continues the economy will worsen.
どこで切れるのかがわからない…

●── if 節の中では will を使わない

また、条件を表す **if節（従属節）** の中では **will** などの未来を表す助動詞を用いないことにも注意しましょう。

「もし」という仮定の話であったとしても、「未来の時点での条件」を予測しているわけではなく「現時点での条件」を表しているため、if this situation will continue のようにはならないのです。

「仮に〜だとしても」

> 仮に政府が市民にもっと働くように勧めたとしても、市民はそのアドバイスには従わないでしょう。

「もし〜ならば」という仮定をさらに強調するために、even という副詞をつけて「even if ……」というストラクチャーを用いることもあります。

 基本ストラクチャー（36）

even if ……
仮に〜だとしても

使い方は、「if …」と同じです。

 even if ……

政府 → the government
もっと働く → work more
勧める → encourage 人 to …
アドバイスに従う → follow the advice

 Even if the government encourages citizens to work more, they will not follow the advice.

ここでも、仮定の内容にはwillが用いられていないことに注意しましょう。また、「even if …」という従属節から始まっているため、カンマが用いられています。

ワンポイント表現

「（人）に～するように勧める」
encourage 人 to ～

今回のワンポイント表現は、「（人）に～するように勧める」です。
Must 23 で紹介した「人 is encouraged to …」の能動態の形です。

「encourage（励ます）」は、「（人）に～するように励ます」という意味です。実際に声をかけて励ますというよりも、そのように「促す」という意味合いで使われています。

My parents encouraged me to take part in volunteer activities.
（私の両親は、ボランティア活動に参加するように私に勧めてくれました。）

「〜する／したとき」と
状況を伝える接続詞 when

▶「時」や「状況」を絞り込んで説明する

「〜する／したとき」のように状況を表す
when も、前の項でお話しした if と並んでよく
使う接続詞です。過去のある時点の状況を振り
返って説明をしたり、特定の状況について限定
して話を進めるときに使います。

when
このとき！

「〜する／したとき」

人は、困難に直面したとき、誤った判断をしがちです。

このような内容を英語で表現してみましょう。接続詞 when も、because
や if などの接続詞と同じように使います。

基本ストラクチャー（37）

when ……
〜する／したとき

基本スト
ラクチャー

when ……

パーツ

困難に直面する → face difficulties

〜しがちである → tend to …

誤った判断をする → make wrong decisions

文　When **people face difficulties, they tend to make wrong decisions.**

　もちろん、主節と従属節の順番を逆にして、「when …」の部分を後にすることも可能です。

例文 People tend to make wrong decisions when they face difficulties.

ただし、読み手に伝える順番を考えて、主節にあった they を people に、従属節にあった people を they に置き換える必要があります。
また、主節と従属節の間にあったカンマは不要になります。

> ワンポイント
> 表　現
>
> **「〜しがちである」**
> **tend to 〜**
> **be likely to 〜**

　今回のワンポイント表現は、「〜しがちである」です。
　傾向を表す表現にはいくつかありますが、**Must** 25 でも少し触れたように、**tend to 〜**はややネガティブなニュアンスに捉えられる場合があります。よりニュートラルに傾向だけを表したい場合には、**be likely to 〜**などを用いるとよいでしょう。

「一度〜すると」

　when 以外にも、時や状況を表す接続詞（またはそれと同じ役割を果たすもの）がいくつかあります。

> 卒業後に一度故郷を離れると、故郷に戻る可能性は低いものです。

「一度〜すると」という部分は、「once …」と表現します。when と同じように接続詞として使うことができます。when を使った場合より細かなニュアンスを伝えられます。

基本ストラクチャー (38)

once ……
一度～すると

基本スト
ラクチャー

パーツ

once ……

卒業後に → after finishing school
故郷を離れる → leave one's hometown
戻る → return
可能性が低い → be unlikely to …

文

Once **people leave their hometown after finishing school**, **they are unlikely to return.**

「故郷に戻る」の部分は、「return to their hometown」と表現できますが、文の前半で「leave their hometown」と言っているので、どこに戻るかは明らかです。 Must 31 で詳しくお話ししましたが、英語では同じ内容を繰り返すことを避ける傾向にあります。

　そのため、英語では内容が明らかなものについては、繰り返さずに省略するとよいでしょう。

他にもある！「時」を表す接続詞

　when や once 以外にも、時や状況を表す接続詞はまだまだあります。「after（～した後）」「before（～する前）」などがその一例です。また、「as soon as（～するや否や）」のように、複数の単語が集まって接続詞と同じような役割を果たすものもあります。ライティングのレベルが上がってきたら、これらの接続詞を使った文章にも挑戦してみましょう。

アルコールを飲むとすぐに、体内に吸収されます。
↓

例文 As soon as you drink alcohol, it is absorbed into your system.

if と when の違い

　仮定を表すifと時を表すwhenは、同じようなニュアンスで使うことがあります。

① If you drink too much, you suffer from a hangover the following day.
② When you drink too much, you suffer from a hangover the following day.
　（お酒を飲み過ぎたら、翌日二日酔いで苦しむことになるでしょう。）

　このように「きっとそうなるであろう」という必然的な内容についてはどちらを用いても問題ありません。

　一方、未来のことについて述べる場合には、それが確定しているかどうかによってif と when を使い分ける必要があります。

①If the consumption tax is raised this year, the economy will be severely damaged.　未確定
　（今年、もし消費税が上がったら、経済はひどく悪影響を受けるでしょう。）

②When the consumption tax is raised this year, the economy will be severely damaged.　確定
　（消費税が上がった際には、経済はひどく悪影響を受けるでしょう。）

　①は、消費税が上がることはまだ確定していない場合に使います。「もし今年消費税が上がったら」という仮定です。一方、消費税が上がることが確定していれば、②のようにwhen を使い「今年消費税が上がった際には」と書くとよいでしょう。

「〜だが」と譲歩してみせる接続詞 although

「話し上手は聞き上手」という格言がありますが、自分の主張ばかりを押し通そうとしても、相手を説得することはできません。議論を上手に進められる人は、相手の意見にもしっかり耳を傾けつつ、自分の主張がなぜ正しいと思うのかを丁寧に説明できる人なのです。

ライティングでは相手の話を「聞く」ことはできませんので、相手の話を「推測する」ことで代用します。これを「譲歩」と呼びます。「確かに〜だが」というように「一歩譲った議論をすること」を指します。

この項では、譲歩のための表現についてお話しします。

> ## 「（確かに）〜だが」

> プラスチックの使用は私たちの生活を便利にしましたが、それと同時に環境に大きな影響を及ぼしました。

ここでしたい主張は、「プラスチックの使用が環境に悪影響を及ぼしている」というネガティブなものです。

しかし、ネガティブな部分だけではなく、「ポジティブな影響を及ぼした

面」についても一歩譲った議論をすることで、相手の意見に耳を傾けつつ、スマートに自分の意見を主張できるのです。

 基本ストラクチャー（39）

although ……

（確かに）～だが

「譲歩」で最もよく使うストラクチャーは、接続詞の although または though です。although と though は、ほぼ同じように使うことができますが、although のほうがより硬い表現とされています。また、従属節を主節よりも先に書く場合には、although を好む人もいます。

 although ……

 パーツ

プラスチックの使用 → the use of plastics

それと同時に（～もまた）→ also

環境に大きな影響を及ぼす → cause significant environmental damage

Although **the use of plastics has made our lives convenient, it has also**

文 **caused significant environmental damage.**

ワンポイント 表現	「(O) を (C) の状態にする」 make ☐O☐ ☐C☐

今回のワンポイント表現は、「(O) を (C) の状態にする」です。

make の目的語である ☐O☐ を、☐C☐ の状態にするという意味で使われます。☐C☐ の部分は「補語」と呼ばれるもので、その文章のいずれかの部分と同じ内容を表します。今回の場合は、「目的語 ☐O☐ ＝補語 ☐C☐」の関係となっています。

例えば、「あなたの笑顔を見て嬉しくなりました。」というような内容は、「あなたの笑顔（ S ）が、私 ☐O☐ を幸せな状態 ☐C☐ にした」と解釈することで、この表現を使うことができます。

この表現については、 Must 37 でもとり上げました。

Your smile made me happy .

「me（私）」と「happy（幸せ）」がイコールの関係になっています

make

me
||
happy

---

though の強調形 — even though

if を強調した形が even if であったように、though を強調したいときは even though で表します。

> 科学者たちが絶え間なく努力をしているにもかかわらず、毎年、何千もの種が絶滅しています。

 基本ストラクチャー (40)

even though ……

〜にもかかわらず

though は although と言い換えることができましたが、even although とは言わないので、強調するときは必ず even though となります。

 基本スト ラクチャー even though …

 パーツ

絶え間なく努力をする → make continuous efforts

何千もの種 → thousands of species

絶滅する → die out

文 Even though **scientists are making continuous efforts to prevent it,**
thousands of species are dying out every year.

「even if（仮に〜だとしても）」と「even though（〜にもかかわらず）」は似ていますが、even if が「まだ起こっていないこと、確信を持てないこと」を強調するのに対して、even though は「すでに起こっていること、確信を持てること」を強調します。

○ Even though scientists are making continuous efforts to prevent it, thousands of species are dying out every year. 確信を持てる

（科学者たちが絶え間なく努力をしているにもかかわらず、毎年、何千もの種が絶滅しています。）

× Even if scientists are making continuous efforts to prevent it, thousands of species are dying out every year. 確信を持てない

（仮に科学者たちが絶え間なく努力をしているとしても、毎年、何千もの種が絶滅しています。）

段落単位で譲歩をしたい場合には？

althoughやeven though などの接続詞は１つの文章の中で譲歩をする場合にしか使えません。

一方で、エッセイを書く際には段落単位で譲歩をしたい場合もあります。

> 第１段落：「確かに……です。それはこういう理由だからです。例えば〜〜。」
> 第２段落：「しかし、……だと考えます。なぜなら〜〜。」

たとえば上のような構成の場合、althoughやeven though などの接続詞を使って表すことができませんので、譲歩するには次のような表現を使います。

> **It is true that ...**（確かに）
> **It is certain that ...**（確かに）
> **Indeed, ...**（確かに）
> **Admittedly, ...**（広く認められているように）

「〜する一方」と対比を表す接続詞 while

▶ 対比をしながら幅広い視点で議論する

前の項で、ライティングにおいても「聞き上手」であることが重要であり、そのためには「譲歩」という手段が有効であるとお話ししました。実は、「聞き上手」になるための方法がもう１つあります。それは、「**対比**」と呼ばれる方法です。

「〜である一方」

> 贅沢品に対する税金は増やされるべきである一方、生活必需品に対する税金は減らされるべきです。

「対比」とは、何かと何かを比較することです。「〜である一方」のように、対比する状況を比較してみせることで、幅広い角度から物事を捉え、公正に語ることができます。

２つの意見を対比する状況を考えてみましょう。

接続詞には while を使います。「While ＋意見①，意見②」のように表現します。今回の例文では、「意見①」に相当するものが「贅沢品に対する税金は増やされるべきである」という意見です。「意見②」に相当するものが「生活必需品に対する税金は減らされる

べき」という意見です。

　これらの 2 つの意見を、接続詞 while を用いてつないでみましょう。

基本ストラクチャー（41）

while ……
〜である一方

while …

パーツ

贅沢品に対する税金 → taxes on luxury items

（税金を）増やす → raise

生活必需品に対する税金 → taxes on daily necessities

（税金を）減らす → reduce

文
While **taxes on luxury items should be raised, those on daily necessities**
should be reduced.

　もちろん、他の接続詞と同様に主節と従属節の順番を入れ替えることも可能です。その場合にはカンマが不要になることも同じです。

例文 Taxes on daily necessities should be reduced while those on luxury items
should be raised.

●──while をつけるのはメインの主張ではない側

　while は 2 つの意見の対比ですので、意見①と意見②のどちら側の意見に while をつけても全体として意味はほとんど変わりません。しかし、while がついている従属節のほうが「〜である一方」の意味を含むため、while がついていない**主節**の方にメインの主張が含まれることになります。

① While taxes on luxury items should be raised, those on daily
necessities should be reduced.

② While taxes on daily necessities should be reduced, those on luxury
items should be raised.

①では、「生活必需品に対する税金は減らされるべきである」という部分にメインの主張が含まれているのに対して、②では、「贅沢品に対する税金は増やされるべきである」という部分にメインの主張が含まれています。

どちらに重きを置いて主張をしたいかによって、接続詞 while をつける位置を考えましょう。

繰り返しを避ける「that/those」

今回のワンポイント表現は、「those」です。

日本語の文章では「税金」という言葉が繰り返し使われていますが、英語では繰り返し同じ単語を使うことを嫌います。そのため、2回目の「税金」という言葉が「those」という代名詞に置き換えられているのです。

those は that の複数形です。tax は数えられる名詞ですので、taxes と複数形で使われています。そのため、taxes という言葉を繰り返す代わりに those が使われているのです。もちろん、単数の名詞であれば that が使われます。

繰り返しの情報をなくす方法については、 Must 31 でもお話ししましたね。

> 単数の名詞 → that
> 複数の名詞 → those

on the other hand は接続詞ではない！

対比を表す接続詞として、while のほかに whereas もよく使われます。また、「on the other hand（一方で）」を使って対比を表すこともできます。

先ほどの例文は、この on the other hand を使って表すこともできます。

例文 Taxes on luxury items should be raised. On the other hand, those on daily necessities should be reduced.

　ここで注意しなければならないのは、on the other hand は「接続詞」ではないという点です。

✗ Taxes on luxury items should be raised, on the other hand, those on daily necessities should be reduced.

　このように、on the other hand を使って2つの意見をつなぎ合わせて1つの文章にすることはできません。

　on the other hand という表現は、「on (the) one hand」と対にして使われることもあります。人間には2つの手があって、「一方の手の上に乗る考え」と「もう一方の手の上に乗る考え」を対比させているイメージです。

○ On (the) one hand, taxes on luxury items should be raised. On the other hand, those on daily necessities should be reduced.

while と whilst

　while と同じ意味で whilst という接続詞があります。

　アメリカでは古い表現とされていますが、イギリスではいまでも使われる表現です。ただそれでも使われる頻度は while よりは低く、どちらかと言うとフォーマルな状況で使われる傾向にあります。

　基本的には while と同じ意味で、用法もほぼ同じですが、「時間」という意味の名詞として使うことはできません。

○ I met him a little while ago.
✗ I met him a little whilst ago.
　（少し前に彼に会いました。）

関係代名詞 which で
情報を補足しよう

▶ 1 つの文章で情報を補足する関係代名詞

　ここからは表現の幅を広げるための英文法を扱います。

　まず、「関係詞」と呼ばれるものについて考えてみましょう。

　関係詞には、「関係代名詞」や「関係副詞」などいろいろありますが、この項では、まず which や who などの「関係代名詞」についてお話しします。

関係代名詞って何？

　学校の英語の授業で関係代名詞って習ったけど、「関係代名詞が出てきてから英語が苦手になった」「関係代名詞って結局よくわからないから適当に使っている」という人も多いかもしれません。

　「関係代名詞」という言葉には、「関係」と「代名詞」という単語が含まれています。

　「代名詞」はすでに登場した名詞の繰り返しを避けるために使われるもので、it や they などがあります。「関係」は、「文章（節）と文章（節）の関係性をつなぐこと」を表しています。

　このことから、関係代名詞は「接続詞」の役割も持っていることがわかります。

　簡単に言うと関係代名詞とは、文と文をつなぎながら名詞の代わりをする、つまり**接続詞と代名詞の両方の役割を果たす存在**なのです。

●──まずは代名詞を使って2つの文を作ってみる

関係代名詞を使った文を書きたい場合、まずは代名詞を使って2つの文を作るところからスタートします。

> ① 私はりんごを食べました。
>
> ② それらはそのスーパーで売っていました。

このような内容を、代名詞を使って2つの文を作ってみます。

> ① I ate apples.
>
> ② They were sold at the supermarket.
>   └ = The apples

②の主語である they は、①の apples と同じものを指しています。このように代名詞は、直前に登場した名詞についてさらに詳しく説明をしたい場合などに使われます。

次に、接続詞を使って①と②を1つの文にしてみましょう。今回の場合は、and を使ってみます。

> 接続詞
> I ate apples and they were sold at the supermarket.
>   代名詞

この「接続詞」と「代名詞」をまとめて表現しようとしたものが「関係代名詞」なのです。

> I ate apples which were sold at the supermarket.
>   └ 関係代名詞（＝接続詞＋代名詞）
> （私はそのスーパーで売っていたりんごを食べました。）

●── 接続詞と代名詞が離れている場合

上で紹介した例文では、接続詞と代名詞が連続していましたので、それらをまとめて関係代名詞に置き換えるだけでしたが、接続詞と代名詞が離れている場合もあります。

①私はりんごを食べました。

②それらをそのスーパーで買いました。

このように表現しようとした場合、代名詞を使って2つの文を作ると次のようになります。

① I ate apples.

② I bought them at the supermarket.
　　　　　　　└─ = the apples

さらに、接続詞を使って①と②を1つの文にします。

I ate apples and I bought them at the supermarket.
　　　　　　接続詞　　　　代名詞

このように、接続詞と代名詞が離れていても関係代名詞で置き換えることが可能です。

I ate apples which I bought at the supermarket.
　　　　　　└─ 関係代名詞（＝接続詞＋代名詞）
（私はそのスーパーで買ったりんごを食べました。）

なお、②のように代名詞が目的語の位置にある場合（これを「目的格」と呼びます）の関係代名詞は省略をすることが可能です。例えば以下のような例文では関係代名詞の which が省略されています。

　　　　　　┌─ which が省略されている
The apples I bought at the supermarket were expensive.
（そのスーパーで買ったりんごは値段が高かったです。）

また、「関係代名詞＋be動詞」は省略ができます。

which were が省略されている
The apples sold at the supermarket were expensive.
（そのスーパーで売られていたりんごは値段が高かったです。）

●──which の前にカンマは必要？

which の前にカンマを伴う用法があります。これを**非制限用法**と呼びます。一方、which の前にカンマを伴わない用法を**制限用法**と言います。

制限用法を使うのは、直前に登場した名詞（**先行詞**と呼びます）がまだ特定されたものや人ではない場合で、関係代名詞以降の説明によって「制限（特定）」をします。

例文 I was born in a town which has more than 2,000 years of history.
どのような町で生まれたのかを「制限（特定）」
（私は2,000年以上の歴史のある町に生まれました。）

which 以降の説明がなければどのような町で生まれたのかを制限（特定）できませんが、which 以降の説明があることによって制限（特定）されています。

非制限用法は、先行詞がすでに特定されたものや人の場合に用い、関係代名詞以降の説明によって「補足説明」をします。特に先行詞が固有名詞の場合にはすでに特定をされていますので、非制限用法を用いることになります。

先行詞が固有名詞で読み手の頭の中でも「特定」されている
例文 I was born in Saitama, which is situated to the north of Tokyo.
カンマをwhichの前につけて補足説明すればよい

（私は埼玉で生まれましたが、それは東京の北側にあります。）

関係副詞 where を使って
話を広げよう

▶「物なら which、場所なら where」ではない

この項では、「関係副詞」と呼ばれるものについてお話しします。

「関係代名詞」は聞いたことがあるけど、「関係副詞って何？」と思った方も
いるかもしれません。

　関係副詞は、前の項でお話しした「関係代名詞」と同じ関係詞の１つです
が、少し使い方が異なります。関係副詞には、**where**、**when**、**why**、**how** の
４種類があります。この項では最も使用頻度の高い**where**について詳しくお
話しし、残りの３つについては次の項で説明をします。

関係副詞＝前置詞＋関係代名詞

　まずは関係副詞と関係代名詞との違いです。

　関係副詞とは、「前置詞を含んだ関係代名詞」と定義することができます。

　前の項で、関係代名詞は接続詞と代名詞の両方の役割を持っているという
お話をしましたので、関係副詞はいわば前置詞＋接続詞＋代名詞の３つの役
割を持っていることになります。

関係副詞＝前置詞＋関係代名詞
　　　　　（接続詞＋代名詞）

3人分がんばる！

●──関係副詞 where と関係代名詞 which の違い

関係副詞whereと関係代名詞whichは、ライティング上級者であっても混同しがちです。

大きな違いは、前置詞の役割を含んでいるかどうかです。言い換えると、関係代名詞に前置詞の役割まで含ませたものが「関係副詞」になります。

> where＝**前置詞**＋which

公式にするならば、このようなイメージになります。前置詞は on・at・in・to など、さまざまなものが想定されます。これは、which が指し示す名詞（先行詞）によって変わります。

関係副詞whereと関係代名詞whichを混同してしまう人の多くは、「先行詞が物なら which、先行詞が場所なら where」というように誤って覚えてしまっています。先行詞の種類によってではなく、前置詞の意味を含めているかどうかで使い分けます。

●──関係副詞と関係代名詞でつないでみる

例えば、次の2つの情報をつないでみましょう。

> ①昨日そのレストランで食事をしました。
> ②私はそのレストランで昔働いていました。←レストランについての付加情報

「そこで昔働いていた」という情報が、「レストラン」についての付加情報になります。

① Yesterday, I dined at the restaurant.
先行詞

　メインの情報＝主節

② I used to work at the restaurant.

　付加情報＝従属節

これらの2つの文章を接続詞を使ってつなぐと、以下のようになります。

> Yesterday, I dined at the restaurant, and I used to work there.
> ＝ at the restaurant

この文章を関係副詞 where を使って表現してみましょう。where は、先行詞である the restaurant に加えて前置詞 at まで含めて関係副詞 where に置き換えますので、次のようになります。

Yesterday, I dined at the restaurant where I used to work.
　　　　　　　　　　　　　　　　　　= and at the restaurant

（昨日、昔私が働いていたレストランで食事をしました。）

　もし関係代名詞 which を使うのであれば、前置詞 at の役割を持たせることができないので、前置詞が残ることになります。

Yesterday, I dined at the restaurant which I used to work at.

前置詞を関係代名詞の前に移動させ、次のように表現することもあります。

Yesterday, I dined at the restaurant at which I used to work.

●──前置詞＋ which と where との使い分け

　関係代名詞を使っても関係副詞を使っても、どちらでも文法的には正しい文を書くことができます。
　どの表現を使うかは、ライティングの目的や形式によって決めることになります。

① Young people should be engaged in volunteering, through which they can learn how society works.
　（若者はボランティア活動に参加するべきです。それを通して彼らは社会がどのように機能しているかを学ぶことができます。）
② Young people should be engaged in volunteering, where they can learn how society works.
　（若者はボランティア活動に参加するべきです。そこで彼らは社会がどのように機能しているかを学ぶことができます。）

※一般的には、①がややフォーマルな書き方、②がややインフォーマルな書き方です。しかし、実際には、法律文書などの非常にフォーマルな文書でも②のような書き方は使われていますので、エッセイではどの表現を使っても問題ありません。

●——先行詞の省略

制限用法で用いるすべての関係副詞は、先行詞が明白である場合、先行詞を省略することができます。

> This is (the place) where I used to work.
>   先行詞
> （ここは以前、私が働いていた場所です。）

●——関係副詞 where の非制限用法

関係代名詞と同様に、関係副詞 where にも非制限用法があります。

非制限用法の中でも先行詞が前の節全体の場合には、「そしてそこでは（and there）」という意味に考えるとわかりやすいでしょう。

例文 After graduating from high school, most young people move to cities, where they either further their studies or enter the workforce.
└ =and there
（多くの若者は高校を卒業後、都市に引っ越しをし、そしてそこでさらに勉強をするか仕事を始めます。）

前のページで紹介した例文も関係副詞 where の非制限用法ですね。

例文 Young people should be engaged in volunteering, where they can learn how society works.
└ =and there
（若者はボランティア活動に参加するべきです。そこで彼らは社会がどのように機能しているかを学ぶことができます。）

状況・理由・方法について 話を広げる when, why, how

▶4つの関係副詞を使って自由自在に表現する

where 以外の関係副詞（when、why、how）についても確認しましょう。

関係副詞 when を使って文を作る

関係副詞where と同様に、関係副詞whenにも前置詞の意味が含まれています。

例文 This was (the day) when I quit smoking.

（この日が私がたばこをやめた日です。）

この例文では、関係副詞whenに前置詞onの意味が含まれていると考えることができます。ただし、関係副詞 when の場合には、関係副詞 where とは異なり、通常は関係代名詞を使って言い換えることはありません。

⚠ This was the day on which I quit smoking.

●── 関係代名詞 when の非制限用法

関係副詞 when にも非制限用法があります。年号や季節などの固有の時、あるいは前の文全体を先行詞として使います。

例文 The man was sitting on his prison bed, when he first realized how serious his wrongdoings were.

（その男性は刑務所のベットに座っていました。そしてそのとき、自らの過ちの重大さにはじめて気づきました。）

April, when cherry blossoms are in full bloom, is one of the busiest months for the tourism industry.

（桜が満開となる4月は観光業にとって最も忙しい月の1つです。）

関係副詞 why を使って文を作る

「関係副詞」という言葉は使いませんでしたが、実は **Must** 15 で紹介をした （5）には関係副詞の why が使われています。

基本ストラクチャー（5）

The reason why（1）is that（2）.

（1）である理由は（2）です。

この他に、次のようなストラクチャーでも関係副詞の why が使われています。

基本ストラクチャー（42）

This is（the reason）why ……．

このことが、～である理由です。

---

why の先行詞である the reason はしばしば省略され、This is why ……、That is why ……．のように使われます。

┌先行詞は省略可能
例文 This is (the reason) why many people quit smoking.

（このことが、多くの人が喫煙をやめる理由です。）

関係副詞whyに前置詞forの意味が含まれていると考えると、代わりに for which を使うこともできます。

ただし、その場合は**先行詞は省略できません**。

例文 This is the reason for which many people quit smoking.

「This is why……. （このことが、〜の理由です。）」と「This is because……. （なぜなら、〜。）」を混同してしまうことがあります。そのような場合には以下の方法で識別をしてみましょう。

✕ I've been jogging for a month. This is because I lost weight.

「This」が指すものは前の文の内容ですので、「This is」の部分を省略してbecauseでつないでみましょう。そうすると、

> I've been jogging for a month because I lost weight.
> （私は痩せたので１ヶ月ジョギングをしています。）

となり、意味が通りません。

○ I've been jogging for a month. This is (the reason) why I lost weight.

　一方、「This is why …」のほうは、why の前に先行詞の the reason を補って考えるとわかりやすくなります。「This」が指すものは前の文の内容ですので、「このことが理由で」という意味になっているかを考えてみるのです。「１ヶ月ジョギングをしています。このことが理由で私は痩せました。」となり、意味が通っていますね。

関係副詞 how を使って文を作る

　関係副詞 how についても同様です。

　ただし関係副詞 how を使う場合は少し注意が必要です。先行詞としては the way（方法）のようなものが想定されますが、the way と how の両方を同時に使用することは通常ありません。

✗ This is <u>the way</u> how people gain trust.

　通常は先行詞を省略した形か、逆に関係副詞を省略した形で表現します。

〇 This is the way people gain trust.
〇 This is how people gain trust.　（このような方法で人は信頼を獲得します。）

　また、関係副詞 how には非制限用法がありません。..., how ... という形は存在しませんので注意が必要です。

「場所」以外でも使える関係副詞 where

　関係副詞 where は物理的な場所以外のものを先行詞にすることもできます。具体的には、場合や状況などを先行詞として、それを詳しく説明することができるのです。

例文 There are <u>many cases</u> where people lose money through foolishness.
（人びとは愚かな行動を通してお金を失っている場合が多くあります。）

　この場合の先行詞は cases です。cases は「事例」という意味で、物理的な場所を表す単語ではありませんが、関係副詞 where を使うことができるのです。

　この他にも、situation（状況）や circumstance（事情）など、状況を表す単語を先行詞として関係副詞 where を使うこともできます。

無生物主語に挑戦してみる

▶ 無生物主語で洗練されたシンプルな文章を目指す

　ライティングを始めたばかりならば短い文章を書くので精一杯かもしれません が、ある程度慣れると関係代名詞や分詞構文などを使って、より長い文章を書けるようになります。

　しかし、さらにライティングのレベルが上がると、不思議なことに文は再びシンプルになってきます。

　これは、使える単語や文法の幅が広がり、いわゆる「無生物主語」と呼ばれるストラクチャーを使いこなせるようになるからです。

無生物主語とは？

　無生物主語とは、その名の通り「生物以外のもの」を主語にした構文です。 「命を持たないもの」が主語になると考えてもよいでしょう。

例文 Bad weather prevented me from attending the meeting.
　　　（悪天候のために、その会議に出席することができませんでした。）

　このような文を見たり聞いたりしたことがありませんか？

　直訳すると、「悪天候が、私がその 会議に出席することを阻みました。」 となります。

　日本語ではこのような無生物主語

BAD WEATHER!

の構文を使うことはめったにありませんので、最初は違和感を感じるかもしれません。しかし、英語のエッセイではこのような無生物主語のストラクチャーがよく使われます。

無生物主語を使う2つのメリット

簡潔に書くことが求められる英語のエッセイで無生物主語のストラクチャーが好まれる理由は2つあります。

●── メリット①　文章がスッキリする

Because the weather was bad, I could not attend the meeting.
（天候が悪かったために、その会議に出席することができませんでした。）

もちろん、「I（私）」を主語にしてこのように表現することも可能です。

しかし、この文章は接続詞を使った「複文」と呼ばれるもので、1つの文章の中に「主語＋述語」が2つ含まれています。

無生物主語のストラクチャーを使うことで「主語＋述語」を1つにすることができ、よりシンプルな表現になるのです。

Because the weather was bad, I could not attend the meeting.
　　　（主語＋述語）　　　　（主語＋述語）

↓

スッキリ

Bad weather prevented me from attending the meeting.

●── メリット②　表現のバリエーションを増やせる

無生物主語のストラクチャーが好まれるもう1つの理由は、「表現のバリエーションを増やせる」という点です。

> Because of this experience, | decided to go to university.
>
> （この経験があったので、私は大学に行くことにしました。）

　もちろん、このように書いても全く問題ありませんが、エッセイでは同じようなストラクチャーを度々繰り返すことになります。

　英語では、同じ単語を繰り返すことを避ける傾向にあるのと同様に、**同じストラクチャーを繰り返すことも避ける**傾向にあります。

　そのようなときに、無生物主語のストラクチャーを使うことができると、表現に変化を加えることができます。

> This experience encouraged me to go to university.
>
> （この経験があったので、私は大学に行くことにしました。）

無生物主語は主語と動詞が決め手

「無生物主語のよさはわかったけれども、実際に使う自信がない」

　このように思っている方も安心してください。無生物主語はストラクチャー自体が単純ですので、実は「主語」と「述語（動詞）」を決めることができれば自然に完成します。

●──when や if を使った文は無生物主語の練習に最適！

　接続詞の when や if を使った文は、無生物主語の練習をするのに最適です。

> If people won the lottery, they would stop working hard.
>
> （もし宝くじにあたったら、彼らは一生懸命働かなくなるでしょう。）

❶主語を決める

　まず、無生物主語のストラクチャーで使う「主語」を決めましょう。

　例文では「people（人びと）」という「生物」が主語になっていますが、無生物主語のストラクチャーを使って表現するために、生物以外のものを主語

にする必要があります。

> もし宝くじにあたったならば、彼らは一生懸命働かなくなるでしょう。
>
> ↓
>
> 宝くじにあたることは、働くことを阻害するでしょう。

　このように読み替えると、「宝くじにあたること」という生物以外のものを主語にすることで無生物主語のストラクチャーを使えるようになります。

　「宝くじにあたること」の部分は動名詞（-ing形）を使って表現してみましょう。

> Winning the lottery would discourage people from working hard.

❷述語を決める

　動詞には、「discourage（思いとどまらせる）」を使いました。これは「encourage（勧める）」の対義語ですね。これらの動詞の使い方については後の項で改めてお話しします。

 valuable information

無生物主語を使うとシンプルで洗練された表現ができる！

　無生物主語のストラクチャーが使いこなせるようになると、主語や動詞が減るため、複雑だった文章もシンプルで洗練された表現にできます。

例）If traffic lights were〔introduced〕at this intersection, there would be〔fewer〕accidents.
（もし信号が導入されたら、この交差点での事故は減るでしょう。）

↓

The introduction of traffic lights would reduce accidents at this intersection.
（信号の導入は、この交差点での事故を減らすでしょう。）

無生物主語の文は
主語→述語の順に決めよう

▶動名詞を使って「〜すること」という主語を作る

では、改めて無生物主語を使った文章を書く練習をしてみましょう。

前の項でお話ししたように、無生物主語を使った文章を書く際には、次の2つのステップに分けて考えます。

> **ステップ❶　主語を決める**
> **ステップ❷　述語（動詞）を決める**

この項では「①主語を決める」方法についてお話しします。

ステップ❶：主語を決める

無生物主語の構文を使うためには、まずは主語をどのようなものにするかを考えなければなりません。

代表的な方法は以下の4つです。

> ①1つの名詞でまとめる
> ②動名詞 (-ing形) を使う
> ③指示代名詞 (thisなど) を使う
> ④関係代名詞 which を使う

●──①１つの名詞でまとめる

例えば、以下のような例文を無生物主語を使って言い換えてみましょう。

As the economy is worsening, many parents have to send their children
to public schools.
└─人が主語

（経済が悪化しているので、多くの親は自分たちの子どもを公立の学校に通わせなければなりません。）

今回は①の「名詞でまとめる」方法を使ってみましょう。名詞でまとめるのは、as などの接続詞で導かれている部分です。

１つの名詞になれ！

As the economy is worsening

⬇

the worsening economy

「As the economy is worsening」という部分を名詞でまとめるので、「悪化しつつある経済」というような内容が主語になります。英語では、the worsening economy と表現できます。

┌─無生物が主語
The worsening economy is forcing many parents to send their children
to public schools.

（悪化している経済は、多くの親に自分たちの子どもを公立の学校に通わせることを強いています。）

●──②動名詞（-ing 形）を使う

次に、動名詞を使う方法を考えてみましょう。

If people eat too much junk food, they become obese.
（ジャンクフードを食べ過ぎると、肥満になります。）

動名詞とは動詞の最後に-ingをつけたもので、「～すること」という意味を表します。

今回の場合は、「Eating too much junk food（ジャンクフードを食べ過ぎること）」を主語にするとよいですね。

> Eating too much junk food makes people obese.
> （ジャンクフードの食べ過ぎは、肥満につながります。）

このように、「〜すること」という動名詞を主語にする方法は無生物主語のストラクチャーを作るときによく使われます。

動詞の最後に -ing をつけることで無生物主語を簡単に作ることができます。

例文 Adding -ing to the end of a verb enables you to make an impersonal subject easily.
（動詞の最後に -ing をつけることで、無生物主語を簡単に作ることができます。）

ちなみにこの文章も「add（加える）」という動詞に -ing をつけて名詞化した無生物主語の構文ですね。

●──③指示代名詞（this など）を使う

ほかに、this などの指示代名詞を主語にすることもできます。

その**指示代名詞の前に文章があることが前提**で、直前に述べたものを指しながら、「このことが、〜」というように文章を続けることができます。

> In Australia, the use of plastic bags was banned in 2019. As a result, shoppers have been encouraged to bring their own bags.
> （オーストラリアでは2019年にビニール袋の使用が禁止されました。その結果、買い物客はマイバックを持参することが求められてきました。）

この例文では、「as a result（その結果）」というつなぎ言葉が使われていますが、この文を無生物主語を使って表すことができます。

In Australia, the use of plastic bags was banned in 2019. This has encouraged shoppers to bring their own bags.

前の文全体を指している

（オーストラリアでは2019年にビニール袋の使用が禁止されました。このことが、買い物客にマイバックを持参することを求めてきました。）

　論理的なライティングは、前の文の内容を引き継いで話を展開していくことが多いため、このようなストラクチャーが非常に多く使われます。

●── ④関係代名詞 which を使う

　最後に、関係代名詞 which を主語にする方法をご紹介します。

　基本的な関係代名詞の使い方については Must 45 でお話ししましたが、関係代名詞 which は、その前にカンマを伴って、前の文全体を指して話を続けることもできます。このような使い方を「非制限用法」と呼ぶのでしたね。

In Australia, the use of plastic bags was banned in 2019, which has encouraged shoppers to bring their own bags.

=and this

（オーストラリアでは2019年にビニール袋の使用が禁止されましたが、このことは買い物客にマイバックを持参することを促してきました。）

　このストラクチャーもエッセイでは非常によく使いますので、ぜひ覚えておきましょう。

無生物主語文でよく使う動詞 ①

▶「可能にする」「促進する」「強制する」

続いてこの項では「②述語（動詞）を決める」方法についてお話しします。

ステップ❷：述語(動詞)を決める

主語が決まったら、続いて述語（動詞）を決めます。

無生物主語のストラクチャーに使われる動詞はたくさんありますが、いくつかのグループに分けて考えることができます。

Must 50 - 52 を通して、無生物主語のストラクチャーでよく使われる動詞を覚えましょう。

●──グループ1：可能にする、許可する

まずは、「○が、〜を可能にする」というタイプの動詞を使えるようになりましょう。無生物主語で最もよく使われる動詞のグループです。

基本ストラクチャー（43）

enable 人 to 〜

（人）が〜することを可能にする

基本ストラクチャー（44）

allow 人 to 〜

（人）が〜することを可能にする（許可する）

このグループに含まれる動詞には、「enable（可能にする）」「allow（許可する、可能にする）」などがあります。

when や if を使って書いたとき、「**可能**」の意味が含まれる場合には、このグループの動詞を使うことができます。

> その危機が終わったら、人びとは外国に旅行できるでしょう。

このような内容を無生物主語で表現することを考えてみましょう。

いきなり無生物主語のストラクチャーを使うのが難しい場合は、いったん if や when を使った文章で書いてみると、主語や述語を決めやすくなります。

> When the crisis is over, people will be able to travel abroad.

will be able to の部分に、「可能」の意味が含まれていますので、「enable（可能にする）」「allow（許可する、可能にする）」などを使うことができます。

主語は、前項「①1つの名詞でまとめる」方法を用いて、「the end of the crisis（危機の終了）」を主語にしてみましょう。

> The end of the crisis will enable people to travel abroad.
> （その危機の終了は、人びとが外国に旅行することを可能にするでしょう。）

もちろん、「allow（許可する、可能にする）」を使っても問題ありません。

> The end of the crisis will allow people to travel abroad.
> （その危機の終了は、人びとが外国に旅行することを可能にするでしょう。）

●──**グループ2：促す、促進する**

続いて、「○が、〜を促進する」というタイプの動詞を使えるようになりましょう。

 基本ストラクチャー（45）

encourage 人 to 〜

（人）が〜することを促す

231

help [人] (to) 〜

（人）が〜することを助ける

　このグループに含まれる動詞には、「encourage（励ます、促す）」「help（助ける）」などがあります。

　when や if を使って書いたとき、「**促進**」の意味が含まれる場合には、このグループの動詞を使うことができます。

> 報酬体系が改善したので、彼らはより一生懸命働く気持ちになりました。

　先ほどと同様に、いったんは接続詞を使った文章で書いてみましょう。

> Because the pay system improved, they were willing to work harder.

「報酬体系が改善してより一生懸命働く気持ちになった」という「促進」の意味が含まれているので、「encourage（励ます、促す）」などの動詞を使うことができそうです。

　主語は、「① 1 つの名詞でまとめる」方法を用いて、「the new pay system（新しい報酬体系）」にしてみましょう。

> The new pay system encouraged them to work harder.
> （新しい報酬体系が、彼らを一生懸命働くように促しました。）

encourage と同様に help を使う場合もあります。

　encourage は、彼らが一生懸命働いていなかった前提で、一生懸命働くように「促す」という意味を示唆します。

　help は、彼らが一生懸命働きたい（けれども何かの理由でそうできていない）前提で、一生懸命働けるように「手助けする」という意味を示唆します。

　なお、help を使う場合、目的語の後の to を省略することができます。

> The new pay system helped them (to) be motivated.
> （新しい報酬体系が、彼らのモチベーション向上の手助けとなりました。）
> The new pay system helped them (to) pay off their mortgage.
> （新しい報酬体系が、彼らが住宅ローンを完済する手助けとなりました。）

●──グループ3：強いる・強制する

基本ストラクチャー（47）

force 人 to 〜

（人）に〜することを強制する

「（人）に〜することを**強制する**」という意味を表したい場合には、「force（強制する）」「compel（強制する）」などの動詞が使えます。

> もしAIが発展したら、社会は新しい仕事を作らなければならないでしょう。

同様に、まず接続詞 if を使って書いてみましょう。

If artificial intelligence develops, societies will have to create new jobs.

「the development of artificial intelligence（AIの発展）」を主語にし、動詞には「force（強制する）」を使ってみましょう。

> The development of artificial intelligence will force societies to create new jobs.
> （AIの発展は、社会が新しい仕事を作り出すことを強いるでしょう。）

基本ストラクチャー（48）

make 人 〜

（人）に〜させる

動詞には「make（〜させる）」を用いることもできます。

make を使う場合には、目的語の後の to が不要になります。文法的には使役動詞と呼ばれるものですね。

> The development of artificial intelligence will make societies create new jobs.
> （AIの発展は、社会に新しい仕事を作り出させるでしょう。）

無生物主語でよく使う動詞②

▶「原因となる」「つながる」

●── グループ4：原因となる、つながる

基本ストラクチャー (49)

A leads to B

AがBにつながる

基本ストラクチャー (50)

A contributes to B

AがBに寄与する

基本ストラクチャー (51)

A results in B

AがBという結果になる

基本ストラクチャー (52)

A causes B

AがBの原因となる

　アイデアを論理的に書き進めていくため、

「こうだから、こうです。」

「この結果、こうなります。」

のように因果関係を表すことがよくあります。

　「AがBにつながる」「AがBに寄与する」という**因果関係**を示したい場合、

左記のようなストラクチャーを使って無生物主語で表すことができます。

動詞には、「lead（導く）」「contribute（寄与する）」「result（結果になる）」など
を使います。

注意したいことは、これらの動詞はいずれも自動詞であるため、**前置詞が
必要である**という点です。

動詞によって前置詞が違いますので、なるべくセットにして覚えましょう。

A leads to B

> 睡眠が不足しているとき、人は間違いを犯します。

このような内容を無生物主語を使って表現してみましょう。

> 睡眠不足は、間違いを犯すことにつながります。

このように、無生物主語を使って表現しやすいように日本語を変えておく
とよいですね。

主語は、「睡眠不足」です。英語ではlack
of sleep です。

動詞は、「～につながる」です。今回ご紹
介した A leads to B を使ってみましょう。

A leads to B

Lack of sleep may lead to mistakes .
（睡眠不足は、間違いを犯すことにつながります。）

　　※lead to の to は「方向を表す前置詞」です。
　　　後ろに動詞の原形が続く「to不定詞」とは異なりますので注意しましょう。

もし「人びとが（間違いを犯す）」という意味をつけ加えたいなら、以下
のように表現します。

Lack of sleep may lead to people making mistakes .

A contributes to B

「 A leads to B （AがBにつながる）」とほぼ同じように使えるのが、「 A
contributes to B （AがBに寄与する）」です。

contribute には「貢献する」という意味がありますので、何かの原因の1
つになるという意味で使います。ポジティブな状況でもネガティブな状況で
も使うことができます。

> 睡眠不足が、今回の事故の一因でした。

このような内容を contribute を使って次のように表現できます。

> A lack of sleep contributed to the accident .

A results in B

「result（結果になる）」という動詞を使う場
合には、lead や contribute とは前置詞が異な
るので注意が必要です。

A results in B

> A lack of sleep resulted in an accident .
> （睡眠不足が、事故を引き起こす結果となりました。）

ところで、A contributes to B を使った先ほどの例文では the accident と
なっていたのに、A results in B を使った今回の例文では an accident とな
っていることに気づいた方は、とても観察力が鋭いですね。

contribute を使った例文では「その事故（例の事故）」というものが書き手
と読み手で共有されている状態において、いったい何が原因だったのかを考
えている状況です。いろいろ原因が考えられるが、「睡眠不足」も1つの原因
だったのではないかと書き手は読み手に伝えようとしているのです。

一方、result を使う場合には「睡眠不足」という状態が何につながったの
かを伝えようとしています。読み手はまだ何が起こったのかを知らない状態
です。そのため the accident ではなく an accident となっているのです。

A と B を逆にして、B results from A と表現する場合には、an
accident ではなく the accident を主語にします。

> The accident resulted from a lack of sleep .
> （その事故は、睡眠不足が原因でした。）

A results in **B** .
原因　　→→　　結果

前置詞
に注意！

B results from **A** .
結果　　←←　　原因

---

valuable information

a lack of sleep? lack of sleep?

　この項で紹介した例文には「lack of sleep（睡眠不足）」という表現が使われていますが、冠詞 a をつけている場合とつけていない場合があります。

　a lack of sleep と表現した場合には、「（習慣的ではない）短期間の睡眠不足」という意味になります。一方、lack of sleep と表現した場合には「習慣的な睡眠不足」という意味になります。

- Lack of sleep may lead to people making mistakes.　[一般論]
  習慣的な睡眠不足

- A lack of sleep contributed to the accident.　[特定の出来事]
  （習慣的ではない）短期間の睡眠不足

A causes **B**

「cause（〜の原因となる）」という動詞も無生物主語のストラクチャーでよく使われます。

> A lack of sleep may have caused [the accident] .
> （睡眠不足が、今回の事故を引き起こしたのかもしれません。）

　また、「cause（原因になる）」を以下のようなストラクチャーで使うと、「（人）が〜するような原因になる」という意味になります。

 基本ストラクチャー（53）

cause **人** to 〜
（人）が〜するような原因になる

> Lack of sleep may cause [people] to make mistakes.
> （睡眠不足は、人びとが間違いを犯す原因になることがあります。）

無生物主語でよく使う動詞③

▶「防ぐ・妨げる」「奪う」「お金がかかる」

●──グループ5：防ぐ、妨げる

基本ストラクチャー (54)
prevent 人 from ～**ing**
（人）が～することを妨げる

基本ストラクチャー (55)
hinder 人 from ～**ing**
（人）が～することを妨げる

基本ストラクチャー (56)
discourage 人 from ～**ing**
（人）が～することを思いとどまらせる

基本ストラクチャー (57)
deter 人 from ～**ing**
（人）が～することを思いとどまらせる

　書きたい内容に「**防止・抑止**」の意味が含まれている場合には、「prevent（妨げる）」「hinder（妨げる）」「discourage（思いとどまらせる）」「deter（思いとどまらせる）」などの動詞を使うことができます。

> 繁華街に警察官がいると、市民が罪を犯しにくくなります。

　例えば、このような内容を英語にしてみましょう。まずは、接続詞を使って表現してみます。

> When the police are on busy streets, citizens are less likely to commit crimes.

　次に、無生物主語の「主語」を考えましょう。

「the police（警察）」を主語にしてもよいですし、「警察の存在」という意味で the presence of the police と表現することもできます。

> The presence of the police on busy streets will discourage citizens from committing crimes.
> （繁華街における警察官の存在は、市民に罪を犯すことを思いとどまらせるでしょう。）

valuable information

その方向に向かってほしい to と、その方向に向かってほしくない from

「discourage（思いとどまらせる）」という動詞は、グループ2で紹介した「encourage（励ます、促す）」の対義語です。

encourage は、「encourage 人 to …」というストラクチャーをとります。

例 The increase in wages encouraged them to work hard.

（昇給が、彼らを一生懸命働くように促しました。）

「to 不定詞」の起源は「前置詞 to」だと考えられており、「その方向に向かってほしい」というニュアンスを含んでいます。

　一方 discourage は「discourage 人 from …」というストラクチャーをとります。

例 The presence of the police on busy streets will discourage citizens from committing crimes.（繁華街における警察官の存在は、市民に罪を犯すことを思いとどまらせるでしょう。）

この「前置詞 from」は文法的には「制止の from」と呼ばれるもので、「その方向に向かってほしくない」というニュアンスを含んでいます。from に続くものは名詞ですので、動詞を使いたい場合には動名詞にする必要があります。

●──グループ6：奪う

基本ストラクチャー（58）

deprive 人 of A

（人）からAを奪う

　このタイプをとるのは「deprive（奪う）」「rob（奪う）」
「rid（取り除く）」など、**「奪う、取り除く」**のような意味が
含まれた動詞です。

　これらの動詞では、前置詞 of を使います。文法的には
「分離の of」と呼ばれるものです。

　of から「離れる」という意味を想像することは少し
難しいかもしれませんが、of の語源が off であること
を聞くと納得できるかもしれませんね。

ボクの
お財布

Because of technology, children do not have opportunities to think
critically.

（テクノロジーのおかげで、子どもたちは注意深く考える機会がありません。）

Technology has deprived children of opportunities to think critically.

（テクノロジーは、子どもたちから注意深く考える機会を奪ってきました。）

●──グループ7：お金がかかる

基本ストラクチャー（59）

cost 人 お金

（人）に（お金）を払わせる

「cost（費用を必要とする）」という動詞も無生物主語のストラクチャーでよく
使います。

If the school introduces iPads for every student, it will have to pay a large sum of money.
└ the school

（もしその学校がすべての生徒にiPadを導入するならば、その学校は多額のお金を払わなければなりません。）

Introducing iPads for every student will cost the school a large sum of money .

（すべての生徒にiPadを導入することは、その学校に多額のお金を払わせることになるでしょう。）

costは、giveなどと同様に目的語を2つとることができます。

文法的には、第4文型（SVOO）と呼ばれるものです。

1つ目の目的語は「人（またはそれに代わるもの）」、2つ目の目的語は「費用」になっていることに注目してください。

●── グループ8：その他の動詞

今回ご紹介したグループ1〜7の動詞には入れ替え可能な動詞がまだまだあります。基本的な動詞をマスターしたら、交換可能なパーツとして使える動詞をさらに増やしていきましょう。

また、無生物主語で使う動詞には、これらの7つの動詞グループ以外のものもありますので、生の英語で出会ったものをどんどん吸収していきましょう。

If the government introduces artificial technology, it will save a large sum each year.
（もし政府がAIを導入したら、毎年たくさんの金額を節約できるでしょう。）

Introducing artificial technology will save the government a large sum each year.　（AIを導入することは、政府にとって毎年多額の節約になるでしょう。）

分詞構文で同時に起こっていることを１文で表現する

▶分詞構文の基本の意味は「～しながら」という同時進行

　無生物主語のストラクチャーを覚えたら、次は分詞構文に挑戦してみましょう。分詞構文が使えるようになると、表現の幅はさらに広がります。

分詞構文は同時進行を表す

 基本ストラクチャー（60）

……, ～ing ….
～しながら

　分詞構文は、<u>２つのことが同時に起こっていることを示す</u>ことができます。

> 政府は民間企業よりもはるかに大きな規模の研究を行うことができます。そのおかげで研究結果をより迅速に出すことができます。

　このような内容を英語で表現したい場合、もちろん次のような文章で表現することも可能です。

> ① Governments can conduct research on a much bigger scale than commercial organizations. This allows them to produce results extremely quickly.
> ② Governments can conduct research on a much bigger scale than commercial organizations, which allows them to produce results extremely quickly.

①のように前の文全体の内容を this を用いて表す方法（ Must 72でお話しします）でもよいですし、②のように関係代名詞 which の非制限方法を用いる方法（ Must 45）でも表現できます。

しかし、「分詞構文」を使うと、もう少しすっきりさせることが可能になります。

●──分詞構文の基本は「〜しながら」

分詞構文にはたくさんの意味があると習った かもしれません。

しかし、分詞構文の基本的な意味は、「**〜しながら**」という同時進行です。

今回の例文では、「政府は民間企業よりもはる

AとB同時進行

かに大きな規模の研究を行うことができる」という事実と、「そのおかげで研究結果をより迅速に出すことができる」という影響は同時に起こっています。

そのため、後半の文章を分詞構文でつなぐことができるのです。

> Governments can conduct research on a much bigger scale than commercial organizations, allowing them to produce results extremely quickly.

分詞構文の作り方は比較的簡単です。

先ほどの例文のように this または which を使った文章を元に、カンマで区切って「分詞」でつなげばOKです。

> Governments can conduct research on a much bigger scale than commercial organizations. <u>This allows</u> them to produce results extremely quickly.
>
>
>
> Governments can conduct research on a much bigger scale than commercial organizations, allowing them to produce results extremely quickly.

This allows ... の部分を ..., allowing ... にして分詞構文を完成させました。

今回の場合は、allow しているのが主節の主語である governments ですので現在分詞を使いましたが、主節の主語が「〜されている」という受け身の意味であれば過去分詞を用いることになります。この場合、being が省略さ

れていると考えるとわかりやすいでしょう。

前に Being が省略されていると考えるとわかりやすい

例文 Pressured by their parents, children often hide their worries.

（両親からプレッシャーを感じて、子どもたちは心配事をしばしば隠そうとします。）

　分詞構文を使うことで、それらが同時に起こっていることをイメージしやすくなり、また2つの内容の関係性もわかりやすくなります。

●──分詞構文は情報を少しつけ足したいときにも

　分詞構文をぜひ使いたい場面がもう1つあります。

「情報を少しつけ足したいけど、わざわざもう1つの文にするまでもない」というようなときです。

> 年配の人たちは、若い人たちほど自分の感情に影響されません。そのため、より信頼できるアドバイスをすることができるのです。

　このような内容を英語で表したい場合、2つの文に分けようとすると2つ目の文がやや短くなってしまいます。

> Older people are not influenced by their emotions to the same degree that young people are. This allows them to give reliable advice.

　2つ目の文で伝えたい内容は、1つ目の文に少し情報をつけ足したいだけですので、そういった場合に分詞構文を使うとスマートにまとめることができます。

> Older people are not influenced by their emotions to the same degree that young people are, allowing them to give reliable advice.

もちろん、関係代名詞を使っても同じように補足説明できます。

> Older people are not influenced by their emotions to the same degree that young people are, which allows them to give reliable advice.

文法的にはどちらを使っても問題ありませんし、意味もほとんど同じです。同時に起こっていることを強調したい場合には**分詞構文**を、2つの情報の

関係性を明確にしたい場合には**関係代名詞**を使うとよいでしょう。

文頭に分詞構文を使うとき

分詞構文は「〜しながら」という同時進行を表しますので、文頭に置くこともできます。

> 請求を払うことができず、多くの人が家を売らざるを得ませんでした。

「請求を払うことができなかった」ために、「家を売らざるを得なかった」と理解することもできますが、これらはほぼ同時に起こっていると考えて、分詞構文を使ってみることにしましょう。

> Being unable to pay the bills, many people had no choice but to sell their houses.

過去分詞や形容詞の前の being はしばしば省略されるため、次のように書くこともできます。

> Unable to pay the bills, many people had no choice but to sell their houses.

because を使って書く場合に比べて、とても簡潔に表現ができていることがわかります。

●——Having said that, … も分詞構文

「そうは言っても」という意味で使う、「Having said that, …」も分詞構文です。

> Having said that, it is also important to cooperate with others.
> （そうは言っても、他人と協力することも重要です。）

直前に述べた内容（that）を認めつつ、それと同時に、別の内容を主張したい場合などに使います。

強調構文でメリハリをつける

▶読み手に特に伝えたい部分を効果的に強調する

エッセイの中では、特に強調して主張をしたい場面があります。
例えば、以下の2つの文を比べてみてください。

①一人ひとりの人間が社会を構成しています。

②社会を構成しているのは、一人ひとりの人間なのです。

どちらも同じ内容を伝えようとしていますが、②のほうでは「一人ひとりの人間」という部分が強調されています。

強調する部分を it is と that で挟む！

 基本ストラクチャー（61）

It is A that ……．

〜するのは、Aなのです。

このストラクチャーは「強調構文」とも呼ばれます。強調したい部分をit isとthatで挟みます。

まずは、元となる①の文を英語にしてみましょう。

① Individuals constitute society.

このようなシンプルな英文が考えられます。動詞には、「構成要素となる」という意味のconstituteを使いました。

ここで、強調したい部分を it is と that の間に移動させます。強調したい部分は individuals です。

② It is [individuals] that constitute society.
（社会を構成しているのは、一人ひとりの人間なのです。）

このように it is と that の間に挟んで表現することで、その部分が強調されるのです。

強調構文の作り方

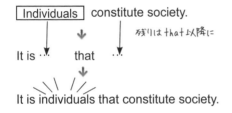

●――名詞以外のものも強調できる

強調構文は、名詞以外のものも強調できます。

I realized that I had made a mistake <u>yesterday</u>.
（私は、昨日間違いを犯したことに気づきました。）

ここで、yesterday の部分を強調して、「気づいたのは昨日だった」ということを表現してみましょう。

It was [yesterday] that I realized that I had made a mistake.
（私が間違いに気づいたのは、昨日です。）

さらに、only などの副詞をつけ加えることで、「昨日になってはじめて気づいた」というようなニュアンスを出すこともできます。

It was <u>only</u> [yesterday] that I realized that I had made a mistake.
（昨日になってはじめて、私は間違いに気づきました。）

that の重複を避ける方法

It was only yesterday that I realized that I had made a mistake.

（昨日になってはじめて、私は間違いに気づきました。）

この例文のような that の重複を避けたい場合には、少し意味は変わりますが how などを使って言い換えることも可能です。

It was only yesterday that I realized how big a mistake I had made.

（昨日になってはじめて、私は自分の犯した間違いがどれほど大きいものであったかに気づきました。）

強調するための助動詞 do

「He plays tennis.（彼はテニスをします。）」のような肯定文を疑問文にすると、「Does he play tennis?（彼はテニスをしますか？）」のように、助動詞の does が突如として現れることを不思議に思ったことはありませんか？

これは、plays という形は、「現在のことを表すための助動詞 does」と「動詞の原形である play」が合わさってできたものだと考えるとわかりやすいかもしれません。

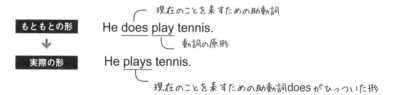

しかし、あえて「現在のことを表すための助動詞 does」を使った形に戻すことで、強調できるのです。

これから先、世界が将来どのようになるかは誰にもわかりません。しかし、それぞれの国が協力しなければ地球は滅びるということを、私たちは知っています。

第１文で「誰にもわからない」という内容を述べた上で、第２文で「でもこれだけはわかっている」と強調をしたいというような場面では、次のように表現することができます。

> Nobody knows what the world will be like in the future, but we do know that this planet will perish unless all countries cooperate.

同様に、動詞の過去形は「過去のことを表すための助動詞 did」と「動詞の原形」が合わさったものと考えて、次のような強調構文を作ることができます。

> I did finish the assignment, but I forgot to bring it.
> （課題を終わらせたことは終わらせたのですが、持ってくるのを忘れてしまいました。）

「倒置」による強調

強調をする方法は他にもあります。強調したい部分を文頭に持ってきて、「倒置」にすることでも強調できます。

> 昨日になってはじめて、私は間違いに気づきました。

先ほどのこの例文を、倒置を使って表現してみましょう。強調する部分は「昨日になってはじめて（only yesterday）」ですので、これを文の最初に持ってきます。

> Only yesterday did I realize that I had made a mistake.
> （昨日になってはじめて、私は間違いに気づきました。）

「主語→述語」の倒置が起こるのですが、述語全体が主語の前に移動するのではなく、**助動詞だけが前に**出ます。今回の例文であれば、「過去のことを表すための助動詞 did」が動詞から分離して主語の前に移動しています。もちろん残った動詞は「動詞の原形」です。

倒置による強調については、Must 85 の「not only … but also …」のストラクチャーでもお話しします。

同格のthatと同格のof

▶「〜という○○」と説明して詳細をつけ加える

　最後に、「同格」の表現についてお話しします。同格とは、「〜という」という意味を表す表現です。

同格の that は万能ではない

基本ストラクチャー　(62)

…　特定の名詞　that …
〜という[特定の名詞]

「同格のthat」は、「〜という○○」のように、直前の名詞について、その内容の詳細をつけ加える役割をします。

> ①人びとは　事実　から目を背けることはできません。
>
> ↓
>
> ②人びとは、野生動物から彼らの住む場所を奪ってきたという　事実　から目を背けることはできません。

　①の「事実（fact）」という名詞について、より詳しく、「野生動物から彼らの住む場所を奪ってきた**という事実**」というように、説明をつけ加えてみましょう。

>
> People cannot ignore　the fact　that they have deprived wild animals of their habitats.

　しかしこのような「同格の that」はすべての名詞について使えるわけではありません。

　日本語では「〜という事実」「〜という問題」「〜という経験」のように、「〜という」が非常に多く使われる傾向にありますが、これらをすべて「同格の that」を使って表すことはできないのです。

　むしろ「同格の that」を使える名詞のほうが少なく、非常に限られた場合にのみ「同格の that」を使うことができるのです。

　「同格の that」を使える名詞は、例えば以下のものに限られます。

```
┌─────────────────────────────────────────────┐
│        同格のthatを使える名詞                      大  fact, information,
│                                            批 同  news, report,
│ ①事実を表すもの：fact、information、news、reportなど。 判 格 idea, belief,
│                                             that feeling, fear...
│ ②考えを表すもの：idea、beliefなど。
│                                              名詞 that〜
│ ③感情を表すもの：feeling、fearなど。
└─────────────────────────────────────────────┘
```

　もちろん、これらがすべてではありませんが、「同格の that」を使うことができる名詞は非常に限られたものだと認識しておきましょう。

補足説明できるのは同格の that だけではない

　では、「同格の that」を使えない名詞については、どのように表現をすればよいのでしょうか？

　いくつか方法がありますが、ここでは、関係副詞where を使う方法、同格のof を使う方法、不定詞のto を使う方法の３つを紹介します。

●──関係副詞 where で説明する

　専門家にアドバイスを求めるべきであるという状況がいくつかあります。

「〜という」に続く名詞は、「状況」です。語彙としては、「situations（状況）」「circumstances（事情）」「cases（事例）」などが考えられます。しかし、いずれも「同格の that」を使うことができません。

✕ There are a few cases that people should seek advice from experts.

このような場合、Must 46 でお話しした「関係副詞 where」を使えます。「関係副詞 where」は、situations、circumstances、cases などについて、さらに詳しく説明する役割を果たします。

◯ There are a few cases where people should seek advice from experts.

関係副詞の where をこのように使って詳細な説明をする方法は、エッセイライティングでも非常に便利ですのでぜひマスターしておきましょう。

situations, circumstances, cases

valuable information

that 節をとることができる他動詞は同格の that を使えることが多い

例えば、inform（知らせる）という動詞は、that 節を伴って次のように使うことができます。

The government informed citizens that the weather would deteriorate that night.

（政府は、天候がその夜悪化するであろうことを市民に報せました。）

inform の名詞形である information も「同格の that」を使うことができます。

The government provided the information that the weather would deteriorate that night.

（政府は、天候がその夜悪化するであろうという情報を伝えました。）

●──同格の of で説明する

> 多くの人が、数日前に覚えたはずの単語を忘れてしまうという経験をしています。

「〜という」に続く名詞は、「経験（experience）」です。しかし、experience も「同格の that」を使うことができません。

「経験」の内容を具体的に説明したい場合には、同格の意味を持つ前置詞 of を使います。

> Everybody has the experience of not being able to remember the words they learned a few days ago.

このような前置詞のofは、文法的には「同格の of」とも呼ばれ、「of の直前の名詞」＝「of 以降の内容」という働きをします。

●──不定詞の to で説明する

最後に、「不定詞の to」を使って表現ができる場合を紹介します。

> 彼には、繰り返し単調な作業を１つのミスもなくこなすという能力があります。

例えばこのような文章における「〜という能力（ability）がある」という部分は、「不定詞の to」を使って、「have the ability to 〜」と表せます。

> He has the ability to repeatedly carry out mundane tasks without a single mistake.

あるいは、「be capable of 〜ing（〜する能力がある）」という表現を使うこともできます。

> He is capable of repeatedly carrying out mundane tasks without a single mistake.

いずれにしても、「〜という」＝「同格の that」と決めつけるのではなく、「同格の that」を使える名詞ならthatを、それ以外の場合は関係副詞where、同格のof、不定詞のtoなどで表現することも選択肢に入れてみましょう。

❹頭の中を整理して話をする習慣を身につける

Advice for English learners

　私は、京都に生まれ、京都で育ちました。そして、大学生になって大阪で数年間を過ごしました。

　京都の人もそれなりにせっかちですが、大阪の人はその3倍くらいせっかちな人が多い印象を受けました。

　しかし、ドコモ・ヘルスケア株式会社が2016年に実施した『早歩き率からみるせっかちな都道府県ランキング』によると、意外なことに大阪府はなんと全国6位（25.7%）で、上位には、神奈川県（29.2%）、東京都（28.7%）、埼玉県（28.7%）、千葉県（27.9%）など、首都圏の大半の都県がランクインしています。【ドコモ・ヘルスケア調べ】https://prtimes.jp/main/html/rd/p/000000020.000016519.html

せっかちな人は議論を急ぎがち

　日本人の数人に1人はせっかちなようです。特に都会に住んでいる人たちは、ほぼ4人に1人がせっかちな傾向にあります。せっかちであることは、健康面ではメリットをもたらすそうです。歩くスピードが速くなって健康増進やダイエットの効果があるからですね。

　一方、せっかちであることは、エッセイを書く上ではデメリットとなりえます。議論を先へ先へと急いでしまうからです。アイデアがあちこちに行ってしまい、一つひとつのアイデアを説明する間もなく次の話に進んでしまうと、「論理性」を欠いてしまいます。また、「いま話しているトピック」とは関係のない話が出てくると、読み手を混乱させてしまいます。

相手の顔が見えないライティング

　仮に日本人の25%がせっかちだとすれば、残りの75%の人たちはせっかちな人のスピードについていけません。まして、海外にはもっとのんびりとした人も大勢います。

　スピーチであれば、聞き手（観衆）の反応を見ながらスピードを調整することもできるかもしれません。「反応が悪いなあ」と感じたら、具体的な説明を交えながら、観衆の理解が追いつくのを待つこともできるでしょう。

しかし、ライティングでは読み手の顔が見えません。そのため、読み手の理解スピードを無視した議論をすると、それは論理の飛躍になってしまうのです。

重要なことは、エッセイが「ある人には容易に理解できるもの」ではなく、「だれが読んでも容易に理解できるもの」である必要があるという点です。

頭の回転が速い人は要注意

「せっかち」という単語をポジティブな単語に置き換えるならば、「頭の回転が速い」ということができるかもしれません。また、先ほどお話ししたように健康面でのメリットもありますので、せっかちであることは実生活においては決して悪いとも限りません。

しかし、スピーチやエッセイでは注意が必要です。頭の回転が速い人は、1つのことが示されれば数個先のことまで簡単に想像でき、ついつい議論を端折ってしまいがちです。しかし、読み手がその頭の回転の速さについてこれているとは限りません。実際、大半の人はついてこれていません。

エッセイを書く際には、身の回りにいる「理解の遅い人」を想定すると筋道を立てて順序よく話を進めることができます。子どもがいる方であれば、自分の子どもに説明する状況を想定しながら書いてみましょう。周りにそのような人が誰もいなければ、小学校に臨時講師として行って、基礎知識が乏しい小学生に対して説明をする状況を想定してみましょう。

スピーチから学ぶ

インターネット上では、TED（https://www.ted.com）のように、上手なスピーチを見ることができます。

スピーチが上手な人に共通する特徴として、議論の進行が丁寧であることがあげられます。話すスピードではなく、議論の進行がゆっくりである（丁寧である）ということに注目してください。

もちろん、ステージに立っている話者はそれぞれの業界でのスペシャリストですので、そこで話している内容は彼らにとっては「常識」かもしれません。しかし、当然ながら観衆は話者と同じ知識や理解力を持ち合わせていません。

エッセイを書く場合も、読み手が自分と同じ知識や理解力があるという想定では書かないことが重要です。「自分は頭の回転が速い方かもしれない」と思う方は、特に意識をしながらゆっくり説明をする習慣をつけましょう。

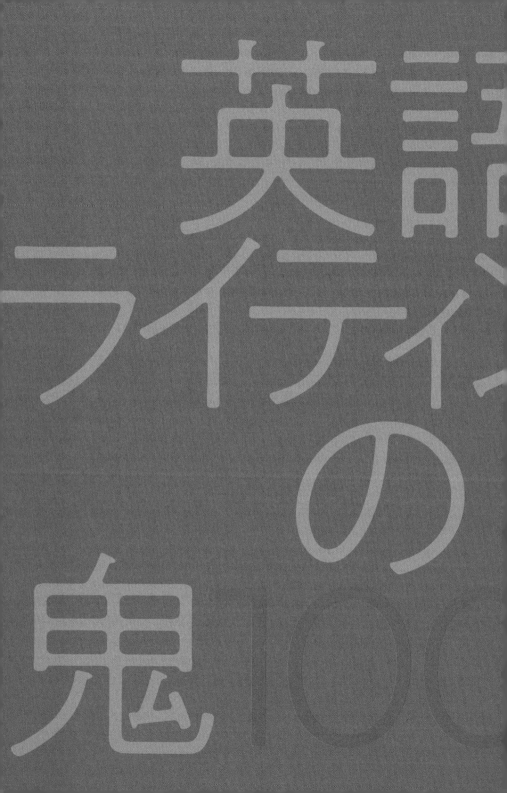

第7章

論理的に英文を組み立てる

イントロダクション①
要素を考える

▶背景、議題、ポジションをシンプルに伝える

　前章までは、言いたいことを正しく伝えるための、洗練された英文を書く方法をお話ししてきました。この章からは、いよいよ英語の試験などで課せられるエッセイ（小論文）の書き方について一緒に学んでいきましょう。

　英語のエッセイの良し悪しの９割は、その論の運び方にあるといっても過言ではありません。そのためには**入念な準備が必要不可欠**です。思いつきで英文を書き進めていたのでは読み手がスムーズに理解できる、360°どの方向から見ても隙のない議論をすることはできません。

　主張の因果関係を明らかにし、**事前に議論に不要な情報を排除**しておく、すなわち**骨太な議論を組み立て**、それをわかりやすい形でシンプルに表現する。この準備がなければ、よいエッセイは生まれません。

　英語を書き始める前に、すでに勝負は決まっているのです。

　ここでは「生徒は学校で自分の嫌いな科目も勉強をするべきか」という問いに対する200〜300語のエッセイを書いてみながら、それらを体感していきましょう。これまでにライティングの本格的な演習をしたことがないと、200〜300語と聞くと圧倒されてしまうかもしれませんが、小さな単位に区切って考えることで、最終的には誰でもエッセイを書けるようになりますので、安心してください。

　 Must 03でお話ししたように、すべてのエッセイは、**イントロダクション**、**ボディ**、**コンクルージョン**の３つのパートで構成します。この項では、イントロダクションの書き方についてお話しします。

イントロダクションは簡潔に

イントロダクションには大きく分けて3つの要素を含みます。

> 背景（background）
> 議題（argument）
> ポジション（position）または概略（outline）

　1,000語を超えるような論文では、背景をさらに細かく分けて、「大きな背景（general background）」と「詳細の背景（detailed background）」の両方を書くこともありますが、200〜300語のエッセイならば背景は1文だけでも十分です。

●──背景（background）

　イントロダクションの主な役割は、これからどのようなエッセイが始まるのかを読み手に伝えることでしたね。

　 Must 01 にて、論理的なエッセイとは「**世の中でいま問題になっていることなどを見渡し、情報を整理・分析をした上で、自分なりの理由を添えて主張をする**」ものだとお話をしました。この「世の中でいま問題になっていることなどを見渡す」という部分がイントロダクションの「**背景**」にあたります。

　今回の議題であれば、「生徒が学校で嫌いな科目を勉強しなければならないことでどのような問題が起こっており、なぜ今回の議題を読者に共有しようとしているのか」を、背景として書くことになります。しかしはじめからそのような文章を書くことが難しいという方は、次のような単純な文章を背景にしてもよいでしょう。

> 生徒は学校でたくさんの科目を学びます。

　英語では、例えば次のようになります。

259

> Students study a lot of subjects at school.

慣れてきたら、もう少し詳しく背景を説明してみましょう。

> 時代の変化とともに、生徒が学校で勉強をしなければならない科目はますます増えています。

このような背景を紹介すると、読み手に時系列の流れを想起させることができます。

> 関係代名詞 which（または that）が省略されている
> The number of subjects students are required to study at school is gradually increasing.
> subjectsにかかる

背景の紹介には、 Must 11 や Must 21 で紹介した「現状や世の中の傾向を紹介する表現」を使うと便利です。あるいは、 Must 25 で紹介した「問題点を共有するための表現」も使えます。

●──議題（argument）

次に、議題を紹介します。議題とは、このエッセイの中でどのような事象や意見について議論をするのかをまとめた文章のことです。

> 生徒は学校で自分の嫌いな科目は勉強しなくてもよいという意見もあれば、すべての科目を勉強するべきだという意見もあります。

今回のテーマでは、例えばこのような文章が「議題」になります。

> While some people argue that students should not have to study subjects they do not like, others believe that students should study all subjects at school.

Must 44 でお話しした接続詞 while を使って、2つの意見を対比させていることがわかります。

何人かの人がそう言っている？

エッセイで意見を紹介する際、some people や others といった表現をよく使います。some people は文字通り訳せば「何人かの人」という意味になりますが、ここでは「〜という意見の人もいる」という意味で使います。

同様に、others（＝other people）は「他の人びと」というよりも、「（一方で）〜という意見の人もいる」というような使い方をします。

●──the others? others?

some people に対比するものは the others（その他の人）ではないかと思う人もいるかもしれません。

しかし、世の中にはさまざまな意見があります。今回のエッセイで議論した意見はそのうちの2つに過ぎず、さらに別の意見の人もいる可能性があります。

そのため、エッセイで意見を対比させる場合には、the others ではなく others を用います。

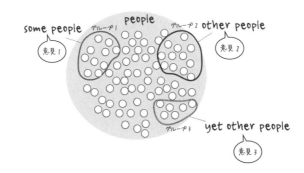

イントロダクション❷
要素をまとめて完成させる

▶ パラフレーズを使って表現の繰り返しを減らす

イントロダクションの最後の要素は、ポジションまたは概略です。

●── ポジションまたは概略

ポジション（position）とは、このエッセイをどのような立場に立って議論をするのかを簡潔にまとめた文です。

ある意見に対して「賛成です」「反対です」もポジションですし、「利点が欠点を上回ると思う」というようなものもポジションになります。

一方で、原因や問題点などを単純に紹介するだけのエッセイであれば、ポジションは必要なく、代わりにエッセイの**概略（outline）**を書きます。概略とは、このエッセイをどのような構成で進めていくかを簡潔にまとめた文です。イントロダクションで、「このエッセイではこのようなことを議論します。」というように、大筋を示すのです。ポジションと概略を両方書く必要はなく、通常はどちらか一方だけで充分です。

■ ポジション（position）

今回のエッセイでは、「生徒はすべての科目を勉強するべきだ」という立場で書いてみることにしましょう。

> I believe that students should study all subjects at school.
>
> （生徒は学校ですべての科目を勉強するべきだと、私は思います。）

もし、「何かの利点がその欠点を上回る」と主張したいならば、「outweigh

（～を上回る）」という動詞を使って次のようにポジションを示せます。

例文 I believe that the advantages of online shopping <u>outweigh</u> its disadvantages.

（私は、オンラインショッピングの利点は、その欠点を上回ると思います。）

概略（outline）

ポジションを示す必要がないエッセイでは、ポジションの代わりにエッセイの概略（outline）を示します。例えば、オンラインショッピングの利点・欠点など<u>アイデアの紹介だけをするエッセイ</u>では、<u>ポジションが必要ないため、エッセイの概略を書く</u>ことになります。

基本ストラクチャー（63）

> In this essay, I will discuss ……．
> **このエッセイでは、〜について議論します。**

概略には、このようなストラクチャーを使えます。 **Must** 04で確認したようにdiscussは他動詞なのでdiscuss <u>about</u> …としないように注意しましょう。「<u>discuss</u>」の部分は、「analyze（分析する）」「describe（描写する）」などのパーツに置き換えることもできます。

例文 In this essay, I will discuss some of the advantages of online shopping.

（このエッセイでは、オンラインショッピングのいくつかの利点について議論します。）

3つの要素をまとめてイントロ完成

ここまでお話をしてきた「背景」「議題」「ポジションまたは概略」の3つの要素をまとめると、ひとまずイントロダクションが組み立てられたことになります。

> The number of subjects students are required to study at school is gradually increasing. While some people argue that students should not have to study subjects they do not like, others believe that students should study all subjects at school. I believe that students should study all subjects at school.

次に進む前に、全体を見直して文章の精度を上げましょう。

●──表現の繰り返しを減らす

Must. 31でお話ししたように、英語では同じような表現の繰り返しをとても気にします。例えば最後の2つの文では、study all the subjects at school という表現が繰り返されていますね。表現は多少違いますが、第1文でも study subjects、at school というフレーズが使われています。

表現の繰り返しを減らすための方法はいくつかありますが、主に以下の3つの方法を用います。

> ①異なる表現を用いる（パラフレーズ）
> ②代名詞・代用語を用いる
> ③不要な情報を削除して文章をまとめる

①異なる表現を用いる

第2文の some people 側の意見に書かれている students should not have to study subjects they do not like の部分は not が2回使われていて読み手にわかりにくい可能性があります。ここでは、「生徒は自分が何の科目を選ぶかを決めることが許されるべきだ」と言い換えてみることにしましょう。

また others 側の意見に書かれている students should study all subjects の部分についても、「他の科目についても勉強をするべき」としてみましょう。

 students <u>should not</u> have to study subjects they <u>do not</u> like

↓　　基本ストラクチャー（41）

> students should be allowed to decide what subjects they prefer
> （生徒は自分が何の科目を選ぶかを決めることが許されるべきだ）

 students should study all subjects

↓　　～もまた

> students should study other subjects as well
> （生徒は他の科目についても勉強をするべきだ）

このように表現の繰り返しを避けたい場合には、いったん全体の内容を思い浮かべた上で、新たにアウトプットをするとスムーズに言い換えることができます。

②代名詞・代用語を用いる

代名詞には、this や these のような指示代名詞と、it や they のような人称代名詞がありますが、いずれも表現の繰り返しを避けるためによく用います。

今回の例文では students が多用されているので they に置き換えましょう。

また、代用語と呼ばれるものを使うことで文章をスッキリさせることができます。代用語とは、文字通り何かの代わりに用いられる単語で、one（もの）、so（そのように）、former（前者の）、latter（後者の）などがあります。

今回の例では、第2文で2つの意見を対比した後、第3文で「後者の意見（後に紹介した意見）」に賛成することになりますので、the latter または the latter opinion に言い換えることができます。

③不要な情報を削除して文章をまとめる

ほかにも at school が繰り返し使われています。学校での話をしていることは一度述べれば明らかなので、第2文以降の不要な部分はカットしましょう。

> The number of subjects students are required to study at school is gradually increasing. While some people argue that students should be allowed to decide what subjects they prefer, others believe that they should study other subjects as well. I agree with the latter opinion.

かなりスッキリしましたね。さらに、「the latter opinion（後者の意見）」と言う代わりに、議題とポジションを1つの文章にまとめて表現できます。

> The number of subjects students are required to study at school is gradually increasing. While some people argue that students should be allowed to decide what subjects they prefer, I believe that they should study other subjects as well.

　　　　　　└─ others の意見と自分
　　　　　　　　の意見をまとめた

ボディ❶
トピックセンテンスを提示する

▶ 議論の方向性を示し、主張を簡潔に宣言する

　イントロダクションが完成したら、次はボディです。ボディは、議論を深めるための重要な部分ですので、複数の項に分けて説明します。

　ここではまず、ボディの「トピックセンテンス」についてお話しします。

トピックセンテンスとは？

　ボディの最初に書くのが「**トピックセンテンス**」です。

　ここでは、この段落ではどのようなことについて議論をする予定で、それについてどのように主張をするのかを簡潔に提示します。

　段落を最後まで読まなくても、このトピックセンテンスを見るだけで、段落の要旨を読み手が理解できるようにするのです。

●── トピックセンテンスを構成する２つの要素

　トピックセンテンスには次の２つの要素を含めるのが一般的です。

> ①トピック（議論の方向性）
> ②メインアイデア（あなたの主張）

①トピック（議論の方向性）

1つ目の要素はトピックです。

トピックとは、その段落でする予定の議論、すなわち「**議論の方向性**」です。

例えば、「生徒は学校ですべての科目を勉強するべきである」というトピックについて書く段落であれば、これを段落のトピックセンテンスの中に含めて書くようにします。

> Students should study all subjects at school.
> （生徒は学校ですべての科目を勉強するべきです。）

②メインアイデア（あなたの主張）

2つ目の要素は**メインアイデア**です。

ここでは、さきほどの「トピック」に対するあなたの主張、つまり「そう思う根拠」を書きます。例えば「どの科目も彼らの将来のために必要だから」と主張することにしましょう。

studentsは2回目なので、代名詞のtheirに置き換える

> All these subjects are necessary for their future.
> （これらのすべての科目が彼らの将来に必要です。）

トピックセンテンスを完成させる

トピックセンテンスは、①トピックと②メインアイデアをつなぎ合わせたものですので、これらをつないでトピックセンテンスを完成させましょう。

その際、トピックとメインアイデアがどのような関係にあるのかを考える必要があります。

今回の場合、メインアイデアはトピックの「理由」にあたります。

> ①生徒は学校ですべての科目を勉強するべきです。　**議論の方向性**
> ②なぜなら、これらのすべての科目が彼らの将来に必要だからです。　理由

したがって、理由を表すストラクチャーを用いることになります。

> Students should study all subjects at school because all these subjects are necessary for their future.

トピック Students should study all subjects at school.
（その段落でする予定の議論）

because でつなぐ

メインアイデア All these subjects are necessary for their future.
（トピックに対するあなたのメインの主張）

もちろん、because 以外の理由を表すストラクチャーを使うこともできます。

> The reason why students should study all subjects at school is that all these subjects are necessary for their future.

※「理由」以外の関係にある展開は、次の項で説明します

表現の繰り返しを避けたい場合や、よりハイレベルな英語で書きたい場合には、少し情報を整理・追加してこのように書くこともできます。

〜に魅力を示さない　　多様な

> Students should study a wide array of subjects at school, including those that hold no appeal for them, because all these subjects are necessary for them as preparation for their future lives.
> 〜に備えて
> （生徒は、自分の興味のない科目も含めて学校でさまざまな科目を勉強するべきです。なぜなら、これらのすべての科目は彼らが将来の生活へ備えるために必要だからです。）

●──トピックは省略しても OK な場合も

前の段落で同じ内容を議論している場合など、その段落のトピックが明らかなときはトピックを省略してメインアイデアだけを書くこともあります。

> In addition, all these subjects are necessary for them as preparation for their future lives.
>
> （その上、これらのすべての科目は彼らが将来の生活へ備えるために必要です。）

メインアイデアは1つに絞って簡潔に

トピックセンテンスは段落の「要旨」です。

あなたがその段落で主張したいアイデアを提示したものがトピックセンテンスですので、この後に本格的な議論展開をするにあたって、ひとまずは、簡潔に示す必要があります。そのためにはメインアイデアも簡潔に書く必要があります。**「簡潔に」**というのが重要です。

トピックセンテンスの中でアイデアを詳しく説明しようとすると、それはもはや「メイン」のアイデアではなくなってしまいます。

また、**メインアイデアはなるべく1つに絞ります。**

メインアイデアに複数のアイデアが含まれていると、読み手はどれがメインのアイデアなのか判断に困ってしまいます。

コース料理で「メインディッシュ」が何回も出てくると、どれがメインディッシュなのかわからなくなってしまいますよね。

もう 食べられないー

ボディ❷トピックセンテンスでアイデアを紹介する場合

▶利点・欠点や問題点・解決策について考察する

　前の項で紹介したトピックセンテンスは、トピックとメインアイデアが「理由」の関係にありましたので、because でつないでトピックセンテンスを作りました。

　この項では、トピックとメインアイデアが「理由」以外の関係にある場合について考えてみましょう。

アイデアを紹介するだけの場合

　いま組み立てているエッセイのように「是か非か」と問われて「〜するべきだ」と主張するのではなく、「原因は、〜です」「利点は、〜です」のようにアイデアを紹介するだけの場合、「トピック（議論の方向性）」に対する答えが「メインアイデア（あなたの主張）」という関係になります。

　　　　　　　　┌トピック
　オンラインショッピングの主な利点は、値段の比較が容易にできることです。
　　　　　　　　　＝　　　└トピックに対するあなたの答え

　トピックとメインアイデアが「イコールの関係性」にあることに注目してみてください。

　イコールの関係性は be動詞を使って A is B. で表せます。A に相当する部分が「オンラインショッピングの主な利点（the main advantage of online shopping）」、B に相当する部分が「値段の比較が容易にできること（that people can compare prices easily）」ですね。

例文 The main advantage of online shopping is that people can compare prices easily.

be 動詞の直後に使う that 節

be動詞の直後に使われている that は接続詞で、「〜が〜すること」という名詞節を作ります。 **Must** 15 でお話しした **基本ストラクチャー** (4)「The reason why … is that …」の that も実は同じ働きをしています。

「**A** is that ...」のように、be動詞に that 節を続けると、「**A** は、〜が〜することです」というストラクチャーを作ることができます。エッセイではとてもよく使うストラクチャーですので、ぜひ覚えておきましょう。

基本ストラクチャー（64）

A is that **[完全文]**.
A は、**[(S)が(O)を(V)すること]** です。

※完全文とはどの要素も欠けていない文章のことで、ここでは便宜上、第3文型のSVOで示していますが、実際には第1〜第5文型まですべて含まれます。

このストラクチャーを使ってアイデアを紹介する練習をしてみましょう。

プラスチックの使用が増加していることの大きな問題点は、プラスチックが微生物によって分解されないことです。

このような例文を英語で表現する際にも、このストラクチャーを用いることができます。**A**に相当するのは、「プラスチックの使用が増加していることの大きな問題点」です。that節の部分に相当するのが、「プラスチックが微生物によって分解されないこと」です。

A major problem with the increasing use of plastics is that they are not biodegradable.

目的とともにアイデアを紹介する場合

　何かの問題について解決策を提案するようなエッセイでは、次のような文章がトピックセンテンスになることもあります。

> 都市の空気の質を改善するためには、政府は個人が所有できる車の台数を制限することが必要です。

　「都市の空気の質を改善する」というのがこの場合のトピックです。
　その解決策として、「個人が所有できる車の台数を制限すること」をメインアイデアとして主張します。
　「～するためには」の部分は、 Must 23 でお話ししたin order to …を使ってみましょう。

> トピック
> In order to improve air quality in cities, the government needs to limit the number of cars that individuals can own.
> メインアイデア

トピックセンテンスの書き方はさまざま

　これまでお話ししたトピックセンテンスの書き方は、あくまで基本的なものです。
　英語の学習が進むにつれて、使える表現の幅や語彙が広がりますので、より柔軟に書けるようになります。

　ただ、どのようなトピックセンテンスであったとしても、トピック（議論

の方向性）とメインアイデア（あなたの主張）を含めることを忘れないようにしましょう。

●──最初の文章をトピックセンテンスにするとは限らない

　トピックセンテンスを段落の最初の文章にすることが多いですが、必ずしも1文目とは限りません。特に、2つ目以降のボディでは、<u>前の段落での話の流れを引き継ぐための文章</u>（これを「**トランジション**」と呼びます）を先に挟むことがあります。

　　トランジション ＋ トピック
However, there are also disadvantages to online shopping. A major one
is that customers have to wait for the products to be delivered.
　　　メインアイデア

（しかしながら、オンラインショッピングには欠点もあります。主な欠点は、顧客は商品が配送されるのを待たなければならないことです。）

　前の段落でオンラインショッピングの利点を述べていたとします。そうすると、いきなり「オンラインショッピングの欠点は……」と始まると、やや唐突です。そこで、前の段落からスムーズに話を引き継ぐためにこのようなトランジションを挟むのです。

　今回の例文では、前の段落とは反対の内容を示唆するような however という副詞を用いており、この段落では「欠点」について議論をするという方向性も示しています。また、この例文のようにトピックとメインアイデアを2つの文章に分けることもあります。

ボディ❸サポートセンテンスで主張の根拠を示す

▶ 主張を裏づける根拠を語り、正当性を訴える

　Must 58〜59でトピックセンテンスの書き方を学びました。

この項では、トピックセンテンスに続く文章についてお話しします。

サポートセンテンスとは？

　サポートセンテンスとは、トピックセンテンスの後に続けて書く文章のことです。

　なぜ「サポート」と言うかというと、トピックセンテンスで示した主張を「サポート」するためのものだからです。

　言い換えると、あなたの主張にはきちんと根拠があることを示すための文章がサポートセンテンスです。サポートセンテンスに含まれるアイデアを、サポートアイデアと呼びます。

---

①**トピックセンテンス（トピック＋メインアイデア）**
　↑　サポート　　あなたの主張にはきちんと根拠があることを示す
②**サポートセンテンス（根拠）**
　※サポートセンテンスは1つの文のこともあれば、複数の文で構成されることもある

●──トピックセンテンスの根拠を述べる

トピックセンテンスでは、その段落で議論する内容（トピック）とそれに対するあなたの主張（メインアイデア）を提示しますが、そのように主張する根拠までは踏み込んでいません。

あなたがなぜそのような主張をするのか、その根拠や理由について説明をしたり、背景となる事情や説明をつけ加えることによってはじめて、読み手はその主張の正当性を理解することができるのです。

Must 58 で作成したトピックセンテンスの続きを考えてみましょう。

> **トピックセンテンス** 生徒は学校ですべての科目を勉強するべきです。なぜなら、これらのすべての科目が彼らの将来に必要だからです。

この主張をサポートするために、＜すべての科目を勉強することが、「なぜ」「どのように」、彼らの将来に必要なのか＞をサポートセンテンスで説明します。

> **サポートセンテンス** それはなぜなら、学校は生徒が学問の面だけではなく精神面でも成熟できるようにカリキュラムを設計しているからです。

このように状況を説明すると、「なるほど、書き手が主張をしているのはそういう理由だったのか」と読み手が想像してくれます。これがサポートセンテンスの役割なのです。

英語にするとこのような感じになります。

> curriculum（カリキュラム）の複数形
> This is because schools design their curricula so that students can become academically and mentally mature.
> 学問の面で　　精神面で　　成熟した

あるいは、「学校のカリキュラム（school curricula）」を主語にして以下のようにも表現できますね。今回はこちらを使ってみましょう。

> よく考えられた
> This is because school curricula are well thought out and designed to enable students to become not only academically prepared but also mentally mature.
> （それはなぜなら、学校のカリキュラムは、生徒が学問の面だけではなく精神面でも成熟できるようによく考えられて設計されているからです。）

275

アイデアを並べることはサポートではない

　ここで注意したいのは、「たくさんアイデアを並べるだけではサポートにはならない」ということです。アイデアに論理的なつながりがなければ、単なるアイデアの羅列となり、読み手は混乱してしまいます。

　エッセイでは、**トピックセンテンスとサポートセンテンスを論理的につなぐ**ことを意識する必要があります。

　例えばこのような文章を見てみましょう。

　①One possible solution to climate change is to reduce the use of air conditioners. ②Another solution is to ban the use of plastic bags. ③The government could also invest in alternative energy to prevent further climate change.

　（①気候変動に対する1つの解決策として考えられるものは、エアコンの使用を減らすことです。②もう1つの解決策は、ビニール袋の使用を禁止することです。③また、さらなる気候変動を防ぐために、政府は代替エネルギーに投資することができます。）

　①はトピックセンテンスです。「気候変動に対する解決策」というトピックに対して、あなたの主張として「エアコンの使用を減らすこと」がメインアイデアとして述べられています。

　②の部分では、本来は①のサポートセンテンスとして、その根拠やさらに詳しい説明がされるべきなのですが、①とは別のメインアイデアが紹介されています。同様に、③の部分でも別のメインアイデアが紹介されています。

　読み手が知りたかったのは、最初のメインアイデアである「エアコンの使用を減らすこと」が、「なぜ」「どのように」有効だと書き手は考えているのかですが、それが説明されていません。

　これでは「サポート」にはならないのです。あなたの主張には根拠があると示すための文章がサポートセンテンスですので、アイデアをたくさん並べるのではなく、一つひとつのアイデアを丁寧に説明しましょう。

●──読み手の疑問を解決する

　サポートとは、言い換えれば読み手の疑問を解決することでもあります。

　対面のディスカッションなどであれば、聞き手は疑問に感じたことを質問してくれますが、エッセイでは読み手に質問のチャンスがありません。

　ですから、あなたは**読み手の疑問に先回りをしてあげる**必要があります。

　今回の例文では、①のトピックセンテンスに対して具体的な説明を加えることで、読み手の先回りをしてみましょう。

> 気候変動に対する1つの解決策として考えられるものは、エアコンの使用を減らすことです。エアコンは大量の電気を必要とし、これが二酸化炭素をはじめとする温室効果ガスの排出につながっています。

　このように説明をしてこそ、「エアコンの使用を減らすことが気候変動に対する解決策だ」と根拠を持って主張できるわけです。

　英語にしてみましょう。

> メインアイデア
> One possible solution to climate change is to reduce the use of air conditioners. Air conditioners require a large amount of electricity, which leads to the emission of greenhouse gases such as CO_2.
> サポート

　このように、メインアイデアを並べるのではなく、メインアイデアに対してサポートアイデアを続けるようにすると、論理的で説得力のあるエッセイになります。

ボディ❹サポートアイデアは ３つの「ex」で考える

▶ explanation（説明）、example（具体例）、experience（経験）

前の項では、書き手がなぜトピックセンテンスのような主張をするのか、その根拠を示すものが「サポートセンテンス」であるというお話をしました。

この項では、「根拠を示す方法」についてもう少し詳しく説明します。

根拠を示す方法には、大きく分けて３つの方法があります。

> ①詳しく説明する（explanation）
> ②具体例をあげる（example）
> ③過去の経験を述べる（experience）

いずれも英語にすると「ex」で始まりますので、「**３つのex**」と覚えておくと便利です。

①詳しく説明する（explanation）

サポートの基本は、詳しく説明することです。

書き手はどのような背景事情をイメージしながらメインアイデアのような主張をしているのか、説明をしっかり聞くまでわからない場合があります。

日常会話では、

┌「それってどういうこと？」
└「なんで？」

節電
↓
CO2削減

3つの<u>ex</u>
<u>ex</u>planation
　　説明
<u>ex</u>ample
　　具体例
<u>ex</u>perience
　　過去の経験

のように聞き返すことがありますが、相手が目の前にいないライティングで
は、あなたがそれを先回りして説明しておく必要があるのです。

では何を説明すればよいのかというと、例えば以下のようなものです。

> **主張の根拠（理由）**
> **主張の裏側にある背景事情**

実は、 Must 60で考えたサポートセンテンスもこのタイプです。

> トピックセンテンスでの主張
> Students should study all subjects at school because all these subjects
> are necessary for them as preparation for their future lives. This is
> because school curricula are well thought out and designed to enable
> students to become not only academically prepared but also mentally
> mature.
> 主張の根拠

この例では、トピックセンテンスでの主張に対して、サポートセンテンス
で「主張の根拠（理由）」が説明されています。

もう1つ、例を見てみましょう。

> Preschool children should be encouraged to play outside because this
> will help them to develop physically.
> （就学前の子どもたちは、外で遊ばせるべきです。なぜなら、それにより子ども
> たちは身体的に発達することができるからです。）

「就学前の子どもたちはもっと外で遊ばせるべきである」というトピックに
対して、「それにより子どもたちは身体的に発達することができるから」とい
うメインアイデアを述べていますね。

ここで、もしあなたが読み手だったら、どのような説明をしてほしいかを
考えてみてください。
「現状としてどのような問題が起こっているのか？」

「本当にそんなに深刻なのか？」

「小学校に入ってからでは遅いのか？」

　このような疑問を持つかもしれません。

「そんなことは当然では？」と思うかもしれませんが、論理的なライティングを目指すためにはなるべく**議論のスキを減らさなければなりません**。読み手にツッコミの機会をなるべく与えないよう、一見、あたり前と思われることであっても丁寧に説明をしていく姿勢が重要です。

> 近頃、特に都会において、幼少期の運動不足が原因で肥満になる子どもの数が増えています。

　このように、読み手の疑問に先回りしてサポートセンテンスを続けてみましょう。

> An increasing number of children are obese these days because of lack of exercise in early childhood, particularly in urban areas.

　まずは現状を説明して、問題がいかに深刻であるかを伝えています。この説明を読むことで、幼少期に運動をすることがいかに大切であるかがわかりますね。

　重要なのは、書き手がなぜトピックセンテンスのような主張をしているのかを、読み手に理解してもらえるように説明をすることなのです。

🏰 **valuable information**

基礎知識がないと、エッセイを書けない？？

　今回の例のように、「多くの子どもたちが肥満であること」の理由と言われても、ぱっと思いつかないかもしれません。あるいは、そもそも「（世界的には）多くの子どもたちが肥満であること」についても知らないかもしれません。

　ネットや辞書、新聞などを見て議論できる場合には、自分なりにリサーチをすることになりますが、資格試験の場合にはそのようなことはできません。

　では、試験で基礎知識がないテーマが出題されたらどのようにすればよいのでしょうか？

　残念ながら、できることは限られています。その場でリサーチができない限り、自

分で考えるしかありません。

　しかし、忘れてはいけないことが１つあります。それは**ライティングの試験では「正解」を求められているわけではない**ということです。

　エッセイはあなたの主張です。基礎知識は主張を強めるために役立ちますが、必須ではありません。その場で議題と向き合い、自分なりの考えを（それが間違っていたとしても）わかりやすい形で伝えることができればエッセイとして成立するのです。

●── 疑問を持ちながら読む習慣を

　サポートセンテンスの役割は、読み手の疑問点を先回りして解消してあげることです。読み手の立場に立ってみてどのような疑問を持つかを先に考えると、サポートセンテンスの内容は自然に思い浮かびます。

　例えば、以下のトピックセンテンスを読んで、どのような疑問を感じますか？

> Schools should spend more time teaching programming skills even if they have to reduce the time spent on other subjects.
>
> （学校は、たとえ他の科目の履修時間を減らしてでも、プログラミング技術を教えることにもっと時間を使うべきです。）

「確かにプログラミング技術の重要性は高まっているが、他の科目を犠牲にしてまで重視する必要があるのか？」と疑問に感じたのであれば、<u>その疑問をあらかじめ解消するようなサポートアイデアを示しましょう</u>。例えば、次のようなサポートセンテンスが考えられます。

> Today, every industry is controlled by technology and the importance of programming skills is increasing all the time. Having programming skills will be helpful when young people look for a job in the future.
>
> （今や、すべての産業はテクノロジーに支配されており、プログラミング技術の重要性は日に日に高まっています。プログラミング技術を身につけることで将来の就職の選択肢が大きく広がります。）

ボディ❺具体例で
主張に説得力を持たせる

▶ 読み手が想像しやすいように「例えば……」と説明する

②具体例をあげる（example）

トピックセンテンスをサポートする2つ目
の方法は、具体例をあげることです。

日常会話でも、説明が抽象的で「この人、
結局何が言いたいのだろう？」と思うことは
ありませんか？

ライティングは読んでいる最中の相手に確認をすることができません。説
明が抽象的なまま終わらないように具体例をあげながら説明をすることで、
読み手の理解を助けてあげましょう。

Must 58〜60で考えてきた「生徒は学校ですべての科目を勉強をするべき
である」というトピックについて、続きを考えてみましょう。

> **トピックセンテンス** 生徒は学校ですべての科目を勉強するべきです。なぜなら、こ
> れらのすべての科目が彼らの将来に必要だからです。

> **サポートセンテンス** それはなぜなら、学校のカリキュラムは、生徒が学問の面だけ
> ではなく精神面でも成熟できるようによく考えられて設計されているからです。

トピックセンテンスで示した主張に対してサポートセンテンスで議論を深
めましたが、まだ読み手は100％納得していないかもしれません。

┌─「数学を学ぶことが将来に本当に必要なのだろうか？」
└─「精神面でも成熟させてくれる科目って、一体どの科目のことだろうか？」

例えばこのような疑問を感じているかもしれません。そこで読み手の疑問
に先回りをして、以下のような具体例を書くと、「あなたがなぜそのような主
張をしているのか」を読み手に伝えることができるのです。

例えば、数学は自分のお金をどのように管理するべきかを理解するのに必要であ
り、哲学は人生における難題を乗り越える方法を教えてくれます。

英語にすると、このようになります。

自分のお金を管理する

Mathematics, for example, is necessary for people to understand how
to manage their finances, while philosophy teaches how to overcome
difficulties in life. 難題を乗り越える

③過去の経験を述べる（experience）

エッセイの目的にもよりますが、上記のような「具体例」の代わりに自分
の過去の経験を述べることもできます。

自分自身の経験として、高校で数学を学んだおかげで自分のお金を管理でき、哲
学の知識は人生におけるさまざまな難題を乗り越えることに役立ちました。どち
らの科目も当時嫌いだった科目です。

このように自分の経験（体験談）を述べることで、なぜあなたがそのよう
に主張をしているのかを読み手にイメージさせることができます。

I can say from my own experience that having studied mathematics in
high school allowed me to manage my finances, while a knowledge of
philosophy helped me to overcome various difficulties in life. These were
both subjects which I disliked at the time.

どのようなテーマであっても、書き手が思い浮かべている状況は読み手に

は簡単に想像してもらえません。「**具体的にどういった状況なのか**」「**どのような体験があるからそのように主張をしているのか**」を書くことで、主張にリアリティを持たせることができます。

　科学論文のような客観性が重視されるライティングは例外ですが、書き手の意見を述べるようなエッセイでは、過去の成功談・失敗談は有効なサポートの１つです。書き手の主張を非常に強くサポートしてくれます。

　例えば「オンラインショッピングのほうがお店で買うよりも利点が多い」というような主張をしている場合を考えてみましょう。

> 私は百貨店に行くと、店員さんのアドバイスに従ってついつい洋服を買ってしまうのですが、そのほとんどは一度も着ていません。

　これがまさに「過去の失敗談」です。「過去にこのような失敗談があるからこそ、私はこう主張をしているのです」とサポートをしているのです。

> When I go to a department store, I often end up buying the clothes that the salespersons recommend, most of which never get worn.

　このように過去の失敗談がサポートとして書かれていると、書き手がなぜメインアイデアのように主張をしているのかを読み手がイメージしやすく、説得力のある論理的なライティングになるのです。なお、失敗談は自分の経験である必要はなく、ほかで見聞きした話でもかまいません。

過去の経験談は「日記」ではない

　ここで注意したいのは、経験談とは物語や日記ではないということです。

> University students should focus on their studies even if they need to take out loans to pay their tuition fees. Students are required to study a wide range of subjects at university, and should not sacrifice their time in order to make an insignificant amount of money.

（大学生は授業料のためにローンを組んででも勉学に集中をするべきです。大学生は幅広い範囲の科目を勉強する必要があり、それゆえ取るに足りないような額を稼ぐために時間を犠牲にするべきではありません。）

　例えば、このようなトピックセンテンスとサポートセンテンスを書いて、これに続くサポートとして、以下を考えたとしましょう。

私が大学生の頃、家から離れた場所にある東京大学に通っており、一人暮らしをしなければなりませんでした。私は授業料を払うためにアルバイトを始めました。しかし、そのお店が忙しくなったので、私のボスはもっと働いてほしいと依頼してきました。私は彼の提案を断ることができず、勉強時間を犠牲にせざるを得ませんでした。その結果、同じコースを再履修することになりました。

　このようにダラダラと語ると、この経験談を使って何をサポートしたいのかがぼやけてしまいます。下線部のように**議論に必要のない要素は極力排除する**ことで、日記のようにならずスッキリとした文章を書くことができます。

When I was a university student, I spent many hours on part-time jobs. However, I ended up having to repeat a course because I could not find enough time to study.

（私が大学生の頃、アルバイトに多くの時間を使いました。しかし、十分な勉強時間を確保できず、結局、同じコースを再履修することになりました。）

valuable information
knowledge が可算名詞扱い？

　本来、「knowledge（知識）」は不可算名詞ですが、p.283の例文のように状況によっては数えられる名詞（可算名詞）として扱うこともあります。冠詞の違いによってどのような意味の違いが生まれるかも覚えていきましょう。

哲学の完璧な知識をイメージさせる
The knowledge of philosophy helped me to overcome various difficulties in life.

哲学に関する一通りの体系的知識をイメージさせる
A knowledge of philosophy helped me to overcome various difficulties in life.

一般的な哲学の知識をイメージさせる
Knowledge of philosophy helped me to overcome various difficulties in life.

ボディ❻具体例は固有名詞で リアリティを持たせる

▶誰もが知っている「あの人」「あれ」でイメージづける

　エッセイに説得力を持たせる上で、「具体例」は非常に重要です。

　読み手の立場に立って考えてみると、このことは明らかです。

　読み手は最初に読むイントロダクションで、そのエッセイの大まかな流れやあなたの主張を把握します。
　続いて読むのがボディです。ボディは、トピックセンテンスで始まります。その段落で何が議論されているかを示す「トピック」と、あなたの主張を表す「メインアイデア」が含まれているはずです。しかし、トピックセンテンスに含まれるアイデアは、しばしば抽象的な概念です。
　読み手は、さらにサポートセンテンスを読み進め、あなたがなぜトピックセンテンスのように主張しようとしているのかを探ります。
　そして決定打になるのが「具体例」なのです。

具体例には固有名詞を含めよう！

　前の項でお話ししたように、具体例をあげる場合には、実際に過去にあった（あるいは現在ある）成功例や失敗例を使うと説得力が増します。
　「実際にこういう成功例・失敗例がある」と言われてしまうと、読み手は反論しにくくなるからです。

こんな成功例があるから
私の主張は正当性があるでしょ？

こんな失敗例があるから
私の主張は正当性があるでしょ？

　その際、具体例がより具体的になるように「固有名詞」を使うことを意識してみましょう。
　固有名詞とは、「日本」「○○会社」「○○さん」のように、世の中に1つしか存在しないもの、固有の名前を持ったものです。

Schools should not reduce study hours because insufficient academic ability can narrow future job opportunities. In today's competitive society, there is a strong correlation between academic skills and salaries.

（学校は学習時間を減らすべきではありません。なぜなら、学術的な能力の不足は将来の仕事の選択肢を狭めるからです。今日の競争的な社会では、学術的な能力と給料には強い相関関係があります。）

　例えばこのようなエッセイに続く具体例を語るのに、もし「固有名詞」を使わなければ、以下のような文になるかもしれません。

⚠ For example, if the government introduced a policy reducing students' study time at school, that generation might have lower academic ability and therefore struggle to find well-paying jobs.

（例えば、もし政府が学校での勉強時間を削減する方針をとったなら、彼らの世代の人たちは、将来、学術的な能力が十分ではないために給料のよい仕事を見つけることに苦戦するかもしれません。）

　しかし、このような具体例は論拠としては弱くなりがちです。なぜなら、具体例が「仮定の話」になっているからです。
　仮定とは、いわば未来の話です。過去に起こった例や現在起こっている事

実に比べると、「そうなるかもしれないし、そうならないかもしれない」という、やや弱い根拠になってしまいます。

固有名詞を使った具体例と比較してみましょう。

In Japan, although the government once decided to reduce the content of school curricula by 15%, giving students more time to acquire social skills, people of that generation now struggle to find well-paying jobs because companies give priority to candidates with academic skills.

（日本では、かつて政府がカリキュラムを15％削減する方針をとり、生徒たちが社交スキルを身に着ける機会を増やそうとしましたが、企業は学術的なスキルの高い人を優先するため、彼らの世代の人たちは今、給料のよい仕事を見つけることに苦戦しています。）

このような具体例を書くことで、書き手の主張の根拠を読み手はしっかりと理解することができます。

日本における、いわゆる「ゆとり教育」を具体例に出し、どのように失敗に至ったのかを示すことにより、議論に説得力を与えられるのです。

●──論拠としては弱い具体例

このように、いま実際に起こっている話、あるいは過去に実際に起こった話を持ち出すほうが論拠としては強くなります。

仮定の話と同様に、論拠としては弱くなりがちな具体例としては以下のようなものがあげられます。

- ・仮定の話
- ・未来の話
- ・抽象的な話

●──「自分の体験談」も固有名詞の代わりになる

「I」は代名詞なので厳密には固有名詞ではありませんが、具体例に「自分の体験談」を書くことも、議論に説得力を持たせる有効な方法です。

　エッセイの目的によっては一人称の「I」を用いてはいけない場合もあるので注意が必要ですが、一人称の使用が許されている場合には自分の体験談も具体例として活用してみましょう。

●──**固有名詞を使うときの注意点**

　固有名詞を使う場合には、その固有名詞を読み手も知っていそうかどうかを考えなければなりません。

　例えばSteve Jobs（Apple創業者の1人）やMark Zuckerberg（Facebook創業者の1人）を知らない人はほとんどいないでしょう。しかし、地元の会社や学校の先生の名前などを使いたい場合、読み手が知らない可能性が高いので、説明を加えておく必要があります。

「論理的なライティング＝抽象的」ではない

　私たちのIELTS対策専門オンラインスクールの受講生の中には、「論理的なライティング」を「抽象的に書くこと」だと誤解しておられた方もいます。

　しかし抽象的な内容を難しい語彙を使って「かっこよく」書く、ということにフォーカスしてしまうと、せっかくの議論が読み手に伝わることなく終わります。

　具体例を書いているつもりなのに全く具体的になっておらず、具体例の本来の機能を果たせていないエッセイをよく見かけます。

　具体例をあげるときはなるべく固有名詞を使い、読み手が何か固有のものをイメージできるようにしてみましょう。

ボディ❼
段落のまとめは簡潔に

▶その段落での議論と主張を読み手に再確認させる

段落の最後には「まとめ」の1文を書くことがあります。これを「コンクルーディングセンテンス」と呼びます。

コンクルーディングセンテンスに書く内容は、トピックセンテンスで示した主張の再確認です。

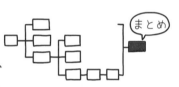

まとめ

まとめは簡潔に

再び、「生徒は学校ですべての科目を勉強するべきである」というテーマに戻って考えてみましょう。

> **トピックセンテンス** 生徒は学校ですべての科目を勉強するべきです。なぜなら、これらのすべての科目が彼らの将来に必要だからです。
>
> **サポートセンテンス** ①（説明）：それはなぜなら、学校のカリキュラムは、生徒が学問の面だけではなく精神面でも成熟できるようによく考えられて設計されているからです。
>
> **サポートセンテンス** ②（具体例）：例えば、数学は自分のお金をどのように管理するべきかを理解するのに必要であり、哲学は人生における難題を乗り越える方法を教えてくれます。

ここまで話が進んでいましたので、最後にコンクルーディングセンテンスを考えてみます。

コンクルーディングセンテンスでは、トピックセンテンスでの主張を再確認します。

> **トピックセンテンスでの主張**（どの科目も彼らの将来のために必要なので）生徒は学校でさまざまな科目を勉強するべき

その際、トピックだけを再確認してもよいですし、メインアイデアを含めてトピックセンテンス全体を再確認しても問題ありません。

今回はトピックだけを再確認しておきましょう。

> **まとめ** それゆえに、生徒は自分の興味にかかわらず、学校ですべての科目を勉強するべきです。

このようにトピックセンテンスの内容を繰り返すことになりますが、すでに使った表現を繰り返したくありませんので、別の表現を使ってみましょう。

> Must 23
>
> Students should therefore be encouraged to study all subjects, <u>regardless of</u> their interests.
>
> 〜にかかわらず

●── コンクルーディングセンテンスはなくてもよい

コンクルーディングセンテンスは絶対に必要なものではありません。

特に、複数の段落にわたって同じ方向性で議論を進めていくような場合には、すべての段落にコンクルーディングセンテンスがあると、ややくどく感じてしまいます。

また、ボディが100語程度の短い段落であれば、あえてコンクルーディングセンテンスを書かなくてもよい場合もあります。

これで、 Must 58から書き進めてきた「生徒は学校ですべての科目を勉強するべきだ」というエッセイの「ボディ」を1つ組み立てられたことになります。

Students should study a wide array of subjects at school, including those that hold no appeal for them, because all these subjects are necessary for them as preparation for their future lives. This is because school curricula are well thought out and designed to enable students to become not only academically prepared but also mentally mature. Mathematics, for example, is necessary for people to understand how to manage their finances, while philosophy teaches how to overcome difficulties in life. Students should therefore be encouraged to study all subjects, regardless of their interests.

●──表現の重複を見直す

最後にボディを通して読んでみて、表現の重複がないか、論理的なつながりが弱い部分がないか、などを確認します。

そうすると、第1文でも第2文でも接続詞の because が使われていることに気づきます。

そこで、 Must 18でお話ししたようなストラクチャーを使って、第2文を because 以外の表現に変えてみましょう。

The reason for this is that school curricula are well thought out and designed to enable students to become not only academically prepared but also mentally mature.

これで because の繰り返しを避けることができましたね。
でも、せっかくなのでもう少し踏み込んで考えてみましょう。

思い切って This is because ….. や The reason for this is that ….. を取ってつないでみるとどうなるでしょうか？

内容がつながっているのでその理由を述べようとしていることが伝わる

Students should study a wide array of subjects at school, including those that hold no appeal for them, because all these subjects are necessary for them as preparation for their future lives. School curricula are well thought out and designed to enable students to become not only academically prepared but also mentally mature.

一見、前の文章とうまくつながらないような不安を感じるかもしれませんが、読み手の立場に立って第1文と第2文を続けて読んでみるとしっかり内容がつながっていることがわかります。

このように論理的に内容がしっかりつながっている場合には、つなぎのフレーズがなくても文章につながりを持たせることができるのです。

これは上級者のテクニックですが、洗練された英文を目指すにはこのような方法も知っておくとよいでしょう。

Students should study a wide array of subjects at school, including those that hold no appeal for them, because all these subjects are necessary for them as preparation for their future lives. School curricula are well thought out and designed to enable students to become not only academically prepared but also mentally mature. Mathematics, for example, is necessary for people to understand how to manage their finances, while philosophy teaches how to overcome difficulties in life. Students should therefore be encouraged to study all subjects, regardless of their interests.

これでボディが1つ完成しました。

コンクルージョン：エッセイを締めくくる

▶ 最後の段落で各ボディの主張を総括してエッセイを結ぶ

　すべてのエッセイは、イントロダクション、ボディ、コンクルージョンの3つのパートで構成されるので、エッセイの最後の段落は必ずコンクルージョンです。この項では、コンクルージョンの書き方についてお話しします。

メインアイデアをまとめる

基本ストラクチャー (65)

In conclusion, …

結論として、……

基本ストラクチャー (66)

To sum up, …

要約すると、……

　コンクルージョンとは「結論」という意味です。

　エッセイの最後を締めくくるにあたって、そのエッセイで自分がどのようなことを主張したのか、それに対してどのようなポジションで議論をしたのかを簡潔にまとめます。

　もしイントロダクションですでに「結論」を示しているのであれば、コンクルージョンでは「結論の再確認」をすることになります。

　上で紹介した基本ストラクチャーはどちらもコンクルージョンの最初によ

く使われるものですが、あえて使い分けるのであれば、コンクルージョンで
はじめて結論を示す場合には In conclusion, ……を、結論の再確認をする場
合には To sum up, ……を使うとよいでしょう。

　このエッセイでは、イントロダクションで「生徒は学校ですべての科目を
勉強するべきだ」という立場を示していましたので、「結論の再確認」をして
みましょう。

> To sum up, while some people argue that students should study only the
> subjects they want to, I believe that they should study all subjects so that
> they can become mature adults.
>
> （まとめると、生徒が自分の好きな科目だけを勉強するべきだと考える人がいる一
> 方、彼らが成熟した大人になれるように広範囲にわたる科目を勉強するべきだと、
> 私は考えます。）

あるいは、もう少しハイレベルに書くのであれば以下のようになります。

> To sum up, despite there being arguments in favour of students studying
> only the subjects they want to, I believe that they should study a whole
> spectrum of subjects so that they can become mature adults.
>
> （まとめると、生徒が自分の好きな科目だけを勉強することに賛成する議論はある
> ものの、彼らが成熟した大人になれるように広範囲にわたる科目を勉強するべき
> だと、私は考えます。）

　簡潔に対立意見を紹介するために、「despite（～にもかかわらず）」という前
置詞を使っています。
　また、前置詞の後には名詞（の役割をするもの）を続けなければなりませ
んが、今回のように「～があること」という場合には、there being ……の
ようにbeingという動名詞の前にthereを補います。

それでは最後に、 Must 56から書いてきたそれぞれの段落をつなぎ合わせてエッセイを完成させてみましょう。

ボディは1つ分しか作っていませんでしたので、ここでもう1つのボディを追加してボディを2つにしておきます。

Must 58〜64で考えたアイデアに対立するものとして「生徒は学校で嫌いな科目は勉強する必要はない」という考えも紹介することにします。

自分の主張ではないので、Some people may argue that … というフレーズで始めます。「〜という意見の人もいるかもしれない」という意味ですね。トピックセンテンス→サポートセンテンスの流れは同じです。

Some people may argue that students should not be forced to study subjects they dislike, or they will also lose interest in other subjects. Students tend to develop a negative attitude toward learning when they are compelled to study subjects they find boring. This can have a ripple effect on their other schoolwork. One of my friends in high school suddenly stopped coming to school because he completely lost any intellectual curiosity. This was because he was made to study humanities such as philosophy, which he had no interest in at the time. This is an example of why some people claim that students should be given the freedom to make their own choice of subjects.

（中には、生徒は嫌いな科目の勉強を強制されるべきではないと考える人もいます。他の科目への興味まで失うことになるからです。退屈に感じる科目を強制的に勉強させられると、学習に対してネガティブな姿勢になりがちです。このことは他の学業に波状効果を及ぼす可能性があります。高校時代の友人の1人は、知的好奇心を完全に失ってしまったために突然学校に来なくなりました。これは、彼が当時まったく興味のなかった哲学などの人文科学を学校で勉強させられたためです。このような例から、生徒はどの科目を勉強するか選ぶ自由を与えられるべきだと主張する人の理由がわかります。）

最後にイントロダクションからコンクルージョンまでつなげてみましょう。

The number of subjects students are required to study at school is gradually increasing. While some people argue that students should be allowed to decide what subjects they prefer, I believe that they should study other subjects as well.

Some people may argue that students should not be forced to study subjects they dislike, or they will also lose interest in other subjects. Students tend to develop a negative attitude toward learning when they are compelled to study subjects they find boring. This can have a ripple effect on their other schoolwork. One of my friends in high school suddenly stopped coming to school because he completely lost any intellectual curiosity. This was because he was made to study humanities such as philosophy, which he had no interest in at the time. This is an example of why some people claim that students should be given the freedom to make their own choice of subjects.

However, I maintain that students should study a wide array of subjects at school, including those that hold no appeal for them, because all these subjects are necessary for them as preparation for their future lives. School curricula are well thought out and designed to enable students to become not only academically prepared but also mentally mature. Mathematics, for example, is necessary for people to understand how to manage their finances, while philosophy teaches how to overcome difficulties in life. Students should therefore be encouraged to study all subjects, regardless of their interests.

To sum up, despite there being arguments in favour of students studying only the subjects they want to, I believe that they should study a whole spectrum of subjects so that they can become mature adults.

❺具体例を添えて話をする習慣を身につける

英語のスキルが上がると、英語のスピーチを聞く機会も増えるでしょう。❹でご紹介したように、TED ではさまざまなスピーチを聞くことができます。

日本語を母語とする私たちにとって、英語でのスピーチは本来わかりにくいはずなのに、時に日本語のスピーチよりもわかりやすいと感じることがあります。それは、なぜなのでしょうか？

聞き手の理解度に合わせている

英語でスピーチがわかりやすいと感じる理由の1つは、話し手が聞き手の理解度に合わせて話そうとしているからです。

スピーチでは大勢の聴衆がいます。その中にはとても頭の回転の速い人もいれば、ほとんど基礎知識のない人もいます。どのような人が聴衆にいるかわかりません。貧富の差が激しい欧米では、高校を卒業していない人も多くいます。仮にどのような聞き手がいたとしても、話についていけない人が1人もいないように、ゆっくりと丁寧に話を進めるのです。

具体的な話をすることでイメージを共有する

聞き手の理解度に合わせて話すには、どのようにすればよいのでしょうか？

それは、わかりにくいと思われる話には、「具体的な話を使ってさらに説明をする」ことに尽きます。すなわち具体例です。自分の経験も具体例の1つです。

❸でお話ししたスティーブ・ジョブズ氏のスタンフォード大学でのスピーチでも、「具体的な話」が要所に織り交ぜられています。(【スタンフォード大学YOUTUBE】https://www.youtube.com/watch?v=Hd_ptbiPoXM)

And much of what I stumbled into by following my curiosity and intuition turned out to be priceless later on.

Let me give you one example. Reed College at that time offered perhaps the best calligraphy instruction in the country. Throughout the campus, every poster, every label on every drawer, was beautifully hand calligraphed. Because I had dropped out and didn't have to take the normal classes, I decided to take a calligraphy class

Advice for English learners

to learn how to do this. I learned about serif and san serif typefaces, about varying the amount of space between different letter combinations, about what makes great typography great. It was beautiful, historical, artistically subtle in a way that science can't capture, and I found it fascinating. None of this had even a hope of any practical application in my life.

But 10 years later, when we were designing the first Macintosh computer, it all came back to me. And we designed it all into the Mac. It was the first computer with beautiful typography. If I had never dropped in on that single course in college, the Mac would have never had multiple typefaces or proportionally spaced fonts. And since Windows just copied the Mac, it's likely that no personal computer would have them.

このスピーチ自体が自身の体験を語るものでしたが、その中でもさらに「具体的な話」を持ち出していることがわかります。

「好奇心と直感の赴くままに関わることになったものの多くは、後に価値のつけがたいものになった」だけでもおおよその話の流れは理解できるかもしれません。しかし、やや抽象的な説明で、少なくともスティーブ・ジョブズは、これだけでは全員に自分の伝えたいことを伝えられない可能性があると思ったのでしょう。

「私が好奇心と直感の赴くままに関わることになったもの＝大学中退を決めた後にカリグラフィの授業を受けたこと」が、「後に価値のつけがたいもの＝ Mac を開発した際に美しい書体を実装できたこと」につながったと具体的な経験談を加えることで、聞き手のイメージに近づけようとしたのです。

聞き手の理解度に合わせて話す習慣を身につける

スティーブ・ジョブズのように数千人を前に話をすることはないかもしれませんが、仮に聞き手が１人であったとしても、自分の理解度で話を進めるのではなく、聞き手の理解度に合わせて丁寧に説明をする練習をしてみましょう。

特に、聞き手がすぐに理解することが難しいと感じるような内容については、「具体的な話」を交えて話をしてみましょう。

話し上手になれば、書き上手になります。

第8章

説得力を増す論理展開

PREPに沿って議論を展開する

▶ まずは結論から切り出す

PREP とは、以下の4つの要素の頭文字をとってつなぎ合わせた略語です。

Point（結論）
Reason（説明・理由）
Example（具体的説明・具体例）
Point（結論）

この章では、エッセイを論理的に書き進めていくために役立つ「PREP
法」という考え方についてお話しします。

PREP 法とは

A：最近、売上が落ちてるから値引きしたほうがいいかな？

B：実は、〇〇社でも同じようにキャンペーンを始めたんだよね……

A：そうなの？

B：そう、結構な値引きやってるよ。

A：じゃあ、うちもしたほうがいいかな？

B：いや、それが値引きしてもあまり反響がないみたいで。今はお客さんの購買
　　意欲が下がっているからね。

結局、値引きをするべきなのか、するべきではないのかが、会話の最後を
聞くまでわかりませんね。

　このような会話の流れはビジネスの場面でよくあるかもしれません。しかし、読み手を説得するようなエッセイ（「persuasive essay」と呼びます）では、このように話の最後まで結論がわからないような展開はよくないとされています。

> **エッセイでは、必ず結論を最初に書く**

　これが大原則なのです。

ボディの基本的な流れは PREP に沿って

　 Must 01 にて、論理的なライティングとは、「世の中でいま問題になっていることなどを見渡し、情報を整理・分析をした上で、自分なりの理由を添えて主張をすること」と説明しました。
「情報を整理する」と**「理由を添える」**という2つの要素を満たす必要があるのです。
　そのためにとても便利なのが「PREP法」です。

　PREP法に沿って書くと、ボディでの話が、「Point（結論）」→「Reason（説明・理由）」→「Example（具体的説明・具体例）」→「Point（結論）」の順に進みますので、自然に論理的な展開ができるのです。
　先ほどの会話の例を「PREP法」に沿って展開してみましょう。

Ａ：最近、売上が落ちてるから値引きしたほうがいいかな？

Ｂ：**いや、値引きはやめたほうがいいね。**　　P：結論

Ａ：そうなの？

Ｂ：**そう、いまはお客さんの購買意欲が下がっているからね。**　　R：説明・理由

Ａ：そっかぁ。

Ｂ：**実は、〇〇会社でも同じようにキャンペーンを始めたんだけど、値引きしてもあまり反響がないみたいだよ。**　E: 具体的説明・具体例

Ａ：じゃあ、やっぱり様子見だね。

Ｂ：**そうだね。いまは値引きをするべきじゃないね。**　　P：結論

このように話をすることで、聞き手は値引きするべきかどうかを理解した上で話を聞くことができるので、全体の話をとらえやすくなります。

情報を整理しないと読み手は混乱する

勘の鋭い方は、[Must] 58〜64 でお話ししたボディの展開方法が、この項でお話ししている「PREP法」に沿っていたことに気づいたかもしれません。

Point	→ トピックセンテンス（トピック＋メインアイデア）
Reason	→ サポートセンテンス（説明・理由）
Example	→ 具体的説明・具体例
Point	→ トピック（＋メインアイデア）

まずは、これから何の話をするのか（トピック）を明確にし、それについてどのような主張をするのか（メインアイデア）を示します。

これらを含めた文章をトピックセンテンスと呼びますが、PREPで言うならば「最初のP」です。

トピックセンテンスを示したら、続いてその理由や詳しい説明をします。これがサポートセンテンスでしたね。PREPで言うところの「R」です。

さらに具体的な説明や具体例を交えてサポートをします。これが「E」です。

そして、最後にもう一度トピックやメインアイデアを確認します。これが「最後のP」の部分です。

どの主張をメインアイデアにして、どの主張をそのサポートアイデアにするのか、具体例はどのタイミングで提示するのかを考えて、論理的に段落を構成することで、読み手はスムーズに理解を進めることが可能になるのです。

結論から書くことに慣れよう！

多くの人は、「結論から書く」ということに抵抗があるかもしれません。

しかし、これは読み手を説得するようなエッセイ（persuasive essay）の特徴なので、慣れるしかありません。

もちろん、このような論理展開の方法は日本語にも存在するのですが、私たちが日常生活で目にすることはあまりありません。

そのため、あえて意識的に「結論から書く」と思っておくことが大切です。

●──最後の「P: 結論」は本当に必要なのか？

段落の最初に「結論（Point）」を書くのであれば、最後にもう一度「結論（Point）」を書く必要はないのではないかと思いたくなります。

実は、最後の「結論（Point）」は書いても書かなくても問題ありません。あくまで PREP 法の原則に則って書くのであれば、段落の最後にもう一度、主張を再確認することになりますが、Must 64 でお話ししたようにコンクルーディングセンテンスは省略される場合もしばしばあります。

原則は「PREP」ですが、発展形として「PRE（最後のPがない）」などの形もありますので、英文ライティングに慣れたら柔軟に対応をしてみましょう。

Must 67

なぜ？どのように？
と掘り下げる

▶ 読み手の疑問に先回りして考える

　前の項にて、PREP に沿って書くことで情報が整理され、読み手に筋道を示せるというお話をしました。

　情報がしっかり整理されていないと読み手は混乱してしまいます。言い換えると、アイデアを論理的に（ロジカルに）書き進めなければ、読み手にはしっかり理解してもらえないということです。

　実際、多くの英語能力試験において、語彙・文法だけではなく、論理性・明瞭性についてもライティング能力の評価対象になってきています。欧米社会において「論理的に説明する能力」が重視されていることを反映しているとも言えます。

「なぜ？」「どのように？」を掘り下げる

　では、どのように書き進めていけば論理的に話を進められるのか、少し別の観点から考えてみましょう。

トピックセンテンス「Point（結論）」
↓
サポートセンテンス「Reason（説明・理由）」
↓
サポートセンテンス「Example（具体的説明・具体例）」
↓
コンクルーディングセンテンス「Point（結論）」

このPREP法の流れからもわかるように、ボディでの議論は「抽象的なアイデア」から「具体的な説明」へと進行しています。

最初に示す「Point（結論）」の部分は、その段落で議論をする内容や書き手の主張をひとことでまとめたものです。その段落の中で最も抽象的なアイデアが示されていることになります。

例えば、「都市部の公園を増やすべきだ」という議論を考えてみましょう。トピックは「政府は都市部の公園をもっと増やすべきである」です。それに対するメインアイデアとして「市民の健康を増進することができるから」という主張をすることにしましょう。

トピックセンテンスは以下のように書くことができます。

The government should spend more money creating public parks in cities because this will improve citizens' health.

（政府は、都市部の公園を増やすことにもっとお金を使うべきです。なぜなら、市民の健康を増進することができるからです。）

さて、この後の「Reason（説明・理由）」には何を書けばよいのでしょうか？

エッセイは、読み手を説得するためのものです。

そのためには、読み手の疑問に先回りをして考えることが大切です。

・「書き手はこう書いているけど、なぜそのように主張しているのだろう？」とモヤモヤしていないか。
・「書き手はこう書いているけど、どのようにそれがよいのだろう？」と不思議に思っていないか。

このように、「なぜ？」「どのように？」と自問自答しながらアイデアを掘り下げてみましょう。

●──「なぜ？（Why?）」を掘り下げる

まずは、「なぜ？（Why?）」を掘り下げて考えてみます。

> 「なぜ、都市部の公園をもっと増やすことにお金を使うべきなのか？」
> 「なぜ、市民の健康を増進する必要があるのか？」
> 「なぜ、政府がお金を使ってそれをする必要があるのか？」

このあたりの疑問が浮かび上がってきます。

1つ目の疑問については、メインアイデアで「市民の健康を増進することができるから」と主張していますので、もう少し別の角度から考えることにします。

すると、都市部には公園が不足しており、都会に住んでいる人は運動不足になっていることが説明できそうです。

> People living in cities have few places where they can play sports such as soccer.
> （都市部に住んでいる人はサッカーなどのスポーツをする場所がほとんどありません。）

あるいは、「なぜ、市民の健康を増進する必要があるのか？」「なぜ、政府がお金を使ってそれをする必要があるのか？」という観点からサポートアイデアを考えることもできます。

例えば、「都会に住む多くの人が運動不足から健康問題を抱えており、医療費の増加につながっている」という説明ができそうです。

> People living in cities tend to have health issues due to lack of exercise, leading to increased public expenditure on healthcare.
> （都市に住んでいる人は運動不足から健康問題を抱えている傾向にあり、医療への公共支出の増加につながっています。）

●──「どのように？（How?）」を掘り下げる

今度は、「どのように？（How?）」を掘り下げて考えてみます。

> 「どのように都市部の公園を増やすとよさそうか？」
> 「都市部の公園を増やすと、どのように市民の健康を増進することができそうか？」

　読み手の立場に立って考えると、「政府が公園の数を増やせば、人びとが仕事帰りに散歩をしたり、週末にスポーツを楽しむこともできる」といったことが説明できそうです。

> If the government creates more parks in cities, people can take a walk after work or enjoy sports on weekends.
>
> （もし政府が都市部にもっと公園を作ったら、人びとは仕事帰りに散歩をしたり、週末にスポーツを楽しむことができます。）

文章をスムーズにつなげる
3つの方法

▶ 読み手の理解を助ける文と文の橋渡し

　トピックセンテンスからサポートセンテンスへの流れがわかってきたところで、今度はそれぞれの文章に内容のつながりを持たせることを考えてみましょう。

　それぞれの文章に内容のつながりを持たせることは、論理的なライティングを目指すという観点からも非常に重要です。

　段落は複数の文で構成されますが、それぞれの内容がスムーズにつながっていなければ、読み手はアイデアを十分に汲みとることができないからです。

内容のつながりが弱いとどうなるのか？

　例えば、次のような文章を見てみましょう。

▲ The government has replaced existing trees with cedars in the last few decades because of their usefulness as a commodity. Many people today are suffering from allergies.

　（政府はここ数十年、もともとある樹木を杉に植え替えてきました。なぜなら、杉は商品として有用だったからです。今日、多くの人がアレルギーに苦しんでいます。）

　第1文と第2文は、それぞれの意味は理解できたとしても、内容のつながりが乏しく、単に2つの事実が並べられているようにも見えてしまいます。これは、2つの文章がうまくつなげられていないからなのです。

文章をスムーズにつなげる３つの方法

文章をスムーズにつなげるための方法は３つあります。

> ① つなぎ言葉を使う
> ② this/such などの指示語を使う
> ③ it/they などの人称代名詞を使う

それぞれの詳しい話は次の項以降でしますが、まずはこれらの３つの方法を使って文章をつなぐ簡単な練習をしてみましょう。

●──① つなぎ言葉を使う

つなぎ言葉とは、前の文章の内容を次の文章に引き継ぐ役割を果たすものです。

先ほどの例文をもう一度考えてみましょう。

第２文は、第１文で紹介した**事実**（政府がもともとある樹木を杉に植え替えてきたという事実）**による「影響」**を表しています。

そのことがはっきりわかるように、「影響」を表すつなぎ言葉を補ってみましょう。「影響」を表すつなぎ言葉には、以下のようなものがあります。

> as a result（その結果）
> as a consequence（その結果）
> consequently（その結果）

どれを使っても問題ありませんが、ここでは「as a result」を使うことにしましょう。

○ The government has replaced existing trees with cedars in the last few decades because of their usefulness as a commodity. As a result, many people today are suffering from allergies.

（政府は、ここ数十年、もともとある樹木を杉に植え替えてきました。なぜなら、杉は商品として有用だったからです。その結果、今日、多くの人がアレルギーに苦しんでいます。）

このように、つなぎ言葉を補うことで書き手の主張をフォローしやすくなりました。

つなぎ言葉はこの他にもたくさんの種類があり、目的に応じて使い分けます。

いずれのつなぎ言葉も、前の文章から次の文章へ、内容をスムーズにつなげる役割を果たす大変便利なアイテムです。

つなぎ言葉の詳細については、 Must 69 ～ Must 71 にて詳しくお話しします。

●── ② this/such などの指示語を使う

内容をスムーズにつなぐ 2 つ目の方法は、this/these や such などの指示代名詞（あるいは指示形容詞）を使う方法です。

Must 72 でもお話をしますが、例えば指示代名詞の this は前の文全体を受けて「このこと」という意味で使いますので、内容のつながりが生まれるわけです。

○ The government has replaced existing trees with cedars in the last few decades because of their usefulness as a commodity. This has caused many people today to develop allergies.

（政府は、ここ数十年、もともとある樹木を杉に植え替えて来ました。なぜなら、杉は商品として有用だったからです。このことが、今日、多くの人がアレルギーになる原因になっています。）

「This」は第 1 文全体、すなわち「政府が、ここ数十年、もともとある樹木を杉に植え替えて来たこと」を指しています。第 1 文から第 2 文へと、しっかりとバトンが引き継がれていることがわかります。

また、「cause（引き起こす）」という動詞を使ったことで、「アレルギーに苦しむ（suffer from allergies）」という部分が「アレルギーになる（develop allergies）」に置き換えられていることにも注目してみましょう。

これは、主語が「杉」そのものではなく、「政府がもともとある樹木を杉に植え替えてきたこと」に変わったことで動詞も変える必要が生じたためです。

●──③ it/they などの人称代名詞を使う

　内容をスムーズにつなぐ最後の方法は、it や they/them などの人称代名詞を使う方法です。

> The government has replaced existing trees with <u>cedars</u> in the last few decades because of their usefulness as a commodity. They have caused many people today to develop allergies.

　ただし、このように書くと they がどの名詞を指しているのかがやや曖昧になります。もちろん、文脈的には cedars を指すであろうことは読み手も想像できますが、they と cedars が遠く、また複数の名詞は decades もありますので、少し工夫が必要になります。

> Because of their usefulness as a commodity, the government has in the last few decades replaced existing trees with <u>cedars</u>, and they have caused many people today to develop allergies.

　このように they と cedars の位置を近づけて、1つの文にまとめる（2つの文章に分けない）ことで誤解を避けることができます。

> **valuable information**
> ### 「人」でないのに人称代名詞？
>
> 　人称代名詞とは何かというと、人や物を指す代名詞のことです。
> 　英語では一人称から三人称まであり、自分（書き手、話し手）を指すのが「一人称」、相手（読み手、聞き手）を指すのが「二人称」、それ以外の人や物は「三人称」に分類されます。
> 　「人称」代名詞という名前ですが、人以外のものも含まれます。「物」は基本的にすべて三人称です。単数のものを指す場合には it を、複数のものを指す場合には they を使います。
> 　もちろん、「～が」のような主格ではなく、「～の」というような所有格や、「～を」というような目的格の場合には形が変わります。

主張を追加・反論するための
つなぎ言葉

▶In addition, …、However,…

Must 68でお話ししたように、文章をスムーズにつなげるための方法は3つあります。

> ① つなぎ言葉を使う
> ② this/such などの指示語を使う
> ③ it/they などの人称代名詞を使う

この項では、エッセイでよく使う「つなぎ言葉」についてさらに詳しくお話しします。

アイデアを追加する in addition

 基本ストラクチャー（67）

In addition, …
さらに、~

 基本ストラクチャー（68）

Furthermore, …
さらに、~

 基本ストラクチャー（69）

Moreover, …
さらに、~

　これらのつなぎ言葉は、段落の中でメインアイデアを２つ紹介したい場合や、前の段落からトピックを引き継いでもう１つのメインアイデアを紹介したい場合などに使います。

> 子どもたちは、もっと本を読むことを推奨されるべきです。なぜなら、子どもたちの想像力を育むからです。映画を観るのとは異なり、子どもたちは、本の内容についていくために想像力を働かせなければなりません。さらに、本を読むことは子どもたちの視野を広げてくれます。

　第１文にて、「子どもたちにもっと本を読むことが推奨されるべきである」というトピックに対して、まずは「想像力を育むから」というメインアイデアを示します。それにサポートセンテンスを続けます。そして、２つ目のメインアイデアが始まることを読み手に示すために、In addition などを文頭につけます。

in addition

　もちろん、この先にさらに説明を続けますが、ここでは２つ目のメインアイデアのサポートは省略しています。

> Children should be encouraged to read more books because they can develop their imaginations that way. Unlike movies, books require them to use their imaginations to keep up with the story. In addition, books allow children to broaden their horizons. …

　やや簡略化して書いていますが、このように１つ目のメインアイデアについて説明をした後、２つ目のメインアイデアを紹介する場合、これらのつなぎ言葉を使うことによって、もう１つ別のメインアイデアを追加したいと思っていることが読み手にもわかります。

アイデアに反論する however

基本ストラクチャー (70)

However, …

しかしながら、〜

基本ストラクチャー (71)

Nevertheless, …

にもかかわらず、〜

　一方、段落の中で反論をしたい場合や、前の段落の内容を反論したい場合などには、however や nevertheless のようなつなぎ言葉を使います。

　先ほどの例文の続きを考えてみましょう。

　前の段落で「子どもたちにもっと本を読むことを推奨するべきである」という話をしたのですが、この段落ではそれを反論して、「ただし強制されるべきではない」という展開をすることにしましょう。

> しかしながら、子どもたちは本を読むことを強制されるべきではありません。なぜなら、強制されると本への興味を失うかもしれないからです。

　ここでは、つなぎ言葉として however を使ってみましょう。「〜への興味を失う」は lose interest in …という表現が使えます。

> However, children should not be forced to read, because if they are, they may lose interest in books.

　however や nevertheless のようなつなぎ言葉は、このようにそれまで述べていたアイデアとは逆の立場で話をする場合に使います。

valuable information

However、Nevertheless の違い

これらのつなぎ言葉は、原則的には前のアイデアを事実として認めるかどうかにより使い分けられます。

however：前述のアイデアを事実として認めるかどうかに関係なく使うことができる。

nevertheless：前述のアイデアを事実として認めた上で、「それにもかかわらず」という意味でよく使う。

However, children should not be forced to read, because if they are, they may lose interest in books.

この例文において、if they are の部分は、その後の内容が省略されています。

However, children should not be forced to read, because if they are forced to read, they may lose interest in books.

省略せずに書くとこのようになりますが、forced to read の部分が繰り返しになるため、このような場合には省略をして書くのが一般的です。

具体例や影響を説明するためのつなぎ言葉

▶ For example,…、As a result,…

具体例を示す for example

 基本ストラクチャー（72）

For example, …
例えば、〜

 基本ストラクチャー（73）

For instance, …
例えば、〜

「PREP」の「E：具体的説明・具体例」からもわかるように、エッセイでは具体例を示すことがよくあります。

それまでの内容を引き継いで具体例を示していることを明らかにするために、for example や for instance のようなつなぎ言葉をよく使います。

> 定期的に本を読むことは子どもたちの成長に有益です。なぜなら、このことは彼らの言語能力を向上させるからです。本に登場する語彙や表現は、彼らが日常生活で耳にする話し言葉よりもフォーマルなものです。例えば、日本では、小学生は週末に本を読むことを推奨されています。それを通して、彼らは友だちとの会話ではめったに出会わないような単語を学びます。

この例文では、「PREP」の P→R→E までを示しました。「定期的に本を

読むことは子どもたちの成長に有益である」というトピックに対して、「本は彼らの言語能力を向上させるから」というメインアイデアを示し（**Point**）、それに続いて「説明・理由（**Reason**）」をつけ加えた形です。

さらに念押しをするように、具体例を示しました。もちろん、内容を読めば具体例であることが明らかな場合には for example を省略することも可能ですが、慣れるまでの間は for example や for instance のようなつなぎ言葉を使っておくとよいでしょう。

> Reading books on a regular basis is beneficial to children's development because this enhances their language abilities. The vocabulary and expressions in books are more formal than the spoken language they hear in their daily lives. For example, in Japan, primary school students are encouraged to read books during weekends, through which they learn new words that they rarely encounter in communication with their peers.

このように、トピックセンテンスで示した主張に対して具体例を示すことで、文章が進むごとに議論が深まっています。

---

valuable information

For example は省略可能？

　具体例であることが明らかな場合には for example を省略する場合があります。先ほどの例文では、For example, in Japan, ～となっていましたが、日本の話をするということは具体例をあげるということを意味しますので、このような場合には In Japan, ～のように始めるだけで具体例であることが明らかです。

例 In Japan, primary school students are encouraged to read books during weekends, through which they learn new words that they rarely encounter in communication with their peers.

　（日本では、小学生は週末に本を読むことを推奨されています。それを通して、彼らは友だちとの会話ではめったに出会わないような単語を学びます。）

自分の経験について話す

基本ストラクチャー（74）

I can say from my own experience that …
私自身の経験から、～だと言うことができます。

基本ストラクチャー（75）

When I was young, …
私が若い時には、～

基本ストラクチャー（76）

When I was a student, …
私が学生だった時には、～

　具体例の代わりに自分の経験をサポートに使う場合もあります。その際には、I can say from my own experience that …のようなつなぎ言葉を使うとよいでしょう。

Reading books on a regular basis is beneficial to children's development because this enhances their language abilities. The vocabulary and expressions in books are more formal than the spoken language they hear in their daily lives. I can say from my own experience that I learned through books new words that I rarely encounter in communication with my peers thanks to my primary school teacher, who encouraged me to read during weekends.

（定期的に本を読むことは子どもたちの成長に有益です。なぜなら、このことは彼らの言語能力を向上させるからです。本に登場する語彙や表現は、彼らが日常生活で耳にする話し言葉よりもフォーマルなものです。私自身の経験として、週末に本を読むことを勧めてくれた小学校の先生のおかげで、友だちとの会話ではめったに出会わないような単語を本から学ぶことができました。）

影響や結果を表す as a result

 基本ストラクチャー (77)

As a result, …
その結果、〜

 基本ストラクチャー (78)

As a consequence, …
その結果、〜

 基本ストラクチャー (79)

Consequently, …
その結果、〜

　影響や結果について説明を加えたい場合には、As a result, …や As a consequence, …のようなつなぎ言葉を使います。

　前のページの例文では、結果までまとめて1つの文章にしましたが、次のように2つの文章に分けることもできます。

> I can say from my own experience that I learned through books new words that I rarely encounter in communication with my peers thanks to my primary school teacher, who encouraged me to read during weekends.

> My primary school teacher used to encourage me to read books during weekends. As a result, I learned new words that I rarely encounter in communication with my peers.
>
> （私の小学校の先生は、週末に本を読むことを勧めてくれました。その結果、友だちとの会話ではめったに出会わないような単語を本から学びました。）

結論を導き出すための
つなぎ言葉

▶ Therefore,…、Thus,…、Hence,…

議論の結論を示す therefore

 基本ストラクチャー（80）

Therefore, …

それゆえに、〜

 基本ストラクチャー（81）

Thus, …

このように、〜

 基本ストラクチャー（82）

Hence, …

このことから、〜

Must 66 でもお話ししたように、「PREP」の最後はコンクルーディングセンテンスと呼ばれ、トピックセンテンスの内容の再確認をすることがあります。

その際に使うつなぎ言葉として、therefore や thus などがあります。

Must 70 の例文の続きを考えてみましょう。

本を読むことの有益性について、具体例や効果を交えながら議論をしてき

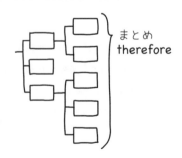
まとめ
therefore

ました。段落の最後では、「だからこそ……」というようにもう一度トピックセンテンスの内容に戻って「念押し」をします。

> それゆえに、子ども時代に定期的な読書の習慣を持つことは重要です。

このような内容を書くことになるでしょう。

> Therefore, having a regular reading habit in childhood is important.

●── 文頭の therefore はやや大げさ？

Must 76 でも扱いますが、therefore という単語は「論理的な結論として（as a logical consequence）」というニュアンスを持っています。そのため、文頭にあるとやや仰々しい印象を与えることがあり、therefore の使用を控えるように勧める人や、使うのであれば文中に「さりげなく」使うほうがよいと考える人もいます。

> Having a regular reading habit in childhood is therefore important.
> └ 文中にさりげなく

また、「文頭のつなぎ言葉」が目立ち過ぎないように、therefore を文頭で使うことを避けるべきだという考え方もあります。

これは、Must 40 でお話ししたように、日本語の語順通りに英語にしようとして、いわゆる「前置き」のようなフレーズが多くならないようにしたいという考え方です。上級者を目指す方は、そのあたりも考慮しながら工夫をして使ってみましょう。

valuable information

therefore、thus、hence の違い

実際にはあまり区別されずに使われることもよくありますが、それぞれが本来持つニュアンスは多少異なります。

- therefore → このような理由で（for this reason）
- thus → このように（in this way）
- hence → このことから（from this）

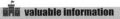

hence＋名詞

hence はその後に文章を続けることもできますが、名詞（または名詞句）を続けて文章と同じ内容を表すこともしばしばあります。（前の文章を受けて）「（そのことから）〜が生じる」という意味になります。

例 Education standards have been falling in this country, hence my concern.

（この国では教育水準が下がってきました。それが私の懸念です。）

また、2021年の京都大学の入試では以下のような文章が出題されています。

例 One major point of Aristotle's theory is said to be: while history expresses the particular, concentrating on specific details as they happened, poetry can illuminate the universal, not allowing the accidental to intervene. Hence the justification.

（アリストテレスの理論の大きなポイントの1つは、歴史は起こり行く具体的な詳細に集中しながら特定のものを表現するのに対して、詩は普遍的なものを照らし出すことができ、偶発的なものをそこに介入させないことだと言われています。それゆえに（詩の）正当性が生まれるのです。）（2021年 京都大学入試問題より引用）

議論の対比を示す on the other hand

 基本ストラクチャー（83）

On the other hand, …
一方、〜

2つのアイデアを対比したいとき、on the other hand というつなぎ言葉を使う場合があります。

on the other hand は文字通り訳せば「もう1つの手の上には」という意味です。人間には2つの手があるので、当然「もう1つ」と言う前に「1つ目の手の上には」という説明があったことになります。実際、「on one hand（一方では、〜）」「on the other hand（他方、〜）」のように、あえて対比を強調して使うこともあります。

> Most male cats are left-handed. On the other hand, female cats tend to be right-handed.
>
> （ほとんどのオスの猫は左利きです。
>
> 　一方、メスの猫は右利きの傾向にあります。）

●──日本人は on the other hand を多用しがち？

このように on the other hand は２つのアイデアを対比し、その違いを説明するためのつなぎ言葉です。

しかし、日本人はこの on the other hand を多用しがちなようです。

確かに日本語を話す際、特に意味もなく、「逆に」「一方」のような言葉を使ってしまうことがよくあります。それをそのまま英語にしてしまうからかもしれません。

on the other hand は、単に話を切り替えるために使うものではないので、**何と何を対比しようとしているのかを考えて使うようにしましょう。**

valuable information
on the contrary は「一方」ではない！？

on the other hand と同じように使ってしまいがちな表現として on the contrary がありますが、on the contrary は、「そうではないんです、むしろ逆なんです。」という強い反論の意味を含んでいます。

✗ Most male cats are left-handed. On the contrary, female cats tend to be right-handed.

（ほとんどのオスの猫は左利きです。そうではないんです、むしろメスの猫は右利きの傾向にあります。）

これでは意味をなしませんね。もし単純に対比をしたいだけであれば、on the contrary ではなく、in contrast または by contrast（対象的に）や on the other hand（一方）を使いましょう。

this を使って
前の文全体を引き継ぐ❶

▶ As a result, …、For example, … を this を使って言い換える

さて話を戻して、文章をスムーズにつなげる2つ目の方法をお話しします。

> ① つなぎ言葉を使う
> ② this/such などの指示語を使う
> ③ it/they などの人称代名詞を使う

指示語とは？

指示語とは、直前で話していたものを指し示す役割を持つものです。指示語には、名詞の働きをする指示代名詞と、形容詞の働きをする指示形容詞があります。

指示代名詞には、this（これ）、these（これら）、that（あれ）、those（あれら）などがあります。指示形容詞には、this（この〜）、these（これらの〜）、such（そのような〜）などがあります*。

この中でも指示代名詞のthisは、エッセイにおいて**前の文章全体を指す**場合にとてもよく使われます。

例文 I studied programming because one of my friends gave me advice. This helped me to find a new job.

→this は第1文全体すなわち「友人の1人がアドバイスをくれたのでプログラミングを勉強したこと」を指す

※ 同じ単語でも使われ方（働き）によって品詞の種類が異なるため、this や these は指示代名詞にも指示形容詞にもなることができます。

（私は友人の１人がアドバイスをくれたのでプログラミングを勉強しました。この
ことが、次の仕事を見つけることに役立ちました。）

　このように、指示代名詞をうまく活用することで、つなぎ言葉と同様に文
章につながりを持たせることができます。
　つなぎ言葉は文章の内容をつなぐのに便利ですが、つなぎ言葉を多用し過
ぎると、やや機械的に見えてしまいます。
　これまでの話と矛盾するように聞こえるかもしれませんが、ライティング
のスキルを磨くにつれて、つなぎ言葉が減ってきます。その上で役立つのが、
指示語なのです。

●── より明確に指し示したいときには？

　this は前の文章全体を指すことができる便利な表現ですが、より明確に指
し示したい物がある場合には、「this（このこと）」の代わりに「this 〜（この
〜）」と、後ろに名詞を補うことができます。
　例えば、先ほどの文章では this が指すものは前の文章全体、すなわち「友
人の１人がアドバイスをくれたのでプログラミングを勉強したこと」を指し
ています。しかし、場合によっては because よりも前の「勉強したプログ
ラミング（コース）」のことだけを指したいこともあるでしょう。
　このような場合には、this の後ろに名詞を補って表現をすると誤解を避け
ることができます。

例文　I studied programming because one of my friends gave me advice. This
　　　course helped me to find a new job.

　あるいは、because よりも後の「友人の１人がくれたアドバイス」のこと
だけを指したい場合には、次のように表現すると明確になります。

例文　I studied programming because one of my friends gave me advice. This
　　　advice helped me to find a new job.

　このような this の使い方を「**指示形容詞**」と呼びます。this の後に続けら
れる名詞として、エッセイでは以下のようなものがよく使われます。

This knowledge enables children to find better solutions.

（この知識が子どもたちが解決策を探すことを可能にします。）

This measure will improve the country's economic outlook.

（この対策がその国の経済の先行きを改善するでしょう。）

つなぎ言葉を this で言い換えてみる

　これから紹介するつなぎ言葉は this に言い換えられる場合がほとんどです。つなぎ言葉を多用していると感じたら、this を使って言い換えてみましょう。

●── as a result を言い換える

Many people in the world are welcoming car-sharing services, particularly in overpopulated cities such as Sydney. As a result, car manufacturing companies are suffering from a significant decline in car sales.

（世界の多くの人がカーシェアリングサービスを歓迎しています。特にシドニーなどの人口過密都市ではそうです。その結果、自動車メーカーは販売台数の大幅な減少によって苦しんでいます。）

　「as a result（その結果）」という部分を、指示代名詞の this を使って表現してみましょう。「this（このこと）」すなわち「世界の多くの人がカーシェアリングサービスを歓迎していること」を主語にするので、上の例文とは視点を替え、「このことは、自動車製造業の会社を販売台数の大幅な減少によって苦しめている」というような内容にします。

Many people in the world are welcoming car-sharing services, particularly in overpopulated cities such as Sydney. This is causing car manufacturing companies to suffer from a significant decline in car sales.

（世界の多くの人がカーシェアリングサービスを歓迎しています。特にシドニーなどの人口過密都市ではそうです。このことは、自動車メーカーを販売台数の大幅な減少によって苦しめています。）

※cause Ａ to～ ; Ａ が～する原因になる

328

●──for example を言い換える

> In order to protect culturally important sites from potential damage caused by visitors from abroad behaving inappropriately, investing in publicity is extremely important. For example, providing visitors with brochures at points of entry informs them about local culture and behavioral norms.
>
> （文化的に重要な場所を、海外からの訪問客の不適切な行為によるダメージから守るためには、広報活動に投資をすることが非常に重要です。例えば、入国の際にパンフレットを配布することで、訪問客にその土地の文化やマナーについて知ってもらう役に立つでしょう。）

　状況によっては「For example, …」の部分も指示語の this を使って言い換えることができます。

─This is clearly illustrated by ....
　　（このことは、〜によって明らかに描写されます。）

─This can be achieved by ......
　　（このことは、〜によって実現できるでしょう）

─This can be exemplified by ....
　　（このことは、〜によって例示できるかもしれません。）

　「exemplify（〜のよい例となる）」はハイレベルな語彙ですが、「example（例）」から派生した動詞と考えると覚えやすいでしょう。

> In order to protect culturally important sites from potential damage caused by visitors from abroad behaving inappropriately, investing in publicity is extremely important. This can be achieved by providing visitors with brochures at points of entry that inform them about local culture and behavioral norms.
>
> （文化的に重要な場所を、海外からの訪問客の不適切な行為によるダメージから守るためには、広報活動に投資をすることが非常に重要です。このことは、入国の際にその土地の文化やマナーについて書かれたパンフレットを配布することで実現できるでしょう。）

this を使って
前の文全体を引き継ぐ❷

▶ Therefore, … を this を使って言い換える

　段落の最後にコンクルーディングセンテンスを書く場合、therefore や thus のようなつなぎ言葉をよく使いますが、この部分も this を用いて言い換えることが可能です。

● ── 「therefore」を言い換える

> The government should completely ban gambling because it is socially disruptive. Many gamblers show anxiety, particularly when they lose badly, and some of them develop panic disorder. This often causes them to become violent towards others. Therefore, gambling should be made completely illegal.
>
> （政府はギャンブルを完全に禁止するべきです。なぜなら社会を乱すからです。多くのギャンブラーは、特に負けが込んだ場合に不安を示し、中にはパニック障害になる人もいます。このことはしばしば、彼らが他人に対して暴力的になる原因になります。それゆえ、ギャンブルは全面的に違法にされるべきだと考えます。）

　最後の１文を指示語を使って言い換えてみましょう。まずは日本語を以下のように言い換えてみるとよいでしょう。

> このことが、ギャンブルは全面的に違法にされるべきだと考える理由です。

「このことが、～だと考える理由である」という部分は、　基本ストラクチャー　(42) の「This is why …」を応用して使います。

基本ストラクチャー (42)

This is why …….
このことが、〜である理由です。

「…のようにする理由」が this である、という意味でしたね。

This is why I argue that gambling should be made completely illegal.

あるいは、もう少し応用を利かせて以下のように表現することも可能です。

This leads me to conclude that gambling should be made completely illegal.

直訳すると、「このことが、ギャンブルは全面的に違法にされるべきだと、私に結論づけさせます」という意味になります。
「lead 囚 to 〜（人を〜する気にさせる）」のストラクチャーについては、 Must 82 で詳しくお話しします。

Must 71にて、文頭に用いる therefore はやや大げさな印象を与えかねないというお話をしました。それを避けるためにも、このような言い換えを自由に操れるようになっておきたいものです。つなぎ言葉と指示代名詞を上手に織り交ぜ、バランスのよい、洗練された文章を書くよう心がけましょう。
　もし直前の文章で具体例を示していた場合、指示代名詞 this が直前の文章だけを指してしまうのを避けるために、次のように表現することもあります。

 基本ストラクチャー(42) 応用

This is an example of why …….
このことが、〜である理由です。

Must 65の例文でもこのストラクチャーが使われていましたね。

例文 This is an example of why some people claim that students should be given the freedom to make their own choice of subjects.
（このような例から、生徒はどの科目を勉強するか選ぶ自由を与えられるべきだと主張する人の理由がわかります。）

This is why …….. と This is because …….を混同しない

This is why …….. のストラクチャーと、 Must 18 でお話しした This is because …….. を混同してしまうことがありますが、意味が全く逆なので気をつけましょう。This is why ……. は、「このことが、〜する理由だ。」という意味で、「それゆえに」と結果を語るときに使います。一方、「This is because …….」は、「このことは、〜だからだ。」という意味で、「なぜなら」と理由を続けるときに使います。

This is why the government should invest more money in education.

（それゆえに、政府はもっと教育に投資をするべきなのです。）

This is because the government has invested a lot of money in education.

（なぜなら、政府が多額のお金を教育に投資してきたからです。）

やや曖昧に指し示す such

this や these が「このこと」というように直接的な指示語であるのに対して、such は「そのような」と訳されるように、やや間接的な指示語になり、指すものもやや曖昧になります。

There are certain occupations dominated by men, such as the police and the military. Some people believe that such occupations are more suited for men because they are physically demanding.

（警察や軍隊のように、男性のほうが多い職業というものがあります。そういった職業では、肉体労働ゆえ、男性のほうがより適していると考える人もいます。）

「these occupations（これらの職業）」と表現すると、these は直接的な指示語なので、前の文章で紹介した警察官と軍隊そのものを指します。一方、「such occupations（そういった職業）」と表現すると、such は間接的な指示語なので、「警察官と軍隊そのもの」というよりも、「警察官と軍隊のような職業」という意味になります。

最近使われ始めた as such

　ネイティブの中には、therefore の代わりに as such という表現を使う人も
います。

⚠ <u>As such</u>, gambling should be completely banned.

　しかし、as such をこのように文頭で使う方法は厳密には正しい表現では
ないために避けるべきだと考える人もいます。
　実際、ここ数年で使われだした比較的新しい表現ですので、フォーマルな
ライティングでは使用を避けたほうが無難です。

　ちなみに、この場合の as は「～のように、～として」という意味の前置
詞、such は「そのようなこと」という意味の指示代名詞ですので、全体で
「そのようなこととして、そのように」という意味で使われています。

名詞の繰り返しを避ける
it と they

▶ 人称代名詞を使って内容のつながりを改善する

　文章をスムーズにつなげるための３つ目の方法は人称代名詞です。

> ① **つなぎ言葉を使う**
> ② this/such **などの指示語を使う**
> ③ it/they **などの人称代名詞を使う**

　Must 31 でお話ししたように、英語では同じ名詞を繰り返し使うことを避ける傾向があります。

　そこで登場するのが it や they のような人称代名詞です。

　Must 68 でも触れましたが、人称とは「動作の主体（誰がそれをしているか）」を表す文法用語で、一人称（私・私たち）、二人称（あなた・あなたたち）、三人称（彼・彼ら・彼女・彼女ら・それ・それら）の３種類があります。この項は、エッセイで最もよく使う人称代名詞である、it と they について考えてみましょう。

前の文章ですでに紹介している名詞を指す

　それぞれの時代でさまざまなダイエットの方法が提唱されてきましたが、ここ最近は「ファスティング・ダイエット」なるものが主流になりつつあるようです。ファスティング・ダイエットとは、12〜16時間の断食（fasting）をすることで、食事の量を減らさずにダイエットができるという方法で、すでに実践済みの人もいらっしゃるかもしれません。

Intermittent fasting is becoming a popular method for weight loss. It is as effective as eating less while it allows people to consume the same number of calories as before.

（間欠的な絶食は体重減少に人気の方法になってきています。それは、人びとがこれまでと同じカロリーを消費することを可能にする一方で、食事を減らすのと同じくらい効果的です。）

「間欠的な絶食（Intermittent fasting）」という名詞の繰り返しを避けるために、第2文を it で始めています。

　しかし代名詞を使うメリットはそれだけではありません。実は内容のつながりもよくなるのです。

●——代名詞を使うことで内容のつながりもよくなる

　読み手は、it や they のような代名詞を見たときに、それが何を指すかを考えます。そして、指している名詞が前の文章の中にあれば、自然とつながりがよくなるのです。

　先ほどの例文では、読み手が第2文を読み始めたところで人称代名詞 it が出てきます。3人称単数形の代名詞を指しているはずなので、前の文章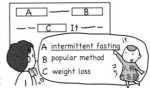で使われた単数の名詞を探すことになります。単数の名詞は、「intermittent fasting（間欠的な絶食）」「a popular method（人気のある方法）」「weight loss（体重減少）」がありますが、「〜が効果的」と続くことから、「intermittent fasting（間欠的な絶食）」が内容に合うことがわかります。

　このようにして前の文章で述べていた内容を引き継いで、さらに話を広げようとしていることが読み手に共有されるのです。

●——あえて繰り返す場合もある

　代名詞を使わずに、あえて同じ名詞を繰り返し使う場合もあります。

Parents and teachers are encouraged to work in harmony for children's development. While they should discipline children at home, they play an important role in developing their social skills.

第2文では、theyやtheirがたくさん使われています。しかし、それらが何を指しているのかが不明瞭です。

○ Parents and teachers are encouraged to work in harmony for children's development. While parents should discipline children at home, teachers play an important role in developing their social skills.
（親と教師は子どもたちの発達に協調してとり組むことが勧められます。親は家庭で子どもたちにしつけをするべきである一方、教師は彼らの社交スキルを発達させる上で重要な役割を果たしています。）

このように、指すものが不明瞭になりそうな場合には、あえて同じ名詞を繰り返し使いましょう。

● 指し示す名詞が複数形なら they/them

指し示す名詞が複数形であれば、they や them を用います。

例文 The common cold has <u>various symptoms</u>. They can range from a mild cough to high fever.
（風邪はさまざまな症状を呈します。症状には、軽い咳から高熱までさまざまなものが含まれます。）

第2文のtheyは、直前に使われている複数形の名詞「symptoms（症状）」を指しています。

it/they と this/such を区別しよう！

Must 72 でお話ししたような指示代名詞のthisを、人称代名詞の it の代わりに使うことはできるのでしょうか？

? Intermittent fasting is becoming a popular method for weight loss. <u>This is</u> as effective as eating less while allowing people to consume the same number of calories as before.

　このように it の代わりに this を使って書くと、文章全体の意味が変わってしまいます。

　this は通常、前の文章全体を指すので、この場合「間欠的な絶食が人気の方法になってきていること」を示します。すなわち、「人気の方法になってきていることが効果的である」という意味で伝わってしまい、本来の意味を伝えることができません。

> 直前の名詞を指したい → 人称代名詞（it/they）
> 直前の内容を指したい → 指示語（this/such）

　このように分けて理解をしておくとよいでしょう。

🏛 **valuable information**

実際の英語では it の指すものが曖昧なことも…

　これまでお話ししてきたとおり、it は直前に登場した単数の名詞を指すのが原則です。しかし実際の英語では、it が指すものが曖昧なまま使っていたり、this と同じように前の文全体を表すこともあります。これは特に話し言葉でよく見られます。

⚠ The government should limit the number of cars on the road because it will help to reduce traffic congestion.

　（政府は道路を走る車の数を制限すべきです。なぜなら、交通渋滞の緩和につながるからです。）

　このような例文では、it が指すものはとても曖昧です。書き手（話し手）の意識では「道路を走る車の数を制限すること（limiting the number of cars on the road）」を it で受けているつもりですが、文法的には直接指すものがなく、読み手（聞き手）は混乱するかもしれません。

　書き言葉ではなるべく正しい文法で書くことが望ましいので、このような場合には this を使うほうが安全です。

⭕ The government should limit the number of cars on the road because this will help to reduce traffic congestion.

いま焦点をあてている議論は何？

▶ 筋道が通っていないと読み手は混乱する

論理的に書くことはなぜ重要か？

「アイデアの進行が論理的（ロジカル）ではないですね。」

　英文の添削やフィードバックを受けている方は、自分のエッセイに対してこのように指摘されたことがあるかもしれません。

　洗練されたエッセイでは、主張がよどみなく進行し、読み手が内容をスムーズに理解できます。

　日常会話においても、話が行ったり来たりする人や本題から逸れてしまう人の話は、聞いていてもなかなか理解しづらいものです。会話であれば、話し手に質問をして確認できるかもしれませんが、ライティングでは書き手に質問をして確認できません。エッセイに書かれたものがすべてであり、文字を通してでしか書き手の主張を汲みとることができません。

　だからこそ、ライティングではより慎重にアイデアの進行を考え、筋道が通っていないアイデアで読み手を混乱させないように注意しなければなりません。

①People should be encouraged to cook at home more because it makes them healthier. ②It is true that eating out at restaurants is helpful, particularly for those who are working full-time because they can save cooking time.

（①人びとは、もっと家で料理をするように推奨されるべきです。なぜなら、健康になれるからです。②確かにレストランで外食をすることは、特にフルタイムで働いている人にとっては役立ちます。なぜなら、料理をする時間を節約できるからです。）

このように話が展開していくと、読み手はどのように話が展開されようとしているのか疑問に思いながら読み進めることになるでしょう。

そして、以下のように続いたとします。

③However, continuously eating unhealthy food makes people obese and causes various diseases such as diabetes. ④If they have no choice but to eat out, they should choose healthy dishes that are low in fat and calories. ⑤Cooking at home should therefore be endorsed.

（しかしながら、不健康な食事を食べ続けたら、彼らは肥満になり、糖尿病などのさまざまな病気にかかるでしょう。④もし、外食をするしか選択肢がない場合は、脂肪やカロリーの低い健康的な食事を選ぶべきです。⑤それゆえ、家で料理をすることが推奨されるべきです。）

書き手は「もっと家で料理をするように推奨されるべき」と主張しようとしていたようですが、果たしてアイデアの筋道は通っていたでしょうか？

途中で話が行ったり来たりしていて、なかなか書き手の意図を理解することができないと感じた方も多いでしょう。

どのあたりで筋道が通らなくなってしまったのか、少し順を追って考えてみましょう。

①のトピックセンテンスでは、「もっと家で料理をするように推奨されるべき」というトピックに対して、「健康になれるから」というメインアイデアを示しています。

しかし、トピックセンテンスに続く②で、「確かに外食をすることは役立つ」というように、反対意見に触れています。

さらに、③では、「何年も外食を続けたら、彼らは肥満になり、糖尿病などのさまざまな病気にかかるだろう」と、再び外食のよくない点について言及しています。

④では、「どうしても外食をしなければいけない場合の注意点」について話が及んでいますが、この段落のトピックからは大きく逸れていっていることがわかります。

このように、話があちこちにいったり、議論とは直接関係のない情報が入り込んでいたりすると、⑤のコンクルーディングセンテンスにたどり着くまでに、読み手は混乱をしてしまうことになります。

●──理解しやすい書き方をするのが書き手の責任

読み手は、書き手が思っているほどスムーズには話の流れを理解できないものです。エッセイを書く人は、読み手がどのような人であっても理解できるように、丁寧に筋道を立てて説明をする必要があるのです。

今回のテーマでは、「自宅で食事を作ること」と「外食をすること」を交互

に比較するのではなく、トピックセンテンスで示した「家で料理をすること
がもっと推奨されるべき」という点にしっかりフォーカスをして話を進めて
いくことが重要です。

①People should be encouraged to cook at home more because it makes them healthier. ②In today's hectic society, many people prefer to eat out at restaurants to save cooking time, but they are less likely to have healthier food than when they cook at home. ③If people cook at home, they can choose the ingredients themselves and reduce the amount of seasoning used. ④As daily eating habits directly affect people's future health, cooking at home should be endorsed.

（①人びとは、もっと家で料理をするように推奨されるべきです。なぜなら、健康になれるからです。②今日の慌ただしい社会においては、多くの人が料理をする時間を節約するためにレストランで外食をすることを好みますが、家で料理をする場合に比べて健康的な食事をできる可能性が低くなります。③もし家で料理をすれば、食材を自分で選ぶことができ、使用する調味料の量を控えめにすることができます。④日々の食習慣は将来の健康に直接的な影響を与えるため、家で料理をすることは推奨されるべきです。）

　改善案では、外食をすることのよくない面ではなく、自宅で食事を作ることの利点のほうによりフォーカスをして議論を進めています。また、議論と直接関係のない部分はカットをして、より読み手に理解しやすい話の流れにしていることがわかります。

「自然な表現」をすぐ調べる習慣をつける

　気になったらすぐに調べる習慣を身につけることはどのようなことにおいても重要ですが、英語学習においては特に重要です。 Must 34 でお話ししたコロケーションなども、気になったときに調べる習慣がなければなかなか身につくものではありません。

　これまで辞書を使って調べるという習慣がなかった人にとってはやや面倒に感じるかもしれませんが、ライティングを上達させるための秘訣は、普段から丁寧に調べる習慣を身につけることなのです。

　自分が使いたい単語の「意味」はもちろん、「用法」「ニュアンス」「コロケーション」など、すぐ調べる習慣のある人とそうでない人では大きな差が生まれます。ぜひ、気になったらすぐに調べる習慣を身につけましょう。

❶ Google 検索

Google検索

　最も簡単な方法は Google 検索です。調べたい語句をダブル・クォーテーションマーク（" "）で囲んで検索をすることで、そのコロケーションがどの程度使われているかを知ることができます。

　例えば、efforts に対する動詞のコロケーションが、「make efforts」であることは知っているけれども、「do efforts」「carry out efforts」のような使い方もあるのかを調べてみることにしましょう。

検索をしたらまずは検索数を見てみましょう。

make efforts	2,420,000 件
carry out efforts	135,000 件
do efforts	252,000 件

※ 2020 年 11 月 29 日時点、google.co.jp にて検索。

このように、make efforts が圧倒的によく使われている表現であることがわかります。

do efforts がそれなりにあるように見えますが、Google 検索では疑問文も拾ってしまいますので、Do efforts (to do something) work? のような文章も件数としてカウントされています。

Google Ngram Viewer

もう１つの方法も Google を使った検索ですが、 Must 33 でも紹介した『Google Ngram Viewer』（https://books.google.com/ngrams）という無料の検索サービスです。

『Google Ngram Viewer』は Google Books に登録されている膨大なデータから、実際に使われている表現の頻度を調べることができます。調べたい単語をカンマで区切って検索すると使用頻度をグラフで表示してくれます。

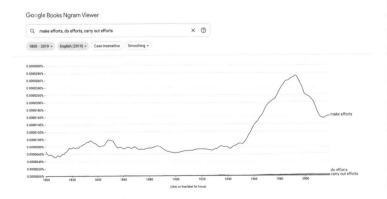

※（p.394 に続く）

第 9 章

上級者でも
間違えやすい表現12選

区別しよう！ but は接続詞、 however は副詞！

▶ 接続詞の性質を持つ副詞、「接続副詞」に注意する

　　この項では、論理的なライティングをする際によく使う however や therefore などの注意点についてお話しします。

接続詞と接続副詞

　　Must 41 〜 44 において、接続詞のお話をしました。

　　接続詞の基本的な働きは、文章と文章（正確には「節」と「節」）をつなぎ合わせて 1 つの文章にすることです。

> Elderly people should avoid excessive exercise <u>because</u> it can be harmful to their health.
>
> （高齢者は過剰な運動を避けるべきです。<u>なぜなら</u>、健康に害がある可能性があるからです。）

　　この文章では、because が接続詞の役割をしています。

●──接続副詞は「接続詞」の性質を持つが、文法上は「副詞」

　　「however（しかしながら）」や「therefore（それゆえに）」などは、文法上は「**接続副詞**」と呼ばれます。

　　接続副詞とは、アイデアをつなぐという接続詞に似た性質を持ちながらも、文法上は副詞に分類されるものです。

　　接続詞ではないので、基本的には**文章と文章をつなぎ合わせて 1 つの文章にすることができません。**

✕ Exercise is good for health, <u>however</u> elderly people should avoid excessive exercise.

✕ Manners are important in every culture, <u>therefore</u> they should be taught at school.

　このような文章は、厳密に言うと文法的には「誤り」とされています。接続詞の but や so と意味は近くても、用法が異なるので混同しないように注意しましょう。

🏯 valuable information

ニュース英語が正しいとは限らない

　「厳密に言うと」と言ったのは、実際の英語ではこのような使い方も容認されているからです。新聞やインターネットのニュースなどでも however や therefore を接続詞のように使っている文章を見かけます。
　しかし、エッセイを書く上ではなるべく正しい英語を使いたいものです。

　副詞は、文章と文章をつなぐ役割がないので、**文章を分けて書きましょう**。

〇 Exercise is good for health. However, elderly people should avoid excessive exercise.

（運動は健康によいものです。しかしながら、高齢者は過剰な運動を避けるべきです。）

〇 Manners are important in every culture. Therefore, they should be taught at school.

（礼儀はすべての文化において重要です。それゆえに、学校で教えられるべきです。）

　このように2つの文章に分けて書けば、文法的に正しい文章となります。

　howeverを文中で使いたければ、「セミコロン（;）」を使うという解決策があります。セミコロンを使うと、文法的には区切りながら意味としてはつなげることができます。

> Exercise is good for health; however, elderly people should avoid excessive exercise.

however は強い意味を持つ副詞

　接続詞の but や although と同じような意味を持つhoweverですが、実は**however は非常に強い逆接**を表します。

　一般的には、それまでに述べていた議論の方向性を反転させるような場合によく使います。単純な逆接であれば although や but などで表現するほうがよい場合もありますので、**however を多用しない**ように注意しましょう。

> Although exercise is good for health, elderly people should avoid excessive exercise.
> （運動は健康によいものですが、高齢者は過剰な運動を避けるべきです。）

　また、 Must 71でもお話ししたように、**therefore** という副詞も、「論理的に導き出された結論として」という**やや仰々しい表現**ですので、**多用しない**ように注意したいところです。

　単純に因果関係や理由を表すだけであれば、because やそれに代わる as、since なども検討するとよいでしょう。

> As manners are important in every culture, they should be taught at school.
> （礼儀はすべての文化において重要なので、学校で教えられるべきです。）

厳密には however に接続詞の用法もある

　冒頭で however は接続詞ではないとお話ししたのですが、厳密には接続詞としての用法もあります。

　ただし接続詞として使う場合には、「しかしながら」という意味ではなく、「どのような方法で〜しても（in whatever way）」という譲歩の意味になります。

The employees are allowed to arrange their daily working hours however they like.
　（従業員は、自分の好きなように１日の労働時間を調整することが許されています。）

接続詞に間違えがちな副詞

however と同じように接続詞に間違えがちな副詞をいくつか紹介します。

接続詞に間違えがちな副詞	
nevertheless	〜にもかかわらず
additionally	その上、〜
moreover	その上、〜
furthermore	その上、〜
otherwise	さもなくば、〜
consequently	その結果、〜
accordingly	それに従って、〜

　これらはいずれも文法上は副詞で、文章と文章をつなぐ役割はありませんので注意しましょう。

「〜しないで」は instead of ？ without ？

▶「二者択一の状態か？」で判断する

> 使い捨てのカップを使わないで、自分自身のマグカップを持参することが推奨されています。

このような文章を英語で表現することを考えてみましょう。

「〜しないで」という部分をどのような英語で表現するかがポイントです。

「〜する代わりに」

基本ストラクチャー（84）

instead of 〜ing
〜する代わりに

今回の例文における「〜しないで」は、「〜する代わりに」と置き換えることができます。

> 使い捨てのカップを使う代わりに、自分自身のマグカップを持参することが推奨されています。

「〜する代わりに」は、英語では instead of を使います。前置詞 of の後には名詞が続きますので、今回の場合は「使い捨てのカップを使うこと」というように名詞の形（動名詞）にしておく必要があります。

instead of 〜ing

Customers are encouraged to bring their own mugs instead of using disposable cups.

「(本来するはずだが) ～せずに」

よくある間違いとして、「～しないで」の部分を「without」を使って表現してしまうことがあります。

✕ Customers are encouraged to bring their own mugs <u>without</u> using disposable cups.

基本ストラクチャー (85)

without ～ing
(本来するはずだが)～しないで、～ぜずに

without には、**「(本来するはずだが) ～せずに」**
というニュアンスが含まれています。この例文だ
と「本来は使い捨てのカップを使うはずなのだが、
そうしないで、自分自身のマグカップを持参す
る」という意味になってしまいます。

She went shopping...
買い物に行った
without taking
her wallet
財布を持たずに

> instead of：**～する代わりに**
> without：**(本来するはずだが) ～せずに**

instead of は、「こちらをする代わりに」というように「代替」の意味を表
します。言ってみれば、**「二者択一」の状態**です。
　一方、without は「本来するはず、あるいはするべきだが、それをせずに」
というような意味を持っています。「二者択一」ではなく、**両方とも行うこ
とができる場合**に使います。

では、次のような例文であれば、どちらのストラクチャーを使うのが適切でしょうか？

> 上司に確認をしないで、そのメールに返事をしてはいけません。

上司に確認をする「代わりに」、そのメールに返事をしてはいけないのでしょうか？

あるいは、（本来はするはずだが）上司に確認を「せずに」、そのメールに返事をしてはいけないのでしょうか？

もちろん、後者のほうが正しいニュアンスを伝えていますね。

また、上司に確認をするか、そのメールに返事をするかの「二者択一」でもありませんね。

したがって、instead of ではなく without を使います。

> You should not reply to the email without consulting your supervisor.

「～するよりもむしろ」

基本ストラクチャー（86）

rather than …
～するよりもむしろ

instead of と似たような表現の **rather than** は、「～するよりもむしろ」という意味で、比較を表します。

上司に確認をするか、そのメールに返事をするかは「比較」ではありませんよね？　ですから rather than を使って表現することはできません。

✕ You should not reply to the email rather than consulting your supervisor.

rather than が使えるのは、比較をする場合です。

> 使い捨てのカップを使うよりも、自分自身のマグカップを持参するようにしています。

このような内容であれば、「比較」を表していますので、rather than を使うことができます。

○ I am trying to bring my own mug rather than use disposable cups.

valuable information

rather than に続くのは、-ing形？ to不定詞？ 原形？

rather than に続くものは動名詞（ing 形）であることが一般的ですが、主節に to 不定詞が含まれている場合には to 不定詞をとることもできます。

① I prefer to buy new books rather than borrowing them from a library.
② I prefer to buy new books rather than to borrow them from a library.

ただし、②の場合には、to 不定詞の to が省略されて動詞の原形が続く場合もあります。

○ ③ I prefer to buy new books rather than borrow them from a library.

すなわち、主節に to 不定詞が含まれている場合には、動名詞、to 不定詞、原形のいずれも可能ということになります。

> 主節に to 不定詞が含まれている→動名詞、to 不定詞、原形のいずれも OK
> 主節に to 不定詞が含まれていない→動名詞のみ OK

「〜するようになる」を表す 5つの方法

▶ すべて come to や learn to で表せるわけではない

「〜になる」という表現には、becomeという動詞をよく使います。

例文 Nobody wants to become lonely.

（誰も孤独になりたくはありません。）

このように、become は「**〜（の状態）になる**」という意味で使われます。

基本ストラクチャー（87）

become **C**

（Cの状態）になる

C の部分は「補語（complement）」と呼ばれ、名詞や形容詞、あるいは形容詞と同じ働きをする動詞の過去分詞などが入ります。

「〜するようになる」は become to ではない

例文 1：日本では、より多くの子どもたちが英語を勉強するようになるでしょう。
例文 2：多くの人が野菜料理を食べるようになりました。

「〜（の状態）になる」が become でしたので、「〜するようになる」は become to … と表現したくなります。

しかし、become to … という表現はありません。

✕ In Japan, more children will <u>become to</u> study English.

✕ Many people have <u>become to</u> eat vegetable dishes.

　このように表現をすることができないので、内容に応じて表現を変える必要があります。

　これから紹介する5つの方法は、「〜するようになる」を表現したい場合に便利なものばかりです。

●──未来形を使う

「〜<u>するようになるだろう</u>」というような<u>未来の予測</u>であれば、単純に<u>未来形</u>で表す方法があります。

今　　　　未来

　例えば例文1の「英語を勉強するようになるでしょう」というのは、「英語を勉強するでしょう」と言ってもほぼ同じ意味です。

◯ In Japan, more children will <u>study</u> English.
　（日本では、より多くの子どもたちが英語を勉強するでしょう。）

◯ In Japan, more children will <u>be studying</u> English in the future.
　（日本では、将来、より多くの子どもたちが英語を勉強しているでしょう。）

●──「〜し始める」と言い換える

> 基本ストラクチャー（88）
>
> start to 〜
> **〜し始める**

「〜するようになった」という代わりに、「〜し始めた」と表現する方法があります。

「食べるようになった」ということは「食べ始めた」と解釈できます。

「〜し始める」は、start to … と表現できますので、次のように英語で表すことができます。

◯ Many people have started to <u>eat</u> vegetable dishes.

（多くの人が野菜料理を食べ始めました。）

start

start

start

● ── come to は「（経験から）〜するようになる」

基本ストラクチャー（89）

come to 〜

（一定期間の経験を経て）〜するようになる

become to という表現の代わりに come to を使うように覚えておられる方も多いでしょう。

確かに come to には「〜するようになる」という意味があります。

しかし、come to には「**（一定期間の経験を経て）〜するようになる**」というニュアンスが含まれているので注意が必要です。

come to は多くの場合、「**状態動詞**」と呼ばれる動詞とともに用いられます。状態動詞とは、「know（知っている）」「like（好きである）」のような継続的な状態を表す動詞のことで、アクションを表す動作動詞と対をなすものです。

例文 We have attended the same school for a long time and have come to know a lot about each other.

（私たちは長い間、同じ学校に通っており、お互いをよく知るようになりました。）

● ── learn to は「（学習・努力をして）〜するようになる」

基本ストラクチャー（90）

learn to 〜

（学習を経て）〜するようになる

come to と合わせて、learn to という表現も「〜するようになる」を表しま

す。ただし learn to にはまた別のニュアンスが含まれています。

⚠ Many people have <u>learned to</u> <u>eat</u> vegetable dishes.

　文法的には間違いではありませんが、「（これまで学習や努力をして、ようやく）野菜料理を食べるようになった」というようなニュアンスに聞こえてしまいます。

◯ I have learned to <u>speak</u> confidently.
　　（私は、堂々と話せるようになりました。）

　この例文のように、「**（学習・努力をして）、ようやく～できるようになった**」という場合に使うとよいでしょう。

● ──「～するのが習慣になる」

> 基本ストラクチャー（91）
>
> take to A
> **～するのが習慣になる**

　最後に、上級者向けの表現を1つ紹介します。
「take to A（A が習慣になる）」という表現です。
　A の部分には名詞が入りますので、<u>動詞を使う場合には動名詞にする必要があります</u>。

◯ Many people have taken to <u>eating</u> vegetable dishes.
　　（多くの人が野菜料理を食べることを習慣にするようになりました。）

　このように、状況によっては take to A という表現も使えます。

　いずれにしても、「～するようになる」という日本語を英語で表現する際には、状況を考えながら表現を工夫する必要がありますね。

concern は
「心配する」ではない

▶ 自動詞・他動詞の違いを理解して正しく使う

　日本人が間違えやすい表現の1つとして、能動態と受動態の間違いがあります。

　例えば、concern という動詞はエッセイでもよく使われますが、ときどき間違えた使い方をしている人を見かけます。

concern は 「～を心配させる」 という他動詞

> 専門家たちは、次に起こりうるパンデミック（感染爆発）について心配しています。

　「心配する」という意味の動詞として concern という動詞を思いつくかもしれません。

✕ Experts concern about the next possible pandemic.

　このように表現しがちですが、concern は「～を心配させる」という意味の他動詞です。「何が」「誰を」心配させるのかというと、「次に起こりうるパンデミックが」「専門家たちを」心配させていることになります。

　したがって、能動態で書くと以下のようになります。

The next possible pandemic concerns experts.

　experts を主語にするのであれば、「専門家たちは、次に起こりうるパンデミックについて心配させられています。」というような受動態で表現をする

必要があるのです。

⃝ Experts are concerned about the next possible pandemic.

　もちろん「worry」という動詞を使うこともできます。worry には自動詞（心配する）も他動詞（〜を心配させる）もありますので、以下のように能動態でも受動態でも表現できます。

⃝ Experts worry about the next possible pandemic.
⃝ Experts are worried about the next possible pandemic.

　厳密には、worry は「心配する」というアクションを、be worried は「心配した状態である」という状態を表しますが、両者の意味の違いはほとんどありません。

suffer は「苦しむ」という自動詞

> 都会に住む多くの人たちが、空気汚染に苦しめられています。

「苦しめられている」という日本語に引きずられると、受動態で表現したくなってしまいます。

居住者
✕ Many city dwellers are suffered from air pollution.

　しかし、suffer は「苦しむ」という自動詞です。もし suffer という動詞を使うのであれば、能動態で使う必要があります。

> 都会に住む多くの人たちは、空気汚染に苦しんでいます。

このように理解し、suffer という動詞を使って表現してみましょう。

⃝ Many city dwellers suffer from air pollution.

●── 受動態で表現したいなら別の動詞を選ぼう！

　もし、「苦しめられている」という受動態のニュアンスを出したいのであれば、「affect（〜に影響を与える）」「afflict（〜を悩ませる）」のような動詞を選ぶ必要があります。

○ Many city dwellers are affected by air pollution.

（都会に住む多くの人たちが、空気汚染に（悪い）影響を受けています。）

○ Many city dwellers are afflicted by air pollution.

（都会に住む多くの人たちが、空気汚染に悩まされています。）

実は一緒？ face と be faced with

> 世界は多くの環境問題に直面しています。

　「直面する」の意味で、face という動詞を使うことにしましょう。face には「〜に向かう、〜に対峙する」という意味がありますので、以下のように表現することが可能です。

face

○ The world faces many environmental issues.

　一方、face を受動態として表現することもできます。

○ The world is faced with many environmental issues.

　どちらも正しい英文ですが、face は「〜に立ち向かう」という動詞ですので、能動的に何かに直面しようとしている様子を表します。

be faced with

　一方、be faced with ... はその受動態ですので、受動的に何かに対峙させられている様子を表します。

　このように使い分けるのが原則なのですが、実際には face を「否応なしに立ち向かう」というネガティブな意味で使うことも多く、能動態の face と受動態の be faced with ... をほぼ同じ意味で使うこともしばしばあります。

---

valuable information

confrontの使い方

「直面する」という意味でよく使う動詞でもう１つ、confront があります。

confront は、「～に立ちはだかる」という意味ですので、通常は「物や事象」を主語に、「人」を目的語にして使います。

○ Financial difficulties confront the family.
　（経済的困難がその家族に立ちはだかっています。）

　ただ、一般的には受動態で使うことが多いため、以下のように表現するほうが自然です。

◎ The family is confronted with financial difficulties.
　（その家族は経済的困難に立ちはだかられている＝直面しています。）

あるいは継続している様子を表すために次のように表現することもできます。

○ The family has been confronted with financial difficulties for many years.
　（その家族は長年の間、経済的困難に直面してきました。）

especially は
文全体を修飾しない！

▶ 4つの「特に」を使い分ける

「特に」という表現は、強調をしたい場合によく使います。

英語では、especially、particularly、specifically、in particular など「特に」を表す表現がいくつかあります。

この項では、使い方を間違えやすい especially を中心に、これらの違いを考えてみましょう。

対象を絞り込む especially

especially は対象を絞り込む役割を果たします。それまでに述べていた対象の中から、「とりわけこういう場合には」「とりわけこういう人たちには」のようにフォーカスします。

especially の位置は、強調するフレーズの直前につけるのが一般的ですが、主語を強調する場合に限り主語の後につけます。

●——強調するフレーズの直前に入れる especially

> ビデオゲームは、特に子どもたちにとっては有害です。

今回の場合、「特に子どもたちにとっては」と絞り込んでいます。もともとの日本語には書かれていませんが、一般論として「すべての人に有害である」というニュアンスを示した上で、「特に子どもたちにとっては有害である」と対象を絞り込んでいるのです。

> Video games are harmful (for people), especially <u>for children</u>.

このように、<u>絞り込みたい部分である</u> for children の直前に especially を
<u>つけて表現します</u>。また、especially の前にカンマをつけて区切るのが一般
的です。

●──主語を強調する especially

especially は主語を強調する場合にも使えます。

ただし、その場合は especially をつける場所に注意が必要です。

○ Young people especially tend to feel stress when they have to repeat the same tasks.

（若い人たちは特に、同じタスクを繰り返すことを苦痛に感じる傾向があります。）

このように主語の直後に especially をつけると、「（すべての人の中で）特
に若い人は」という意味で使うことができます。

一方、especially を young people の前につけて表現することも可能です
が、その場合は少し意味が変わります。

○ Especially young people tend to feel stress when they have to repeat the same tasks.

（特に若い人たちは、同じタスクを繰り返すことを苦痛に感じる傾向があります。）

このように表現すると、「（若い人の中でも）特別に若い人は」という意味
になります。

●──especially は文章全体を修飾できない

especially を使う上で注意したいことがもう1つあります。

それは、especially を文頭につけて、文章全体に対して修飾することはで
きないという点です。

✕ Especially, young people tend to feel stress when they have to repeat the same tasks.

日本語では「特に、……」を文頭につけて表現することがあるため、間違えやすいので注意しましょう。

文章全体に対して「特に」とつけたい場合には、後述のin particularを使うことができます。

程度の大きさを示す particularly

particularlyは程度の大きさを示します。特にそれまでに対象を示していなくても「とりわけ程度の大きい」「非常に」のように強調することができます。言わば、very (much)という意味で使われる「特に」がparticularlyです。

●──「これは特に重要です」

> これは特に重要です。

この「特に」を especially で表現するか particularly で表現するかは、どのようなニュアンスを伝えたいかによって変わってきます。

> This is especially important.

このように表現すると、これまでにいろいろと重要なものが示されていて「とりわけこれが重要である」という意味を示すことになります。

> This is particularly important.

このように表現すると、特に他には重要なものが示されていないけれども、「これが非常に重要である」という意味を示すことになります。

特別な目的を示す specifically

specifically も「特別に」と訳しますが、「(他の目的ではなく) その目的で」という意味でよく使われます。

> このモールでは、障害のある方を助けるために特別に訓練された介助動物を歓迎
> しています。

　今回の例文では、「介助」という特別な目的で訓練された動物のことを表そうとしていますので、specifically を使って次のように表現できます。

> Service animals specifically trained to help people with disabilities are welcome in this mall.

especially と同じ役割を果たす in particular

　in particular は、especially 同様、対象を絞り込む役割を果たします。また、especially とは異なり、文頭につけて文章全体を修飾することもできます。

○ People get stressed when they are stuck in a traffic jam. In particular, they tend to feel extreme stress when they are running late for an appointment.
（人びとは交通渋滞につかまるとストレスを感じます。特に、約束に遅れているときには大きなストレスを感じる傾向にあります。）

　especially を使う場合には、2つの文章をつなげて when ... の前につけることになります。

✕ People get stressed when they are stuck in a traffic jam. Especially, they tend to feel extreme stress when they are running late for an appointment.

○ People get stressed when they are stuck in a traffic jam, especially when they are running late for an appointment.

　in particular は文章全体ではなくフレーズ単位で強調することも可能です。

例文 Children, in particular, are likely to become addicted to social media.
（子どもたちは特にソーシャルメディア依存症になりがちです。）

例文 Video games are harmful for people, in particular for children.
（ビデオゲームは人びとにとって、特に子どもたちにとって有害です。）

その受動態、何か余ってない？

▶ どの文型をとる動詞かを意識する

　Must 35 でお話ししたように、できるだけ受動態を避けて能動態で書くのが原則ですが、複数の文を連続して書くエッセイでは、前の文で話した内容（既出の情報）を引き継いで新しい情報（未知の情報）に展開をするほうが読み手が理解しやすいため、「話の流れを乱さないための受動態（ Must 36 参照）」を使うことがあります。

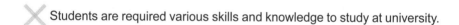 Students are required various skills and knowledge to study at university.

　ライティング初級者の英語ではこのような英文をよく見かけますが、この英語は文法的に正しくありません。あなたは間違いに気づきましたか？

> 生徒たちは大学で勉強するためには、さまざまなスキルと知識が求められます。

　このような日本語を英語に直訳してしまった場合に起こり得る文法ミスですが、受動態を考える際に主語と文型をしっかり意識していないと、このような間違いをしてしまいがちです。

require されているものは何か？

今回のような例文を受動態で表現する際、まずは動詞に対する主語をしっかり考える必要があります。

require されているものは何でしょうか？

そう考えると、「生徒」が求められているのではなく、「さまざまなスキルと知識」が求められているということに気づけるでしょう。

求む！スキル！

ボクじゃなくて？

○ Various skills and knowledge are required (for students) to study at university.

for students の部分は、文脈上明らかであれば省略してもよいでしょう。

●──require は第何文型？

それぞれの動詞はどのような「文型」をとることができるかが決まっています。

例えばgiveという動詞は、第3文型（SVO）も第4文型（SVOO）もとることができるので、第4文型の受動態の場合には目的語がもう1つ残っている状態になります。

The boss gave him a second chance. 　第4文型　能動態

目的語の1つが残っている状態

He was given a second chance. 　受動態

しかし、require は第4文型（SVOO）をとることができません。

つまり、能動態を使って以下のように目的語を2つ並べることができないのです。

✕ Universities require students various skills and knowledge.

requireを使って同じ意味を表すためには、以下のようなストラクチャーを使って第3文型で表現をする必要があります。

require 人 to 〜

（人）が〜することを求める

　このストラクチャーにあてはめて考えてみましょう。

「誰・何が」「誰に」「何することを」要求しているのかを考えます。「生徒に」「さまざまなスキルと知識を持つこと」を要求しているのは、「誰・何」でしょうか？

「大学が」あるいは「大学で勉強することが」というように捉えることができそうですね。

Universities require students to have various skills and knowledge.

Studying at university requires students to have various skills and knowledge.

　能動態でこのように表すことができれば、後は目的語であるstudentsを受動態の主語にして、以下のように受動態で表現できます。

Students are required (by universities) to have various skills and knowledge.

　もちろん、by universities は省略することができます。また、代わりにto study at universityのような目的を補うこともできます。そちらのほうが自然な英語になります。

Students are required to have various skills and knowledge to study at university.

受動態で目的語が余るのは第4文型のみ！

✕ Students are required various skills and knowledge to study at university.

　最初に示したこの英文、なぜこのような間違いが起こってしまったか、もうお気づきですね。

　第4文型（**S V O O**）をとることができない動詞であるにもかかわらず、あたかも第4文型（**S V O O**）の受動態のように書いてしまったことが問題だったのです。

　受動態は、能動態で書いた場合の目的語を主語にしますので、第4文型の場合を除いて、その後にもう1つ目的語が残ることはありません。

　逆に言うと、受動態で目的語が余ってよいのは第4文型をとることができる動詞のみということになります。

◯ He was given a second chance.
　（彼はもう一度チャンスを与えられました。）

　↓ 能動態に戻してみる　　　┌ 直接目的語

◯ Someone gave him a second chance.
　　　　　　　　└ 間接目的語
　（彼にもう一度チャンスを与えました。）
　　　第4文型（**S V O O**）をとることができる動詞なのでOK！

✕ Students are required various skills and knowledge to study at university.
　（生徒たちは大学で勉強するためには、さまざまなスキルと知識が求められます。）
　↓ 能動態に戻してみる

✕ Universities require students various skills and knowledge to study at university.
　（大学は生徒たちに、さまざまなスキルと知識を求めています。）
　　　第4文型（**S V O O**）をとることができない動詞なのでNG！

to に続くのは動詞？名詞？

▶to 不定詞か、前置詞の to かに注意する

> I used to drive.
> （私はかつて運転をしたものです。）
> I am used to driving.
> （私は運転に慣れています。）

よく似た英文ですが、to に続くものが動詞なのか名詞（または動名詞）なのか迷うことがありますよね。

基本ストラクチャー（93）

used to ～
かつて、～したものだ

used to ～は過去の習慣を表します。助動詞と同じように扱うことができるので、to の後には動詞が続きます。

基本ストラクチャー（94）

be used to A
～（すること）に慣れている

一方、be used to Aは、「Aに慣れている」という意味です。used には「慣れている」という意味があり、何に慣れているのかと言うと「to 以降のもの（名詞）に慣れている」のです。

このように、to には「前置詞の to」と「to 不定詞」があるため、to に続く

ものが名詞なのか動詞なのかを注意する必要があります。

この項では、ライティングでよく使う「to に続くものが名詞である表現」をいくつか紹介します。

A leads to B、A contributes to B

ライティングの中でも非常に多い間違いが、 Must 51 でもお話しした A leads to B や A contributes to B です。

✕ This will lead to read more books.
（このことは、もっと本を読むことにつながります。）

lead to は「～（の方向）に導く」というのがもとの意味で、to は前置詞です。to に続くのは名詞の役割をするもの（動名詞など）である必要があります。

〇 This will lead to reading more books.
（このことは、もっと本を読むことにつながります。）

なお、実際には「誰が」の部分を補って次のように表現することが一般的です。

This will lead to people reading more books.

同様に、contribute to も名詞または動名詞が続きます。

The new railway will contribute to boosting tourism industries.
（その新しい鉄道は、観光産業の発展に貢献するでしょう。）

もちろん、必ず動名詞を使わなければいけないわけではないので、より簡潔に以下のように表現することも可能です。

The new railway will contribute to tourism industries.
（その新しい鉄道は、観光産業に貢献するでしょう。）

●──lead 人 ～ ing /lead 人 to ～

A leads to B というストラクチャーでは、そのままだと B に「誰が」の要素を含めることができません。「動名詞の意味上の主語」をつけることで次のように表現します。

> This will lead to people reading more books.
> （このことは、人びとがもっと本を読むことにつながります。）

意味上の主語である people の部分を代名詞にしたい場合には、目的格（them）または所有格（their）のどちらかが使われます。

> This will lead to them reading more books.
> This will lead to their reading more books.

また、「誰が」の部分を目的語にして、lead 人 to ～という形でも表現できます。

> This will lead them to read more books.

この場合の to は「to不定詞」ですので、read という動詞の原形が続きます。

ただし、lead 人 to ～という形は、「（人を）（～するように）追い込む」あるいは「（人を）～する気にさせる」というニュアンスも含まれますので注意して使うようにしましょう。

be committed to A

be committed to A
～（すること）に専念する

日本語でも「コミットする」という表現が使われるようになってきていますが、「～（することに）専念する」という意味で使われる表現です。

The government promised that they would be committed to increasing employment.

（政府は雇用を増やすことに真剣に取り組むと約束しました。）

同じような意味の、「be dedicated to A (Aに打ち込んでいる)」や「be devoted to A (Aに献身している)」も、to に続くものは名詞または動名詞です。

a / the key to A

基本ストラクチャー（96）

a / the key to A
〜への鍵である

エッセイでは、「〜（すること）が、成功への鍵である」というような表現を使うことがあります。

Patience is the key to success.　（忍耐が、成功への鍵です。）

the key to success のように the を使った場合には「それが唯一の鍵である」というニュアンスとなります。一方、a key to success とした場合には「（他にもあるが）１つの鍵である」というニュアンスとなります。

be accustomed to A

基本ストラクチャー（97）

be accustomed to A
〜（すること）に慣れている

冒頭の「be used to A (Aに慣れている)」と同じ意味の表現で、to の後には名詞または動名詞が続きます。

Doctors are accustomed to wearing masks.
（医師はマスクを着用することに慣れています。）

such asは直前の名詞の具体例

▶ such as の前後にカンマはいる？いらない？

エッセイで具体例をあげるときの表現と注意点を確認しておきましょう。

基本ストラクチャー（98）

A such as X and/or Y

例えばXやYのようなA

「みかんやりんごのような果物」というように例示をする表現として such as があります。such as は、直前に紹介したカテゴリーに属するものを例示する場合に使います。

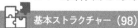

fruits such as apples and oranges
　　りんご（X）や　みかん（Y）のような果物（A）

sports such as baseball or soccer
　　野球（X）　や　サッカー（Y）のようなスポーツ（A）

このように X や Y には A というカテゴリーに属するものの例を入れます。

●── such as A and B か such as A or B か？

厳密に考えるなら「例示したどちらか一方」について言いたいならorを、「例示した両方」について言いたいならandですが、意味の違いはほとんどなく and も or も同じように使うことができます。

or でも OK
I like fruits such as apples and oranges.
　私はりんごやみかんのような果物が好きです。　　**りんごもみかんも好き**

and でも OK
Many children want to play sports such as baseball or soccer.
　多くの子どもたちは、野球やサッカーのようなスポーツをしたいと思っています。
　　　　　　　　　　　　両方したいというわけではない

> トヨタや日産などの自動車メーカーは電気自動車の開発に多額のお金を投資しています。

これを英語にしてみましょう。

例示されているもの（[X] と [Y]）は「トヨタや日産」です。そして、それらが属するカテゴリー（[A]）は「自動車メーカー」ですから、以下のような組み立て方をします。

> Car manufacturers such as Toyota and Nissan are investing a large amount of money in electric cars.

●── such as の前後はカンマが必要？

such as の前後にカンマを挿入する場合としない場合があります。
カンマを挿入すると、あくまで「補足の情報」として認識されます。

> Car manufacturers, such as Toyota and Nissan, are investing a large amount of money in electric cars.

このように書くと、「トヨタや日産」というのは補足の情報（例示）であって、「すべての自動車メーカーは電気自動車の開発に多額のお金を投資している」という前提で話をしていることになります。その一例としてトヨタや日産をあげているイメージですね。

car manufacturers,
such as Toyota and Nissan,
自動車メーカー
トヨタ　ベンツ　ジャガー　GM　現代　日産
トヨタや日産など（すべての）自動車メーカー

> Car manufacturers such as Toyota and Nissan are investing a large amount of money in electric cars.

一方、このように書くと、「トヨタや日産」という部分が「自動車メーカー」を限定しています。すなわち「すべての自動車メーカーではないが、例えばトヨタや日産のような自動車メーカーは電気自動車の開発に多額のお金を投資している」というニュアンスになります。

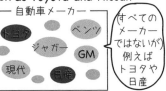

car manufacturers
such as Toyota and Nissan
自動車メーカー
トヨタ　ベンツ　ジャガー　GM　現代　日産
（すべてのメーカーではないが）例えばトヨタや日産

such as はなるべくカテゴリーを合わせよう

> 生徒は、数学や科学など、一生懸命勉強することが求められています。

この日本語のまま英語で表現しようとすると、下のような文章を書いてしまいがちです。

✕ Students are required to study diligently, such as mathematics and science.

しかし、先ほどの原則に戻って考えると、「数学（X）」や「科学（Y）」はありますが、Aというカテゴリーに相当するものがありません。

日本語にはなかったAというカテゴリーを補って考える必要があるのです。

> 生徒は、数学や科学など、一生懸命勉強することが求められています。
> ↓
> 生徒は、数学や科学などの科目を一生懸命勉強することが求められています。

このように理解しておくと、英語でも正しく表現ができます。つまり、subjects such as mathematics and science のように、A such as X and/or Y の形を作るのです。

> Students are required to study subjects such as mathematics and science diligently.

さて、ここでちょっとした問題が生じます。すでにお気づきと思いますが、study と diligently がかなり離れてしまってやや不自然になっています。

英語では、このようにぱっと読んで理解しにくいストラクチャーを嫌う傾向にありますので、study と diligently はなるべく近い場所においておきたいのです。

そのような場合には、以下のように副詞の位置を変更するとわかりやすくなります。

Students are required to diligently study subjects such as mathematics and science.

（生徒は、数学や科学などの科目を一生懸命勉強することが求められています。）

　ここで副詞を動詞の前に移動させていることに注目してください。これは、study が他動詞として使われており、動詞と目的語を離さないほうがより自然に聞こえるからです。

動詞と目的語が遠い

△ Students are required to study diligently subjects such as mathematics and science.

◯ Students are required to diligently study subjects such as mathematics and science.

動詞と目的語が近い

　もし study を自動詞として使っていて目的語がなければ、副詞を動詞の後につけるほうが自然に聞こえます。

◯ Students are required to study diligently.
△ Students are required to diligently study.

▥ valuable information

such as に文章が続くこともある？

such as の後には名詞を続けることがほとんどですが、文章（節）を続ける場合もあります。

　以下の例文では、such as の後に文章（節）が続いています。

◉ There have been many important moments in my life, such as when I was accepted into a famous university.

（私の人生には重要な瞬間がたくさんありました。例えば、有名な大学への入学が決まったときです。）

most ...か？ most of ...か？

▶対象が限定されているかどうかに注目する

　エッセイでは、読み手に反論の隙を与えないように断定を避ける表現を多く使いますが、その1つが「ほとんどの」のような表現です。

> 学生は、銀行の口座に1万ドル未満しか持っていません。
>
> ↓
>
> ほとんどの学生は、銀行の口座に1万ドル未満しか持っていません。

most… は対象が限定されていない場合

> ほとんどの学生は、銀行の口座に1万ドル未満しか持っていません。

「ほとんどの」は most を思い浮かべる方が多いでしょう。

　ここでよくある間違いが、次のような英文を書いてしまうことです。

most students

students

✗ <u>Most of</u> students have less than $10,000 in their bank accounts.

　これは、日本語の「ほとんどの」の「の」に影響をされているためと思われますが、most 自体に「ほとんどの」という意味があるため、「of」は必要ありません。

◯ Most <u>students</u> have less than $10,000 in their bank accounts.

（ほとんどの学生は、銀行の口座に１万ドル未満しか持っていません。）

most of… は対象が限定されている場合

　一方で、most of …という形も存在します。most of …を使うのは、それに続く部分が「限定された対象」である場合です。

　例えば、「〇×大学の学生」など、すでにある学生グループについて話をしていて「その学生の大部分」というときは、most of …を使います。

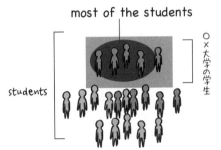

most of the students

〇×大学の学生

students

Most of <u>the students</u> have less than $10,000 in their bank accounts.

（その学生の大多数は、銀行の口座に１万ドル未満しか持っていません。）

● ──most of … に続くのは４パターン

　most of …に続く部分は、「限定された対象」です。限定された対象とは、以下のようなものです。

the＋名詞	（例 most of the students）
所有格＋名詞	（例 most of my classmates）
固有名詞	（例 most of Europe）
代名詞	（例 most of them）

「〜の」という意味の**所有格**を使っても、対象を限定することができます。もちろん、固有名詞の所有格（例 Japan's）でも問題ありません。

例文 Most of <u>my</u> friends live in Tokyo.
（私の友人のほとんどが東京に住んでいます。）

例文 Most of <u>Japan's</u> mountains are of volcanic origin.
（日本の山のほとんどは火山です。）

代名詞もすでに対象が特定されているため、most of …の形を使います。

例文 Most of <u>them</u> are working full-time.
（彼らのほとんどがフルタイムで働いています。）

almost の使い方に注意

most とよく似た単語に、almost があります。

almost も「ほとんど」と訳すことが多いものですが、「ほとんど」という意味では**副詞**として使うので、名詞を修飾することができません。また、「almost of …」のように名詞のように使うこともできません。

✕ Almost students have less than $10,000 in their bank accounts.
✕ Almost of the students have less than $10,000 in their bank accounts.

almost は、all や every など「すべて・いつも」などを表す単語の前でよく使います。almost all で「ほとんどすべて」という意味なので、「almost all ＝ most」と考えてもよいでしょう。

Almost all <u>students</u> have less than $10,000 in their bank accounts.
＝ Most <u>students</u> have less than $10,000 in their bank accounts.
（ほとんどの学生は、銀行の口座に1万ドル未満しか持っていません。）

なお、対象が限定されている場合には、most of …の形を応用して、almost all of …というストラクチャーを使うことができます。

┌ Almost all of <u>the students</u> have less than \$10,000 in their bank accounts.
└ = Most of <u>the students</u> have less than \$10,000 in their bank accounts.

（その学生の大多数は、銀行の口座に1万ドル未満しか持っていません。）

some / some of も同じ

most と most of の違いは、some と some of にも適用することができます。

> そのメンバーのうちの数名はその考えに反対しています。

このような内容であれば、対象が特定されているため some of … を使います。

> Some of <u>the members</u> are opposed to the idea.

be opposed to … は「〜に反対している」という意味の熟語です。

一方、対象が特定されておらず、一般論として述べる場合には、some…を使います。

> Some <u>people</u> are opposed to the idea.
> （中には、その考えに反対の人もいます。）

some people は直訳をすれば「数名の人」という意味ですが、転じて「〜（という意見）の人もいる」という意味になります（ Must 56【Valuable information】を参照）。

not only A but also B は
形を揃える

▶A と B には文法的に同じ種類のものを並べる

「～だけではなく、～もまた」と2つのことを同時
に説明したい場合には、not only A but also B という
ストラクチャーをよく使います。

便利な表現ですが、いくつか注意点があります の
で、この項で確認しておきましょう。

A と B には文法的に同じものを！

基本ストラクチャー (99)

not only A but also B
AだけではなくBもまた

このストラクチャーを使って、例えば次のような内容を英語で表してみま
しょう。

> プラスチックの使用は、自然環境に悪影響を及ぼすだけでなく、人類の健康にも
> 悪影響を及ぼします。

では、必要なパーツを用意して、基本ストラクチャーにあてはめてみまし ょ
う。

基本スト
ラクチャー　　　not only A but also B

パーツ
プラスチックの使用 → the use of plastics
悪影響を及ぼす → have a negative impact on …
自然環境 → the natural environment
人類の健康 → human well-being

文
The use of plastics has a negative impact not only **on the natural environment** but also **on human well-being.**

ここで注意しておきたいことがいくつかあります。

まず，not only A but also B というストラクチャーでは、**A** と **B** には**文法的に同じものを入れる**という点です。 **A** が名詞であれば、**B** も名詞にします。 **A** が副詞句であれば、**B** も副詞句にするのです。

今回の例文の「自然環境に悪影響を及ぼすだけでなく、人類の健康にも悪影響を及ぼす」では、何が **A** で何が **B** にあたるかを考えてみましょう。

そのまま考えれば、**A** に相当するものは「自然環境に悪影響を及ぼす」、**B** に相当するものは「人類の健康に悪影響を及ぼす」ですが、これをそのまま英語で表現すると同じ表現を繰り返してしまいます。

⚠ The use of plastics not only has a negative impact on the natural environment but also has a negative impact on human well-being.

has a negative impact の部分が繰り返されていて、ややくどいですね。英語で表現するときはこのような繰り返しの表現を避けたほうがよいので、共通する部分は not only A but also B のストラクチャーの前にまとめてしまうと、スッキリします。

◯ The use of plastics has a negative impact not only on the natural environment but also on human well-being.

　勘の鋭い方は、「on」も共通するからまとめてしまったほうがよいのではないかと思われたかもしれません。

❓ The use of plastic has a negative impact <u>on</u> not only the natural environment but also human well-being.

　しかし、このように前置詞の on だけをフレーズから切り離してしまうと、むしろ不自然な英語になります。

　日本語では「自然環境だけではなく、人類の健康にも悪影響を及ぼす」と表現したくなりますが、「自然環境にだけではなく、人類の健康にも悪影響を及ぼす」のように、前置詞を切り離さないようにしましょう。

Not only から始めるときの倒置

　強調のために not only Ⓐ but also Ⓑ のストラクチャーを文頭に使うこともできますが、その場合は倒置が起こります。

> Not only <u>did</u> I forget to pay, but I also lost the wallet.
> （私は、払い忘れただけではなく、財布もなくしました。）

　どのようにしてこの文章ができたかを確認しておきましょう。

　not only Ⓐ but also Ⓑ のストラクチャーは2つの文章を組み合わせて作ります。1つ目の情報に not only を、2つ目の情報に but also をつけます。

　さらに not only を文頭に持ってきて強調する場合には倒置が起こります。1つ目の文章の助動詞を主語の前に移動させます。

　　I forgot to pay.　　　I lost the wallet.

　　　⊕　not only　↓　　⊕　but also

I not only <u>forgot</u> to pay, but (I) also lost the wallet.

　　↓　　<u>did</u> + forget
　　　　↓ did の部分だけ前に出る

Not only <u>did</u> I <u>forget</u> to pay, but I also lost the wallet.

forgot（forgetの過去形）には助動詞がないように見えますが、「did + forget」と理解すると助動詞のdidが隠れていることがわかります。今回の場合はこのdidを主語の前に移動させることで倒置が完成します。

なお、倒置が起こった場合には、後半（but also）部分の主語は省略しないので注意しましょう。

🏯 valuable information

not only Ⓐ but also Ⓑ は冗長なので使わないほうがよい？

not only Ⓐ but also Ⓑ のストラクチャーは冗長だから避けたほうがよいと言う人がいます。単純に Ⓐ and Ⓑ と表現するほうがスッキリするからです。また、書き手が伝えたいものが Ⓐ なのか Ⓑ なのかがはっきりしない、という理由で避ける人もいます。

しかし、今なお書き言葉としては使われている表現ですので、Ⓐ and Ⓑ の言い換えとして、Ⓐ as well as Ⓑ と並んで覚えておくと便利です。

not only Ⓐ but also Ⓑ にはさまざまなバリエーションがあります。only の代わりに merely（単に）や simply（単に）を用いることもありますし、also の代わりに as well（〜もまた）を用いることもあります。

> The use of plastics has a negative impact not merely on the natural environment but on human well-being as well.

また、but also Ⓑ の also は省略されることもあります。

> Not only did I forget to pay, but I lost the wallet.

「増えた」は be increased ではない

▶ 伝えたい意味を確認して能動態・受動態を使い分ける

ライティング上級者であっても見かける間違いの１つですが、increase や decrease などの動詞を受動態で使ってしまうことがあります。

> もし政府が法人税を減税すれば、必然的に雇用は増えるだろう。

このような文を英語にする場合、「increase（増える）」という動詞を使うことを考えるでしょう。

しかし、日本語を母語とする人は次のような文章を書いてしまいがちです。

✕ If the government reduces corporate tax rates, employment will inevitably be increased.

実際、increase や decrease には他動詞の用法もあるため文法的には誤りではないのですが、「be increased（増やされる）」の部分は、あえて受動態にする必要があるかどうかを考えたいところです。

「増やされる」と聞くと、「誰によって？ 何によって？」と考えたくなってしまうからです。

増えるのか、増やされるのか？

日本語には無生物を主語にする習慣がないため、人以外のものが何らかの「アクションをする」ということを考えにくい傾向にあります。

「雇用というものが主体となって、それが増える」と考えるべきところなのですが、無意識のうちに「（誰か・何かが）（何らかのアクションをして）雇用を増やす」と考えてしまうのです。

その結果、「employment（雇用）を主語にするためには受動態を選択する必要がある」と考え、先ほどのような間違いに至るのです。

しかし、英語では無生物を主語にして表現をすることができます。「employment（雇用）」を主語にして、「increase（増える）」という自動詞を使って能動態で書くと自然な英語になります。

◯ If the government reduces corporate tax rates, employment will inevitably increase.

受動態を選択する場合には「本当に受動態で表現する必要がありそうかどうか？」を考えるようにしたいところです。

変わるのか、変えられるのか？

同様の混乱は、「change（変わる、変える）」などの動詞でも見られます。

もし会社が昇給を決定したら、彼の態度はよい方向に変わるでしょう。

このような内容を表す場合、changeという動詞を使うことが多いでしょう。changeには「〜を変える」という意味の他動詞としての用法もあるので、以下のようにしたくなります。

✕ If the company decides on a pay rise, his attitude will be changed for the better.

もちろん **Must** 36で紹介したオバマ元大統領の演説のように意図的に

change を受動態で使う場合もありますが、今回のような状況では「態度（自体）が変わる」というように、能動態で表すとスッキリします。

⭕ If the company decides on a pay rise, his attitude will change for the better.

被害の「〜される」に注意！

　日本語では、「財布をとられる」というような被害を表す場合に、人を主語にして表現することがあります。

> 私は昨日、財布を盗まれました。

　日本語の不思議なところですが、この日本語から考えると、主語は「私」、動詞は「盗まれた」と考えたくなります。

❌ I was stolen my wallet yesterday.

　しかし、よく考えてみてください。「盗まれた」のは「私」ではありませんね。盗まれたのは「財布」です。

I was stolen

⭕ My wallet was stolen yesterday.
　（私の財布は昨日、盗まれました。）

　このように表現をするか、人を主語にして以下のように表現をする必要があります。

my wallet
was stolen

⭕ I had my wallet stolen yesterday.
　（私は昨日、財布を盗まれました。）

基本ストラクチャー（100）

have ☐ +過去分詞
Oを～される、Oを～してもらう

このストラクチャーは、いわゆる第5文型（**SVOC**）の形をしています。「O（目的語）＝C（過去分詞）」の状態を持つ、と考えるとわかりやすくなります。

●──髪を切ったのは誰？

> 今日、髪を切りました。

ここまでのルールをしっかり理解できれば、この例文を正しく英語で表現できるはずです。

> I had my hair cut today.

できましたか？

I cut my hair today. だと、自分で髪を切ったことになってしまいますね。

our daily life?
our daily lives?

▶「配分単数」と「配分複数」という考え方

　　登場する人物が「複数」の場合、その文章に出てくる名詞を単数形にする
か複数形にするかで迷うことがあります。

? The development of artificial intelligence is gradually impacting <u>our daily lives.</u>
（人工知能の発展は、私たちの日々の生活に徐々に影響を与えつつあります。）

　　このような英文を書く際に、**our daily life** とするべきなのか、**our daily
lives** とするべきなのか困りますよね。
　　複数形のもの（今回の場合は「私たち」という複数形）に対して、それに
呼応する名詞（今回の場合は「生活（life）」）を単数形で表現するのか複数
形で表現するのかは、上級者であっても非常に難しいところです。
　　複数形のものに対して、単数形の名詞で呼応することを「**配分単数**
（distributive singular）」、複 数 形 の 名 詞 で 呼 応 す る こ と を「**配 分 複 数**
（distributive plural）」と 呼 ぶ こ と が あ り ま す (Quirk, Randolph, et al. A Comprehensive
Grammar of the English Language. Longman, 1985.)。
　　では、どのような場合に「配分単数」を用いて、どのような場合に「配分
複数」を用いるのでしょうか?

― 配分複数が原則

　　複数形のものには複数形の名詞で呼応するのが原則です。

●──それぞれが個々に何かを持っているような場合

それぞれが個々に何かを持っているような場合には複数形で表現するのが原則です。

> The development of artificial intelligence is gradually impacting our daily lives.

常識的に考えると、それぞれの人がそれぞれの生活を送っています（それぞれの人が個々の「生活」を持っている）。複数の人が1つの生活を共有しているとは考えにくいので、「配分複数」で表現します。

もし「配分単数」で表現をしてしまうと少し違う意味になります。

 The development of artificial intelligence is gradually impacting our daily life.

このように表現をすると、「個々に持っている生活」ではなく「共有している生活」のように聞こえます。「私たち＝家族」のようなイメージで、複数の人が1つの「生活」を共有していることを想像される可能性があります。

実際、家族という意味のfamilyという単語を補う場合には、「配分単数」で表現します。

○ The development of artificial intelligence is gradually impacting our daily family life.

（人工知能の発展は、私たち家族の日々の生活に徐々に影響を与えつつあります。）

配分単数が好まれる3つの例外

このように「配分複数」で表現するのが原則ですが、以下のような場合には「配分単数」で表現されます。

●──例外1：何かを共通で持っている場合

何かを共通で持っている場合には「配分単数」で表現します。先ほどの例文のように、「家族の生活」は家族で生活を共通で持っているので「配分単数」で表します。

The development of artificial intelligence is gradually impacting <u>our daily family life</u>.

（人工知能の発展は、私たち家族の日々の生活に徐々に影響を与えつつあります。）

●──例外 2：曖昧さを避けたい場合

「配分複数」で表現をすると誤解を招く可能性がある場合に「配分単数」で表現されることがあります。

⚠ More than three quarters of primary school students in Japan bring <u>their lunches</u> to school.

（日本の小学生の4分の3以上が学校に昼食を持ってきます。）

原則に従うと、このように「配分複数」で表現することになりますが、そうすると「何日分もの昼食を持ってくる」ようにも聞こえてしまいます。

曖昧さを避けるために、このような状況では「配分単数」で表現することがよくあります。

○ More than three quarters of primary school students in Japan bring <u>their lunch</u> to school.

●──例外 3：抽象的・比喩的な概念を表す場合

抽象的な概念や比喩的なアイデアを表す場合にも「配分単数」を選択します。

○ They are keeping <u>an eye</u> on the situation.

（彼らはその状況に注目しています。）

この場合のeyeは、それぞれの人の「実際の目」というよりも、抽象的な概念としてkeep an eye on ...（〜に注目する）というイディオムとして使われています。

このような場合には「配分複数」では表現しません。

✕ They are keeping <u>eyes</u> on the situation.

valuable information

話し言葉では配分単数で済ませてしまうことも……

　書き言葉では、一部の例外を除いて「配分複数」で表現するのが原則ですが、話し言葉では「配分単数」で代用されることもあります。特に配分単数で表現しても誤解がない場合にはその傾向が見られます。

| 書き言葉 | People should cover their mouths when they sneeze. |

（くしゃみをする際には口を覆うべきです。）

| 話し言葉 | People should cover their mouth when they sneeze. |

> 人間の口は1つしかなく複数の人間が1つの口を共有していることはありえない（誤解される可能性がない）

自分の本をカフェに持ってくる

　私は毎朝カフェで作業をしますが、本を持ってくる人もたくさんいます。そこで、「自分の本をカフェに持ってくる人もいる」というような内容を英語で表現する場合を考えてみましょう。

> （1）Some people bring their book to a café.
> （2）Some people bring their book to cafés.
> （3）Some people bring their books to a café.
> （4）Some people bring their books to cafés.

　まずはpeopleとbook(s)の関係を考えてみましょう。（3）や（4）のように原則通りの配分複数（books）で表現すると、1人が複数の本を持ってくる状況が考えられてしまうので、（1）や（2）のような配分単数を選びます。

　次にcafé(s)の部分を考えます。（1）の a café だと「とあるカフェに」という意味に聞こえてしまうので、（2）のように cafés と複数形で表現するのが自然です。 Must 08でお話しした「一般論を表す複数形」ですね。

　したがって、**正解は（2）**です。

　もちろん「それぞれの人が複数の本を持ってくる」という状況であれば、配分複数を使って（4）のように表現します。

❷和英辞書・英英辞書

単語の意味や用法、ニュアンスを知るための最も基本的な方法は辞書を活用することです。普段、当然のように使っている単語であっても実は細かなニュアンスを持っていることがあります。

例えば、「〜する傾向がある」という表現を「be prone to 〜」と表現することがありますが、あまり好ましくないニュアンスで使われることが多い表現です。「be prone to …」は「〜する傾向がある」という意味だけで覚えていると、間違えたニュアンスで使い続けてしまうことになります。

辞書で例文を見ながら、どのような状況で使える単語なのかを身につけていくことが、ライティングをさらに上達させる上で大切です。上級者は英英辞書で定義を確認すると細かなニュアンスを確認することができます。

prone to [to do] something = likely or liable to suffer from, do, or experience something unpleasant or regrettable — Oxford Dictionary of English

同時に例文を確認することで、どのような状況で使われやすい単語であるのかを想像することもできます。

Farmed fish are prone to disease.（養殖された魚は病気にかかりやすいです。）

●辞書で調べておきたいこと
名詞 → 基本的な意味、可算名詞か不可算名詞か？、例文（使い方・ニュアンス）、コロケーション（一緒に使う動詞）
動詞 → 基本的な意味、自動詞か他動詞か？、例文（使い方・ニュアンス）、過去形・過去分詞形

Advice for English learners

❸コロケーション検索

コロケーションに関して言うと、最近ではコロケーション専用の辞書も存在します。紙ベースの辞書はもちろん、アプリやウェブサイトにもコロケーションに特化したものがたくさんあります。以下のサイトはその一例です。

① Online OXFORD Collocation Dictionary

検索ウィンドウに access と入力するとコロケーションのリストが表示されます。今回の場合、VERB + ACCESS のところで表示されているものがよく使われる「動詞＋名詞」のコロケーションです。

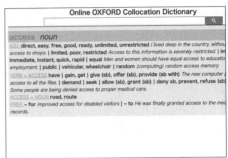

http://www.freecollocation.com/

② Netspeak

Netspeak では、「? access」または「? access to」のように、調べたい単語の部分にクエスチョンマークを挿入して検索すると使用頻度の高い順に表示されます。

https://netspeak.org/

③ SkELL

SkELL では、検索ウィンドウに access と入力して「〇〇 in Word Sketch」を選択するとコロケーションのリストが表示されます。

https://skell.sketchengine.eu/

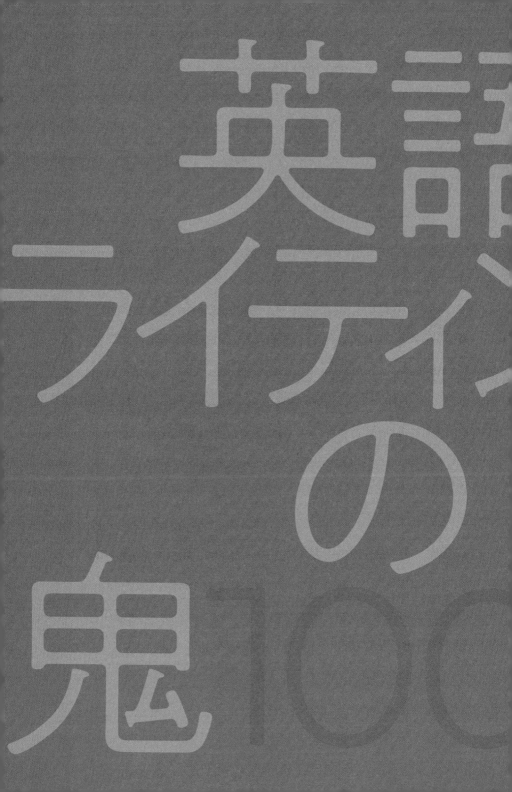

第 10 章

ライティング試験頻出議題とアイデア25選

レベル別モデルアンサー
[教育①]

▶ 人間の教師はこれからも必要か？

　本書もいよいよ最終章です。ここでは、これまでに学んだライティングの技術を確認しつつ、さまざまなテーマについて「よく使われるアイデア」と「サポートセンテンスの例」を紹介します。

　予め主題が決まっている論文などと異なり、英語の試験ではその場で、かつ限られた時間の中でアイデアを考え出さなければなりません。

　そこで、世の中で議論されている事象や社会問題など、英語の試験でよくとり上げられる議題についてここでお話しします。

「アイデアを考えるのが苦手で……」

　という方は、この章で紹介する 25 個の代表的なトピックについて、「どのような議論がよくされているのか」「どのようなアイデアがよく使われるのか」「どのような説明ができそうか」などを確認してみましょう。

　よく議論される議題を知っておくと、単語や表現の勉強をする際にも、どのような場面で使えそうかを考えながら覚えることができて効果的です。

　この章では、テーマ別にそれぞれ 2 ～ 4 つのトピックをとり上げ、「トピックセンテンス（1 文）＋サポートセンテンス（1 ～ 2 文）」の例文を示します。例文は、「レベル 1」と「レベル 2」を用意しましたので、まずは「レベル 1」の例文を読んで本書で学習したことを復習してみましょう。余裕のある方は、ほぼ同じ内容をハイレベルな表現で書き直した「レベル 2」の例文を読んで、表現の違いなどにも注目してみましょう。

人間の教師はこれからも必要か？

**よく使う
アイデア**

・生徒のモチベーションを上げることができるから
・生徒の変化に素早く気づいてあげられるから
・自分の過去の経験を共有することができるから

1つ目の大きなテーマは「教育」です。

どの時代も「教育」に対する関心は高く、それゆえ教育に関する議論はあらゆる角度から行われています。

押さえておきたい背景

テクノロジーの進化に伴い、教育現場は大きく変わろうとしています。タブレットの普及により、いまやコンピュータをとり入れていない学校を探すほうが難しいかもしれません。

世の中ではロボット技術や人工知能の進化によって、さまざまな領域において「人間」が必要ではなくなってきています。そのような中、教育の現場においても「人間の教師」が不要になるのではないかという議論まで行われるようになりました。

レベル別モデルアンサー

レベル **1**	レベル **2**
Human teachers will still be necessary because robots cannot motivate students. Because teachers communicate with students face-to-face, they can show their energy through facial expression and tone of voice. By contrast, robots can hardly interact with students. This is why robots are not suited to teaching them.	Robots will not replace human teachers because they are incapable of motivating students. By communicating with students face-to-face, teachers can convey their enthusiasm for the subject they are teaching through facial expression and tone of voice. Robots have an extremely limited capacity for direct communication, making them unsuitable for guiding a student's learning.

レベル **1**	レベル **2**
ロボットは生徒のモチベーションを上げることができないため、人間の教師はこれからも必要でしょう。教師は生徒と面と向かって話をすることができるので、教師は表情や声のトーンを通じて自分たちの熱意を伝えることができます。一方で、ロボットは生徒とコミュニケーションをとることがほとんどできません。このような理由で、ロボットは生徒を教えることに適していません。	ロボットは生徒のモチベーションを上げることができないため、人間の教師に取って代わることはないでしょう。生徒と対面で会話をすることにより、教師は表情や声のトーンを通じて自分たちのその教科に対する熱意を伝えることができます。ロボットは直接的なコミュニケーションをとることがほとんどできないため、生徒の学習指導に適していません。
motivate：やる気にさせる face-to-face：対面で facial expression：表情 tone of voice：声のトーン hardly：ほとんど〜ない interact：交流する suited：〜に適している	replace：取って代わる be incapable of …：〜の能力がない convey：伝える enthusiasm：熱意 unsuitable：〜に適していない guide：導く

主張のサポートを分析

　ここでは「ロボットが人間の先生に取って代わることはないだろう」というトピックに対して、人間の先生にしかできないこと、すなわち生徒のモチベーションを上げることが人間にしかできないという主張をしています。

　その裏づけとして、顔の表情や声のトーンを通して熱意を伝えるというようなことは人間にしかできないことであり、それが教育においていかに重要であるかをサポートとして詳しく説明しています。

表現の違いに注目

replace

「必要ではなくなる」という表現を、レベル1では「necessary（必要である）」という語彙を使って表現していましたが、レベル2では「必要である＝置き換えられない」と考えて、「replace（取って代わる）」という動詞を使っています。「replace $\boxed{A}$ with $\boxed{B}$（AをBで置き換える）」という表現も合わせて覚えておくと便利です。

be incapable of …

「～することができない」という内容は、もちろん助動詞 can を使って表現することもできますが、レベル2で使われているように「be capable of …（～の能力がある）」「be incapable of …（～の能力がない）」のような表現も便利です。

capable や incapable は、不定詞to を伴って capable to …、incapable to …のようには表現できませんので、動詞を続けたい場合には前置詞 of を使って capable of ～ing、incapable of ～ing のようにします。また、レベル2の第3文にある「have an extremely limited capacity（非常に限られた能力しか持っていない）」のような表現にも注目してみましょう。

by ～ing

レベル1の第2文の「Because …」の部分は、レベル2では「By ～ing（～することによって）」のように書き換えられています。because は第1文にも使われていたため、このような接続詞の繰り返しを減らすことで、よりスッキリとした読みやすい文章にすることができます。

レベル別モデルアンサー
[教育②]

▶ 学校で芸術を教えるべきか？ / 教師は生徒に厳しくするべきか？

学校で芸術を教えるべきか？

**よく使う
アイデア**

・創造力が養われるから

・表現力が鍛えられるから

押さえておきたい背景 ▸

　私が小学生だった頃は、音楽や美術をはじめ、「国語・算数・理科・社会」以外の科目もたくさんあったものですが、最近ではコンピュータや外国語の授業など学ぶべきことが増え、「芸術」に関する授業が減ってきているようです。

　「そもそも学校で芸術を教えるべきかどうか」という議論までされるようになりました。芸術を学ぶ目的はいろいろありますが、「想像力（imagination）」や「創造性（creativity）」を理由にあげる人が多いでしょう。職場においても創造性を求められる今日、子どもの頃からこれらのスキルを培っておくべきであるという意見が多くあがっています。

レベル別モデルアンサー

レベル **1**	レベル **2**
Art is an important school subject because it helps students develop their creativity. Through art subjects, students can become imaginative, while	Arts instruction in schools should not be neglected because it can foster the creative abilities of students. Learning art subjects encourages

レベル **1**	レベル **2**
academic subjects such as maths and sciences are less likely to require them to be creative. Students who learn art at school will be innovative and good at solving problems. These skills are very useful in today's complex world.	students to be imaginative in a way that academic subjects such as maths and sciences do not. The creative skills obtained through producing art can help students to improve their ability at innovation and problem-solving, skills which are highly advantageous in today's complex world.
芸術は、生徒が創造性を培うことができるため重要な学科です。数学や科学などの学術的な科目が創造性を必要としないことが多い一方、芸術科目を通して生徒の創造力が豊かになります。学校で芸術を学ぶ生徒は、斬新な感覚を持ち、問題解決が得意になります。これらの能力は、今日の複雑化した社会で非常に有益です。	学校で芸術を教えることは、生徒が創造性を培うことができるため、軽視されるべきではありません。芸術科目は、数学や科学などの学術的な科目とは違い、生徒に創造性を求めます。芸術を通して身につく創造力により、生徒は新しいアイデアを考えたり問題を解決したりする能力を向上させることができます。これらの能力は、今日の複雑化した社会で非常に有益です。
arts：芸術 creativity：創造性 imaginative：想像力のある be less likely to …：より〜しそうにない innovative：斬新な感覚を持った useful：役立つ complex：複雑な	neglect：無視する、軽視する foster：育む in a way that …：〜という点で、〜のように obtain：獲得する advantageous：有利な

主張のサポートを分析

「学校で芸術を教えるべきである」というトピックに対して、「創造力を培うことができる」と主張をしています。

　数学や科学のような科目でも創造性は必要かもしれないが、芸術の授業ではそれ以上の創造性が求められると主張しています。また、学校の限られた時間数の中で芸術を教えるのに他の科目を犠牲にすることになるが、そうしてでも芸術を教えるべきだという強い主張をするために、それが大人になってからいかに重要であるかを伝えています。

neglect：「芸術についての教育は重要である」という内容を、レベル1では「important（重要である）」で、レベル2では「教えるべきである＝軽視されるべきではない」のように発想の転換をして「neglect（軽視する）」で表現しています。このように「直訳」から一歩離れて、イメージした内容を別の形で表現できると、より洗練された文章を書くことができます。

in a way that ...：2つのものを対比させる際、レベル1では接続詞の while を、レベル2では「in a way that … not（〜とは違って）」のように表現しています。do not の後には「encourage them(=students) to be imaginative」が省略されています。

2つのものを対比させる方法には、他に「unlike …（〜とは違って）」「in contrast to …（〜とは対象的に）」などがあります。

教師は生徒に厳しくするべきか？

よく使う
アイデア

- ・教室の秩序を維持するため
- ・生徒の安全を守るため
- ・規則に従うことの重要性を教えるため

押さえておきたい背景

「教師の生徒に対する接し方」も大きく変わってきました。

「先生の言うことは絶対」だったのが、いまでは生徒や保護者の要望をとり入れながら授業を行う学校も増えてきているようです。一方で、教師の「威厳」が低下したことなどもあり、学級崩壊のような問題も起きています。

そのような背景から、「教師は生徒に厳しくするべきかどうか」という議論がしばしば行われます。

レベル別モデルアンサー	
レベル**1**	レベル**2**
Teachers should be strict because they have a responsibility to maintain classroom discipline. Schools are responsible for controlling classes, and badly behaved students should	A strict teaching approach is preferable because teachers are expected to have the authority to keep a classroom environment conducive to learning. Schools entrust teachers with the

レベル **1**	レベル **2**
be prevented from disturbing the concentration of others.	responsibility to maintain order in class, where unruly students who disrupt the concentration of others must be strictly disciplined.
教師はクラスルームの学習環境を保つ責任があるので、厳しくあるべきです。学校には授業の進行を管理する責任があり、態度の悪い生徒がほかの生徒の集中を妨げることがないようにするべきです。	教師は、学習に適したクラスルームの環境を保つことを期待されるため、厳しい指導法が望まれます。教師は、授業中の秩序を維持することを任されており、ほかの生徒の集中を妨げるような態度の悪い生徒を厳しく躾けられなければなりません。
strict：厳しい maintain：維持する discipline：規律 be responsible for …：～に責任がある badly behaved：行儀の悪い disturb：邪魔する concentration：集中	preferable：好ましい authority：権限 conducive to …：～につながる entrust：任せる unruly：手に負えない disrupt：中断する strictly：厳しく discipline：躾ける

主張のサポートを分析

「教師は生徒に厳しくするべき」と主張する理由は、「教師はクラスルームの学習環境を保つ責任があるから」と説明しています。

　学校にはすべての生徒が集中して学習することができるような環境を提供する責任があるので、規則に従わない生徒が他の生徒の邪魔をするようなことがあってはならない、と説明を掘り下げています。

表現の違いに注目

unruly　授業の進行や他の生徒の集中を邪魔する生徒のことを、レベル1では「badly behaved students（悪い振る舞いをする生徒）」、レベル2では「unruly students（手に負えない生徒）」と表現しています。

be strictly disciplined　レベル1では「should be prevented（防止されるべき）」と説明されていましたが、レベル2では「must be strictly disciplined（厳しく躾けられなければならない）」のように、より具体的な説明がされています。

レベル別モデルアンサー
[テクノロジー①]

▶ オンラインショッピングの問題点
／ソーシャルメディアは有益か？

オンラインショッピングの問題点

よく使う
アイデア

・個人情報が漏洩する危険性がある
・クレジットカードを悪用される可能性がある
・実際の商品を確認することができない

押さえておきたい背景 ▸

「教育」と並んで議論の対象になることが多いテーマが、「科学・テクノロジー」です。教育やビジネスの現場だけではなく、もはや普段の生活からテクノロジーを切り離して考えることはほぼ不可能になってきています。

　ここでは、オンラインショッピングについて考えてみましょう。

　どこに住んでいても、いつでもインターネットで買い物ができるようになったことは、私たちに計り知れない利便性をもたらしましたが、一方で懸念するべき問題点もあります。

レベル別モデルアンサー	
レベル **1**	レベル **2**
A major problem caused by the recent popularity of online shopping is the increase in Internet crimes. When people buy things online, they need to share with the seller their	A major problem caused by the recent popularity of online shopping is the increase in cybercrime. Online purchases require buyers to share with the merchant their personal

レベル **1**	レベル **2**
personal information and credit card details. These can be used for criminal purposes. Indeed, the number of cyberattacks targeting online retailers has dramatically increased in the last decade.	information and credit card details, which can be exploited for criminal use if stolen. Indeed, cyberattacks targeted at online retailers have skyrocketed in the last decade.
最近のオンラインショッピングの普及に伴う主な問題は、インターネット犯罪の増加です。インターネットで買い物をすると、個人情報やクレジットカード情報を売り手に知らせる必要があります。このような情報は犯罪に使われることがあります。実際、オンラインショップを標的にしたサイバー攻撃は、ここ10年で激増しています。	最近のオンラインショッピングの普及に伴う主な問題は、サイバー犯罪の増加です。インターネットで買い物をするには、個人情報やクレジットカード情報を売り手に共有することが求められますが、このような情報は盗まれると犯罪に悪用される可能性があります。実際、オンラインショップを標的にしたサイバー攻撃は、ここ10年で激増しています。
popularity：人気 share：共有する for criminal purposes：犯罪目的に indeed：実際に cyberattack：サイバー攻撃 target：標的にする retailer：小売店 dramatically：劇的に in the last decade：ここ十年で	cybercrime：サイバー犯罪 purchase：購入 merchant：販売者 exploit：悪用する skyrocket：急激に増える

主張のサポートを分析

「オンラインショッピングの問題点」と聞いて多くの人が考えるアイデアは、やはり「個人情報漏洩の可能性」でしょう。オンラインで商品を買う際には、住所や名前、クレジットカード番号などを入力しなければならず、実際に「顧客の個人情報が漏洩した」というニュースも年に数回は目にします。

　このように、実際に世の中で起こっていることに考えを巡らせながら状況を丁寧に説明すると、アイデアを見つけ、その先のサポートセンテンスに何を書くかを考えることができます。

cybercrime 「Internet crime（インターネット犯罪）」もよく使われる表現ですが、「cybercrime（サイバー犯罪）」という語彙も便利です。「cyber crime」のように2語で表記することもできますが、いまでは1語で表記することのほうが多くなっています。

接続詞→無生物主語 レベル1では、第2文を接続詞 when を使って表現し、レベル2では「online purchases（オンラインでの購入）」を主語にして、無生物主語のストラクチャーに言い換えました。無生物主語を使うことで、「things（もの）」のような曖昧な名詞を避けることもできます。

exploit 犯罪のテーマでは覚えておきたい語彙の1つです。「be used（使われる）」でも意味は伝わりますが、「be exploited（悪用される）」と表現することで、より細かなニュアンスを伝えることができます。

ソーシャルメディアは有益か？

よく使う
アイデア

・有益な情報に無料でアクセスできる
・緊急時などにニュースよりも早い情報を得られる
・共通の興味を持つ人とつながることができる

押さえておきたい背景

　私たちの日常生活に浸透している他のテクノロジーとして、ソーシャルメディアがあります。Twitter や Facebook などの、いわゆる SNS です。ちなみに SNS は「social networking services」の略語とされていますが、実際の英語では social media という表現がよく使われます。

レベル別モデルアンサー	
レベル**1**	レベル**2**
Society can significantly benefit from social media because such media can spread important information in the case of an emergency. Both governmental organizations and individuals can use social media services such as Twitter to provide important information. Thanks	Society can significantly benefit from social media because such media can transmit important information in the case of an emergency. Both governmental organizations and individuals can employ social media services such as Twitter to provide up-to-the-minute and urgent information.

レベル**1**	レベル**2**
to social media, people can make better decisions on how to protect themselves. They can also check the safety of family and friends.	Social media platforms allow people to make well-informed decisions on how to protect themselves as well as check on the safety of family and friends.
ソーシャルメディアは、緊急時に重要な情報を広められるので、社会に大きな利益をもたらしてくれます。政府機関も個人も、Twitter のようなソーシャルメディアを使って重要な情報を発信できます。ソーシャルメディアのおかげで、自分自身をどのように守るか、よりよい判断ができるようになりました。また、家族や友だちの無事を確認することもできます。	ソーシャルメディアは、緊急時に重要な情報を伝えることができるので、社会に大きな利益をもたらしてくれます。政府機関も個人も、Twitter のようなソーシャルメディアを利用して、最新かつ緊急の情報を発信することができます。ソーシャルメディアのおかげで、自分自身をどのように守るか、十分な情報に基づいた判断ができるようになりました。また、家族や友だちの無事を確認することもできるようになりました。
benefit：利益を享受する spread：広げる in the case of an emergency ：緊急事態の際に governmental organization ：政府の組織 individual：個人	transmit：伝達する employ：〜を利用する up-to-the-minute：最新の urgent：緊急の well-informed：詳しい情報に基づいた

主張のサポートを分析

　「ソーシャルメディアは社会にとって有益である」と主張する理由として、「災害時などの緊急事態の際に有益であること」をあげています。

　これに続けて、東日本大震災の際、SNSでたくさんの有益な情報が共有され、家族や友人の安否確認にも活用されたといった「具体的な成功例」をあげることで、書き手の主張を強固なものにすることができます。

表現の違いに注目

employ　レベル1における「use（使う）」という表現が、レベル2では「employ（利用する）」に置き換えられています。employ は「雇用する」という意味で覚えていることが多いですが、このような意味もありますので、覚えておくと表現の幅が広がります。

複合形容詞　複合形容詞とは、複数の単語をハイフンでつないで作った形容詞です。レベル2では、「up-to-the-minute（最新の）」「well-informed（詳しい情報に基づいた）」のような複合形容詞を使うことで、冗長さをなくした文章に仕上げています。

レベル別モデルアンサー
[テクノロジー②]

▶宇宙開発は必要か？
／コンピューターゲームは子どもによい影響を与えるか？

宇宙開発は必要か？ 今回のポジション **Yes**

**よく使う
アイデア**

・地球に住めなくなったときの移住先を探しておく必要があるから

・地球に存在しない資源の発見につながるから

・宇宙科学の解明につながるから

押さえておきたい背景

　20世紀後半、人類は多額の費用を投じて宇宙開発を行ってきました。アメリカ航空宇宙局（NASA）は1961年から1972年にかけてアポロ計画を実施し、6回の有人月面着陸を成功させています。21世紀になって人類は再び宇宙開発に力を入れています。イーロン・マスク氏が率いる Space X は、非常に近い将来、人類を火星に送ることを計画しています。

レベル別モデルアンサー	
レベル**1**	レベル**2**
Space development is necessary because human beings may have to move to other planets in the future. Human beings have carried out destructive activities on Earth and they may not be able to live on the planet if they do not start to change their behavior immediately. For this	Space development should be carried out because space colonization will become necessary for the survival of humanity. Destructive human activities will render the planet Earth uninhabitable unless drastic action is taken immediately. It is crucial that humans be well-prepared to

レベル **1**	レベル **2**
reason, humans should be well-prepared to move to other planets.	relocate to other planets if living on Earth becomes impossible.
将来、人間が他の惑星に移住しなければならない可能性を考えると、宇宙開発は必要です。人間はこれまで、地球を破壊するような行動をとってきました。もし、いますぐ行動を改めなければ、地球に住み続けることはできなくなるかもしれません。このことから、いつでも他の惑星に移り住めるようにするために準備をしておくべきです。	人類が生き延びるために宇宙への移住が必要になると予測されるため、宇宙開発は行われるべきです。いますぐ大胆な対策をしない限り、人間の破壊的な行動によって、地球は生物が住むことのできない場所になるでしょう。地球に住むことが不可能になった場合にいつでも他の惑星に移住できるように準備をしておくことが重要です。
space development：宇宙開発 planet：惑星 carry out：行う destructive：破壊的な behavior：振る舞い immediately：即座に well-prepared：十分に準備できた	colonization：植民 survival：生存 humanity：人類 render：〜（の状態）にする uninhabitable：住むことのできない unless：〜しない限り drastic：劇的な crucial：極めて重要な relocate：移転する

主張のサポートを分析

　宇宙開発が必要だと考える理由として、「人類が近い将来、他の惑星に移住しなければならないような状況が来るかもしれないから」としています。これまで人類が行ってきたような、地球の環境を破壊するような行動を続けるならば、地球は人が住めない場所になってしまうかもしれない。そのような万一の事態を想定して、いまから準備をしておこう、ということですね。

表現の違いに注目

render　make と同じように「render O ＋ C」の形で「（O）を（C）の状態にする」という意味で使えます。 Must 37「 基本ストラクチャー (35)」と同じ使い方をしますが、make と違って、「C」の部分にはしばしば否定的な意味をもつ単語が入ります。

unless　レベル2では接続詞の unless が使われています。「unless S+V」は「S が V しない限り」という意味です。 Must 38 でお話ししたように、英語には「否定の意味を含んだ単語があります。今回のような「否定の意味を含んだ接続詞」も覚えておくと便利です。

コンピューターゲームは子どもによい影響を与えるか？

**よく使う
アイデア**

・失敗を繰り返しながら成功することを体験できるから
・問題解決能力を培うことができるから
・戦略的な思考力を身につけることができるから

押さえておきたい背景

「コンピューターゲームは目によくないし、運動不足にもなる」

「コンピューターゲームは依存性が高いから、勉強する時間が犠牲になる」

　このように、一昔前はコンピューターゲームの子どもへの悪影響を心配する人も多かったものですが、最近では、むしろコンピューターゲームが子どもたちに与えるよい影響について論じる人も出てきているようです。

レベル別モデルアンサー	
レベル **1**	レベル **2**
One benefit of computer games for children's development is that children can become mentally strong. In many games, only good players are able to go on to the next level. Children must be able to accept repeated failure and to play the same level again and again. This can help them to become patient.	One benefit of computer games for children's development is that it renders children more emotionally resilient. Many games are designed so that only skillful players are able to proceed to the next level of difficulty. Children must be able to cope with repeated failure and play the same level multiple times, which can help develop their perseverance.
コンピューターゲームが子どもの発達に与えるメリットの1つは、子どもたちが精神的に強くなれることです。多くのゲームでは、上手な人だけが次のレベルに進むことができます。子どもたちは、失敗と挑戦を何度も繰り返さなければなりません。このことにより、子どもは忍耐強くなります。	コンピューターゲームが子どもの発達に与えるメリットの1つは、子どもたちが感情的に立ち直る力を培えることです。多くのゲームでは、スキルの高い人だけがさらに難しいレベルに進めるように設計されています。子どもたちは、多くの失敗を乗り越え、同じステージを繰り返し挑戦すること

レベル **1**	レベル **2**
	が求められますが、これが子どもの忍耐力を発達させます。
mentally：精神的に go on to …：～へ進む repeated：繰り返しの failure：失敗 patient：忍耐強い	resilient：回復力のある design：設計する proceed to …：～へ進む cope with …：～にうまく対処する multiple：複数の perseverance：我慢強さ

主張のサポートを分析

「コンピューターゲームは子どもによい影響を与える」と考える理由は、「メンタルが強くなるから」としています。

　例えばロールプレイングゲームなどでは、何度も同じステージを戦わなければ次のステージに進めず、失敗するたびに挫けていたのでは先に進めなくなる。このような経験を通して、失敗を受け入れることを学び、我慢強さも身につけることができると主張しています。

表現の違いに注目

resilience　非常にレベルの高い語彙ですが、レベル｜の「mentally strong（精神的に強い）」という表現に代わって、「resilient（回復力のある）」という表現が使われています。レジリエンス（resilience）はその名詞形ですが、日本語でも定着しつつある用語ですね。「ショックなことが起こった際に持つネガティブな感情を回復させる力」のような意味になります。

無生物主語　第2文に注目してみましょう。レベル｜では「In many games, …（多くのゲームでは）」と始まっているのに対して、レベル2では「Many games …」のように無生物主語のストラクチャーが使われています。**Must** 40 の「修飾語のパーツの数と位置にも注意」でお話ししたように、日本語から英語にしようとすると、いわゆる「前置き」のようなフレーズが多くなってしまいがちです。「In many games, …（多くのゲームでは）」という「前置き」をなくして、レベル2では「many games」を主語にして書いています。

レベル別モデルアンサー
[政府の責任]

▶ 政府は公共の交通機関に投資すべきか？
／先進国は発展途上国へ技術支援をするべきか？

政府は公共の交通機関に投資すべきか？

**よく使う
アイデア**

・自家用車の利用を減らすことができるから
・空気汚染の改善につながるから
・交通渋滞の解消につながるから

押さえておきたい背景

　政府は、予算をさまざまな分野に割りあてなければなりません。そのお金は私たち国民が納めた税金ですので、多くの国民に利益があるような使い方が求められるのは当然です。

　例えば、私たちが普段使うバスや電車などの公共交通機関には政府のお金が使われています。公共交通機関よりも自家用車を使う人は、「利用する人たちで負担をすればよい」と考えるかもしれません。しかし、それでも政府が公共の交通機関に投資すべきである理由があるかどうか考えてみましょう。

レベル別モデルアンサー

レベル **1**	レベル **2**
The government should spend money on improving public transport because many large cities are suffering from constant traffic jams. The government should increase the number of bus and train services or widen the area for these services. In this way,	The government should invest in the improvement of public transport because many metropolitan areas are suffering from constant traffic congestion. Increasing the number of bus and train services, as well as providing extensive coverage

レベル **1**	レベル **2**
citizens will be discouraged from driving their cars. This will reduce the emission of harmful gases.	throughout the city, will encourage citizens to avoid driving their cars and producing noxious emissions.
多くの大都市が慢性的な交通渋滞に悩まされていることから、政府は公共交通機関の改善にお金を使うべきです。政府は、バスや電車の本数を増やしたり、サービスの提供範囲を広げたりするべきです。そのようにすることで、市民は自家用車の運転を思いとどまるようになり、有害な排気ガスの排出を減らすことができます。	多くの大都市圏が慢性的な交通渋滞に悩まされていることから、政府は公共交通機関の改善にお金を投資するべきです。バスや電車の本数を増やしたり、より広範囲でサービスを提供することにより、市民は自家用車の利用を控えるようになり、有毒な排気ガスの排出を減らすことができます。
public transport：公共交通機関 suffer from …：〜に苦しむ constant：絶え間ない traffic jam：交通渋滞 widen：広げる discourage：思いとどまらせる emission：放出、排出	invest：投資する metropolitan：大都市の traffic congestion：交通渋滞 extensive：多方面にわたる coverage：普及範囲 noxious：有毒な

主張のサポートを分析

「政府は公共交通機関に投資するべきである」というトピックに対して「大都市での渋滞」を理由にあげています。実際、多くの大都市で慢性的な交通渋滞が社会問題になっています。政府が公共交通機関にもっと投資してサービスを充実させれば、自家用車を使う人が減るだろうと推測しているのです。

表現の違いに注目

invest　「お金」に関するテーマでは、「spend（費やす）」「allocate（割りあてる）」「invest（投資する）」のような動詞がよく使われます。それぞれ伴う前置詞が異なりますので、自信がない方は Must 12 を復習しておきましょう。

情報をまとめる　レベル1では、第2文から第4文まで情報が細切れになっています。もちろん、「In this way, …（そのような方法で）」「This will …（これが〜するだろう）」のように指示代名詞を効果的に使って文章をつなぐことには成功していますが、スマートな表現を目指す場合には情報を整理したいところです。

レベル2では、これらの情報を1つの文章で表現しています。情報を簡潔に表現するために、ここでも無生物主語のストラクチャーを使っています。「Increasing the number of bus and train services, as well as providing extensive coverage throughout the city（バスや電車の本数を増やしたり、より広範囲でサービスを提供すること）」とやや長くなっていますが、レベル1の第2文の情報を主語にして、さらに話を広げています。

先進国は発展途上国へ技術支援をするべきか？

よく使うアイデア
・発展途上国における貧困問題の解決につながるから
・発展途上国の産業の発展を加速させるから
・発展途上国の自立につながるから

押さえておきたい背景 ▶

　現在、世界では約7億人が1日2ドル以下で暮らしていると言われ、「貧困」は非常に大きな問題です。資本主義の弊害とも言われますが、豊かな国はますます豊かに、貧しい国はますます貧しくなってきています。

　先進国はこれまで発展途上国に対して資金援助をしてきましたが、一時的な援助にはなっても恒久的に貧困問題を解決するには至っていません。金銭的な援助以上に必要とされているのが「技術支援」です。

レベル別モデルアンサー	
レベル**1**	レベル**2**
In order to solve poverty, developed countries can share the latest technology. This is particularly important in agricultural industries because in this way, people in poor countries can have more food. For example, technology can help predict the weather. Many developing countries will be able to harvest crops before they are damaged by storms or droughts.	An effective solution to poverty is for governments of developed countries to supply cutting-edge technology. Such measures will particularly benefit agricultural industries, allowing them to produce enough food for the entire population. With technology received from developed nations for forecasting weather patterns, developing countries can harvest crops before they are destroyed by storms or droughts.

レベル **1**	レベル **2**
貧困を解決するために、先進国は最新のテクノロジーを共有できます。これは特に農産業において重要です。なぜなら、そうすることで貧しい国の人びとがより多くの食料を得られるようになるからです。例えばテクノロジーを使って天候を予想することができます。発展途上国の多くは作物が嵐や干ばつの被害を受ける前に収穫できるようになるでしょう。	貧困問題に対する効果的な解決策は、先進国の政府が最新のテクノロジーを提供することです。全人口が必要な分の食料を確保することができるようになるため、このような対策はとくに農産業において重要です。先進国によってもたらされた天候のパターンを予測するテクノロジーにより、発展途上国は作物が嵐や干ばつの被害を受ける前に収穫できるようになるでしょう。
poverty：貧困 latest：最新の particularly：特に agricultural industry：農業 predict：予測する weather：天候 harvest：収穫する storm：嵐 drought：干ばつ	effective：効果的な supply：供給する cutting-edge：最先端の measure：対策 entire population：全人口 forecast：予測する destroy：破壊する

主張のサポートを分析

　今回は「先進国は発展途上国へ技術支援をするべきである」という主張です。先進国が持つ最新の技術を提供することで、貧困問題を効果的に解決できると述べています。技術提供によって、発展途上国ではどのようなことが起こると予測されるのかを丁寧に説明し、「農業」という具体例を出すことで、読み手にイメージをさらにわかりやすく伝えることに成功しています。

表現の違いに注目

such measures　レベル1では「in this way（このような方法で、そうすることで）」という挿入句を使いました。しかし Must 40でお話ししたように、なるべく挿入句を減らしたいのでレベル2では、「such measures（そのような対策）」を主語にして無生物主語のストラクチャーを採用。このように表現することで、より洗練された文章にできます。

with …　レベル1では、第3文と第4文の2つの文章を使って、先進国からもたらされるテクノロジーによってどのようなことができるかを説明していますが、レベル2では、「With...（～にともなって、～を使って）」という表現を使って1つの文章にまとめたので、それまでの文からのアイデアのつながりが明確になっています。

レベル別モデルアンサー
[人びとの生活]

▶ 都市部の人口過密を改善する政策
／少子化対策にベーシックインカムを導入するべきか？

都市部の人口過密を改善する政策

・都市に住む人に税金を課す
・地方に住む人の税金を優遇する
・地方に拠点を構える企業に助成金を出す

よく使う
アイデア

押さえておきたい背景

　日本では、首都圏に約4,000万人が住んでおり、総人口の約30%に相当します。同じ傾向は世界的にも見られ、世界の約55%の人が都市部に住んでいます。また、2050年までにその数値は約70%になるとも言われています。

　各国の政府は、過密化する都市を改善するべくさまざまな対策をとっていますが、人口の都市集中の傾向を止めることはできていないようです。

レベル別モデルアンサー	
レベル **1**	レベル **2**
In order to reduce the number of people who live in cities, the government can provide financial support for businesses in rural areas. By doing so, business owners will be encouraged to start new companies in the countryside. Existing businesses will also be encouraged	Excessive population concentration in major cities can be reversed by governments providing subsidies to businesses in rural areas. These measures will encourage entrepreneurs to set up their companies away from metropolitan areas, as well as

レベル **1**	レベル **2**
to move to rural areas. As a result, employees at such companies would also be expected to move out of cities.	incentivize existing businesses to relocate. Employees at such companies can also be expected to relocate, reducing the populations of cities.
都市に住む人を減らすために、政府は、地方のビジネスに金銭的な援助をすることができます。そうすることで、起業家は会社を地方に構えようと考えるようになります。また、既存のビジネスも地方への移転を考慮するようになるでしょう。これに伴い、そのような会社で働く人たちも都市から引っ越すことになります。	主要な都市における人口過密を解消するために、政府は、地方のビジネスに助成金を出すことができます。この方法により、起業家は大都市圏から離れた場所に会社を構えようと考えるようになります。また、既存のビジネスも地方への移転を考慮するようになるでしょう。これに伴い、そのような会社で働く人たちも都市から引っ越すことが予測され、都市の人口の減少につながります。
financial support：経済的援助 rural area：田舎の地域 countryside：田舎 existing：既存の	excessive：過剰な population：人口 concentration：集中 reverse：逆にする subsidy：助成金 entrepreneur：起業家 incentivize：奨励する relocate：移転する

主張のサポートを分析

　都市の人口過密を緩和するための解決策として、「田舎の地域に拠点を置く企業に金銭的援助を行うこと」をあげています。この解決策が有効であると考える根拠として、どの企業も政府の金銭的な援助はありがたいものなので、企業の中には積極的に田舎の地域に拠点を置くところも出てくるだろう、と示しています。もちろん、最終的なゴールは企業の分散ではなく人口の分散ですので、その点についてもしっかり述べておくことが大切です。

表現の違いに注目

reverse　「reverse（逆にする）」という動詞を使って、「改善・解決」というニュアンスを出しています。「いまの流れを逆にする」ということは、すなわち「状況を改善する」意味になります。レベル2では、このように日本語の直訳にとらわれずに自然な英語を使っています。

incentivize 「インセンティブ」という日本語がありますが、その動詞が「incentivize」で「(何らかのインセンティブを提供することで)奨励する」という意味で使われます。お金ですべての人を動かすことはできないが、状況を改善するための解決策として金銭的なインセンティブは有効な場合がある。そのような議論をする際に便利な語彙です。

relocate 「locate(位置する)」の最初に「re-(再び)」という接頭辞がついた単語で「再び位置する=移転する」という意味になります。自動詞でも他動詞でも使うことができます。「move to a different place(別の場所に移動する)」のような表現も可能ですが、簡潔に1語で表現できると洗練された文章にできます。

少子化対策にベーシックインカムを導入するべきか？

よく使うアイデア

・複数の子どもを持つための金銭的な余裕が生まれるから
・子育て中の金銭的な不安が解消されるから

押さえておきたい背景

　ベーシックインカムとは政府が国民に一律のお金を支給する政策で、これまでいくつかの国で実験的な導入が行われたものの、2021年時点で本格的に導入した国はありません。

　ベーシックインカムの導入についてはこれまでもさまざまな議論がされており、懸念点として労働意欲の低下や低所得者層の移住などもあげられていますが、一方で少子化対策に有効であると考える人も多いようです。

レベル別モデルアンサー	
レベル **1**	レベル **2**
Citizens should be given a basic income by the government. In this way, the birth rate will increase. Today, most people are working full-time as their salaries are low. By receiving a regular income, they could save enough money to have children.	A universal basic income should be implemented by the government because this would stop the birth rate from declining. In most couples today, both partners are forced to work full-time as their salaries are persistently low. Providing each citizen with a minimum monthly sum would allow them to have enough of a financial margin to raise children.

レベル **1**	レベル **2**
政府は国民にベーシックインカムを支給するべきです。そうすることで、出生率が上がると予測されます。今日、給料が低いためにほとんどの人がフルタイムで仕事をしています。定期的な収入を得ることで、子どもを持つために必要なお金を貯められます。	政府は、出生率の低下を食い止めるために、ベーシックインカムを導入するべきです。今日の多くのカップルは、給料がなかなか上がらないためにフルタイムでの共働きを強いられています。市民一人ひとりに最低限の額を毎月支給することで、子育てをするための金銭的余裕が生まれることになります。
basic income：ベーシックインカム the birth rate：出生率 full-time：フルタイムで	universal：普遍的な implement：施行する decline：低下する persistently：しつこく、永続的に minimum：最低限の sum：金額 financial margin：金銭的な余裕

主張のサポートを分析

　ベーシックインカムを導入すべき理由として、出生率の改善をあげました。経済的な理由で共働きをしているカップルにとって、ベーシックインカムの導入は子どもを持つための金銭的な余裕をもたらすことになるとしています。

　なお、今回の例文では言及をしていませんが、ベーシックインカムと生活保護は仕組みが異なります。生活保護は一定の条件を満たした人にのみ適用される制度であり、すべての人には適用されません。また、通常は一定の収入を超えると適用されなくなるため、働いても収入がそれほど変わらない、あるいはむしろ下がるという矛盾が起こる可能性も秘めています。そのような矛盾も解消できるとされているのがベーシックインカムです。ただし、ベーシックインカムの導入についてはまだまだ乗り越えなければならない課題があるため、実際にどこかの国で導入されるのはもう少し先かもしれません。

表現の違いに注目

implement　「政策や法律などを施行する」という意味の動詞で「政府が〇〇のような政策をとるべき」と議論する場合によく使います。他にも「introduce（導入する）」「put …into practice（〜を施行する）」「carry out（実行する）」などがよく使われます。

financial margin　「余白」という意味でマージンという言葉がありますが、financial margin というと「金銭的な余裕」という意味になります。同様の表現としては、「safety margin（安全のための余裕、安全マージン）」などもあります。

レベル別モデルアンサー
[社会・文化]

▶多文化社会は人びとの生活を豊かにするか？
／伝統文化が失われていく原因

多文化社会は人びとの生活を豊かにするか？

よく使う アイデア	・文化交流を通して新しい発見がある ・さまざまな食事や服装などの文化を楽しむことができる

押さえておきたい背景

「文化とは何か？」と聞かれると、意外と説明が難しいものです。

『スーパー大辞林』によると、「文化」は以下のように定義されています。

> 社会を構成する人びとによって習得・共有・伝達される行動様式ないし生
> 活様式の総体。言語・習俗・道徳・宗教，種々の制度などはその具体例。
> (スーパー大辞林)

多くの場合、文化とは「複数の人が同じように行っている生活様式や行動様式」のことを指します。私が住んでいるオーストラリアは、アメリカやヨーロッパ諸国などと同様に、さまざまな文化的背景を持った人たちが一緒に暮らす「多文化社会」です。この項では、「多文化社会は人びとの生活を豊かにする」というトピックについて考えてみましょう。

レベル別モデルアンサー

レベル **1**	レベル **2**
Having many cultures in a country enriches people's lives because they	Multiculturalism enriches people's lives because they are exposed to a wide range

レベル **1**	レベル **2**
can experience a wide range of cultures. People from different cultural backgrounds can share their ideas and customs, which allows everyone to make new discoveries. In Sydney, for example, people can enjoy diverse food such as Middle Eastern and Asian food.	of cultures. Migrants from different cultural backgrounds bring new ideas and customs into a country, providing valuable opportunities for new discoveries. In Sydney, for example, both Middle Eastern and Asian food have become a part of people's daily diet as a result of ethnic diversity.
1つの国に複数の文化があれば、人びとはいろいろな文化を経験できるので、人生が豊かになります。文化的背景の異なる人びとが意見や慣習を共有できるので、新しい発見につながります。例えばシドニーでは、中東料理やアジア料理のような多様な食事を楽しむことができます。	複数の文化が共存すると、人びとはさまざまな文化に触れることができるので、人生が豊かになります。文化的背景の異なる移民が、その国に新しい意見や慣習をもたらし、新しい発見につながる貴重なチャンスになります。例えばさまざまな国籍の人が暮らすシドニーでは、中東料理やアジア料理が人びとの食生活の一部になりました。
enrich：豊かにする cultural background：文化的背景 share：共有する custom：慣習 diverse：多様な	multiculturalism：多文化主義 be exposed to …：〜にさらされる migrant：移住者 diet：食事 ethnic diversity：民族の多様性

主張のサポートを分析

　多文化社会では、人びとがさまざまな文化に触れることができます。移民の多い国では、さまざまな文化的背景を持った人たちが同じコミュニティで暮らしています。当然、考えや習慣も異なるのですが、それが新しい発見につながると説明しています。

　文化の具体例として「食文化」をとり上げています。オーストラリアのような多文化社会ではさまざまな国の食文化に触れることができ、実際に人びとの生活を豊かにしているという裏づけをしています。

表現の違いに注目

be exposed to …　日本語では「文化に触れる」と言いますが、英語では「touch（触る）」のような動詞で表現することができません。代わりに、「experience（経験する）」あるいは「be exposed to …（〜にさらされる）」のような表現をよく使います。「expose（さら

す）」は危険なものにさらされるイメージがありますが、このように文化や言語にさらされる（触れる機会を持つ）という意味でも使います。

分詞構文　レベル1の「…, which allows everyone to make new discoveries」は、関係代名詞の非制限用法（**Must** 46参照）です。これは、レベル2のように分詞構文を使って、「…, providing valuable opportunities for new discoveries」と言い換えることもできます。関係代名詞の場合は「補足説明」のニュアンスが強いのですが、分詞構文を使うことで「同時進行している」ニュアンスを出すことができます（**Must** 53参照）。

伝統文化が失われていく原因

> ・若者が伝統文化に対する興味を失ってきているから
> ・若者が年配の人と接する機会が減ってきているから
> ・伝統行事が行われなくなってきているから

押さえておきたい背景

「文化」についてもう1つ考えてみましょう。ここでは、「伝統文化」について議論を深めます。

　日本にはたくさんの伝統文化が存在します。しかし、20世紀後半からの西洋文化の流入にともない、徐々に伝統文化が失われつつあると言われています。それに拍車を掛けているものの1つが「核家族化」です。

レベル別モデルアンサー	
レベル**1**	レベル**2**
Traditional cultures are being lost because young people are losing interest in their traditional cultures. Unlike in the past, modern young people have few opportunities to interact with elderly people. Old people used to share with young people stories about the traditional cultures of their country.	Traditional cultures are dying out as a result of young people losing interest in them. The young of our day are deprived of opportunities to interact with their elders, who typically recounted stories about the traditional cultures of their native land to the next generation.

レベル **1**	レベル **2**
若者たちが伝統文化に興味を持たなくなってきているため、伝統文化は失われつつあります。ひと昔前とは異なり、最近の人びとは年配の人と接する機会があまりありません。年配の人は、かつては若者に自分の国の伝統文化についての話をしてきたものです。	若者たちが伝統文化に興味を失った結果として、伝統文化はなくなりつつあります。かつては、年配の人びとが次世代に自分の国の伝統文化についての話をよくしていたものですが、最近の若者はそのような年配の人びとに接する機会を失っています。
lose interest：興味を失う unlike：〜と違って opportunity：機会 interact：交流する	die out：絶滅する deprive：奪う elder：長老、年配の人 recount：詳しく述べる

主張のサポートを分析

　伝統文化が失われつつあるのは、若者が興味を失っているからだと主張しています。その背景にある事情として、昔のように伝統文化について語ってくれる高齢者との交流が減ったことをあげています。祖父母の世代とともに暮らしていた時代には、国の伝統文化について聞く機会があったものですが、いまではその機会も減ってしまったと説明しています。

表現の違いに注目

die out

レベル1では、伝統文化が失われつつあるという状況を「traditional cultures are being lost」と表現しましたが、レベル2では、動物や植物などの「種」が絶滅することを表す「die out」という表現を使って表現しています。die out には、文化や伝統などが廃れてなくなるという意味もあるのです。

動名詞の意味上の主語

because の多用を避ける方法の1つとして、「as a result of … （〜の結果として）」などの前置詞句を使うことができます。of の後には「young people losing interest in them」のように名詞を続けなければなりません。これは、「losing interest in them（それらに興味を失うこと）」という動名詞に、意味上の主語である「young people」が加わったもので、「若者たちがそれらに興味を失うこと」という意味になります。

レベル別モデルアンサー[環境]

▶ ゴミ問題に対する解決策／野生動物が減少・絶滅する原因

ゴミ問題に対する解決策

よく使う
アイデア

・使い捨て商品を使わないようにする
・企業が出すゴミに政府が税金を課す
・政府がリサイクルを促進する

押さえておきたい背景

人口の増加や使い捨て商品の普及に伴い、世界のゴミの量は急増しており、World Bankによると、2050年までにさらに70％増えると推測されています。増え続けるゴミの問題を、人類は真剣に考える時期が来ているのかもしれません。

レベル別モデルアンサー

レベル1	レベル2
In order to reduce the amount of rubbish, consumers should refuse excessive wrapping when they buy products in stores. Instead, they should either bring their own bags or ask for only enough wrapping to protect the products.	The amount of rubbish can be reduced by consumers refusing excessive wrapping for products in stores. Consumers should rather choose to bring their own bags or request minimal wrapping to protect the products.
ゴミの量を減らすためには、消費者が店で商品を購入する際に、過剰な包装を断るべ	消費者が店で過剰な包装を断ることで、ゴミの量を減らすことができます。消費者は

レベル **1**	レベル **2**
きです。その代わりに「マイバッグ」を持参するか、商品を保護するための包装を最小限にしてもらうべきです。	自分で袋を持っていくか、商品を保護するための包装を最小限にしてもらうべきです。

rubbish：ゴミ consumer：消費者 refuse：拒否する excessive wrapping：過剰包装 instead：その代わりに either A or B：AとBのどちらか ask for …：〜を求める only enough：必要最低限の	rather：むしろ choose to …：〜することを選ぶ own：自分自身の request：要求する minimal：少ない

主張のサポートを分析

　ゴミの量を減らすためにできることとして、過剰包装の問題をとり上げています。日本などのサービス社会では、「商品を守る」という本来の役割以上に包装されていることがあります。消費者がそれを断ることによって、過剰包装を減らし、最終的にはゴミの量の減少につながると説明しています。代わりに、自分専用のマイバッグを持参し、必要最低限の包装だけお願いをするとよいと提案しています。

表現の違いに注目

動名詞の意味上の主語

前の項でもとり上げましたが、今回の例文でも動名詞の意味上の主語が使われています。「The amount of rubbish can be reduced by …（〜によってゴミの量を減らすことができます）」に続けるためには「名詞の役割をするもの」が必要ですが、「消費者が過剰包装を断ること」のようにこれまでの主語とは異なる主語が必要になります。そこで、「refusing excessive wrapping（過剰包装を断ること）」という動名詞の前に意味上の主語である「consumers（消費者）」をつけて、「consumers refusing excessive wrapping（消費者が過剰包装を断ること）」としています。

野生動物が減少・絶滅する原因

Idea
提案

よく使う
アイデア

・人間の活動により野生動物の住む場所が奪われている
・気候変動などの環境の変化によって淘汰されている
・特定の地域にしか生息しない種が山火事などの自然災害によって絶滅している

押さえておきたい背景

　2020年、オーストラリアでは大規模な山火事が発生し、約3万頭のコアラが命を落としたとされています。最大でも10万頭と推測されていたコアラは、さらなる絶滅の危機に瀕しています。しかし、絶滅の危機にさらされているのはコアラだけではありません。毎年1万以上の種が絶滅しているとされています。それには、人間の自然環境に対する行為が少なからず影響しています。

　ここでは「野生動物が減少・絶滅する原因」について掘り下げてみます。

レベル別モデルアンサー

レベル **1**	レベル **2**
Many animals are endangered or even extinct because of human activities. Companies are cutting down trees in the forests, and as a result, animals are losing food and a place to live.	Many animals are becoming endangered or even extinct because their natural habitats are being affected by human activities. Excessive logging and deforestation for industrial purposes have deprived already endangered species of their food sources as well as a place to live and breed.
人間の活動により、多くの動物が絶滅の危機にさらされ、すでに絶滅してしまっている種もあります。企業は森木を伐採し続けており、動物は住む場所や食べ物を失っています。	人間の活動により、多くの動物が住む場所を奪われ、絶滅または絶滅寸前の状態です。産業のための過剰な森木伐採は、すでに絶滅の危機に瀕している動物から、食料源および生活や繁殖のための場所を奪ってきました。

レベル **1**	レベル **2**
endangered：絶滅の危機に瀕する extinct：絶滅した a place to live：住む場所	habitat：生息地 excessive：過剰な logging：伐採 deforestation：森林伐採 industrial：産業の deprive：奪う food source：食料源 breed：繁殖する

主張のサポートを分析

「野生動物が減少・絶滅する原因」として、人間の活動をあげています。人間は、これまでさまざまな目的で自然環境を破壊するような行為を続けてきました。例えば、木材を得るために森林を伐採してきたのですが、それによって森に暮らす野生動物は住む場所や食料を失ってきた、と説明しています。

表現の違いに注目

affect

「affect（影響を与える）」という動詞はそれほどレベルの高い単語ではありませんが、とても守備範囲が広いのでぜひ使いこなせるようになりましょう。今回の例文のように、文脈上どのように影響を受けているかが明らかな場合にはaffectという動詞を使うことが可能です。「野生動物の住む場所が影響を受けている＝野生動物の住む場所が減っている」ととらえるのが自然だからです。その他にも、those affected by the virusといえば、「ウイルスに影響を受けている人＝ウイルスに罹患している人」と理解できます。

deprive

Must 52において、無生物主語でよく使う動詞の「グループ6：奪う」として紹介した動詞です。「森林伐採をして動物が住む場所や食料源を失った」ということは、「森林伐採が動物から住む場所や食料源を奪った」ということですので、「deprive（奪う）」という動詞を使って無生物主語のストラクチャーで言い換えられています。

レベル別モデルアンサー[犯罪]

▶ 再犯の防止策／銃の所有は禁止するべきか？

再犯の防止策

**よく使う
アイデア**

・政府が元受刑者に対して経済的な支援をする
・受刑者が社会復帰しやすいように刑務所で職業訓練を行う
・重犯罪者を追跡するテクノロジーを導入する

押さえておきたい背景

オーストラリアでは、刑期を終えた犯罪者の約半数が2年以内に刑務所に戻っています。同様に日本でも、1年間に検挙される約10万人のうち、再犯者が半数を占めていると報告されています。

犯罪者は出所する際、身寄りもなければ住む場所もない状態であることがほとんどです。また「犯罪歴」がつくことから、仕事を見つけるチャンスも低くなりがちです。そのため、再び犯罪に手を染めてしまう人も少なくないようです。

犯罪者の再犯を防ぐための対策が、国と社会に求められています。

レベル別モデルアンサー	
レベル**1**	レベル**2**
In order to prevent reoffending, governments should support offenders after their release so that they can make a living by themselves. Many ex-prisoners return to crime	In order to reduce recidivism, governments should implement measures to assist former prisoners to become self-sufficient. On their release from jail, many prisoners

レベル**1**	レベル**2**
because they cannot find a job and support themselves. If governments can help them by paying part of their rent or providing free healthcare, ex-prisoners will become independent.	reoffend because they are unable to find employment and cannot afford to pay for basic necessities. Alleviating their financial burdens by providing rent assistance and free healthcare, for instance, will help them to become independent members of society.
犯罪者の再犯を防ぐために、政府は刑期を終えた犯罪者が自力で生きていけるように支援するべきです。元受刑者の多くは仕事を見つけて自活することができずに、再び犯罪に手を染めます。政府が家賃の一部を支払ったり医療費を無料にしたりして彼らを助けることができれば、元受刑者は自立できるでしょう。	常習的な犯罪を減らすために、政府は元受刑者が自立できるように支援するべきです。元犯罪者の多くは、出所後に仕事を見つけられず、生活に最低限必要な物を買えないため、再び犯罪に手を染めます。例えば、家賃の支払いを援助したり、医療費を無料にして彼らの金銭的負担を軽くすることで、彼らは自立した社会の一員になれるでしょう。
reoffending：再犯 offender：犯罪者 release：釈放 make a living：生計を立てる ex-prisoner：元受刑者 rent：家賃 independent：独立した	recidivism：常習的な犯罪 implement：施行する assist：援助する former prisoner：元受刑者 self-sufficient：自立した alleviate：軽減する

主張のサポートを分析

　犯罪者が出所後に再び罪を犯さなくても済むように、政府が彼らの自立を助ける対策を導入すべきだと主張しています。お金も住む場所もなく、仕事も見つけられない状況では、最低限の生活すらできずにやむなく罪を犯してしまうと説明しています。もし政府が元犯罪者らを援助して金銭的な負担が軽減すれば、「必要に迫られて犯すような犯罪」が減ると推測されるからです。

表現の違いに注目

basic necessities　necessity には「必需品」という意味があり、「basic necessities（生活必需品）」のように使います。basic necessities of life と表現することもあります。ちなみに「衣食住」は英語でfood, clothing and shelter で、日本語とは語順が異なります。

銃の所有は禁止するべきか？

・子どもによる銃の事故を防ぐため
・社会から銃犯罪をなくすため

押さえておきたい背景

　銃を使った乱射事件（mass shooting）が起こるたびに、銃の規制に関する議論が行われます。自分の身を自分で守るという考え方のある国では、護身のために銃を持つ正当性が訴えられますが、一方で、簡単に銃に手を伸ばすことができてしまう環境が悲劇を生むこともあります。

　アメリカのCDC（Centers of Disease Control and Prevention）によると、2018年の1年間に発生した銃に関連する死亡例は約4万件に上り、銃による事件の約20％は unintentional firearm injuries（意図的ではない銃による負傷）だそうです。（出典：https://www.cdc.gov/violenceprevention/firearms/fastfact.html）

　また銃による死亡の大半は乱射事件でも他殺でもなく、「自殺である」というデータもあります。ここでは「銃の所有は禁止するべきである」という観点から議論を深めてみましょう。

レベル別モデルアンサー	
レベル **1**	レベル **2**
Governments should ban guns because they cause tragic accidents. When people are allowed to have guns at home, their family members can easily have access to them. For instance, children can pull the trigger out of curiosity. The risk of injury and even death are greatly increased by having guns in a society.	Gun ownership should be strictly prohibited because guns can cause tragic accidents. When firearms can be legally kept inside one's home, other family members can easily gain access to them. There is a tremendous risk, for instance, of children pulling the trigger out of curiosity, which can have fatal consequences.
銃は悲劇的な事故につながるため、政府は銃を禁止するべきです。家に銃を置いてお	銃は悲劇的な事故につながる可能性があるため、その所有は厳しく禁止されるべきで

レベル **1**	レベル **2**
くことが許されていると、家族も簡単に銃を手にできます。例えば、子どもが好奇心から引き金を引く可能性もあります。銃のある社会では、怪我や、場合によっては死につながるような危険が大幅に増えます。	す。家で銃を保管することが法律で認められていると、家族も簡単に銃を手にすることができます。例えば子どもが好奇心から銃を触り、とり返しのつかない結果になるというようなリスクもあります。
tragic：悲劇的な allow：許可する have access to …：～を利用できる trigger：引き金 out of curiosity：好奇心から injury：怪我	ownership：所有権、所有者であること prohibit：禁止する firearm：武器 legally：合法的に tremendous：非常に大きい fatal：致死的な consequence：結果

主張のサポートを分析

「銃の所有は禁止するべき」と考える理由として、「銃による（意図しない）事故」をあげています。特に、まだ十分な分別のついていない子どもたちが簡単に銃に触れることができるという状況は非常に危険です。

　本来、銃は「gun safe（銃専用の保管庫）」に保管されるべきものですが、いざというときにすぐに使えるよう寝室の引き出しなどにしまっている人もいます。幼い子どもたちが、親の目の届かないところで興味半分で遊んでしまう事故を防ぐためにも、銃の所有は禁止するべきであると主張しています。

表現の違いに注目

ownership　ownership は「所有権」という意味でも、「（法的に）所有している状態にあること」という意味でも使います。同様に、「home ownership（家を所有すること）」「car ownership（車を所有すること）」のように使うことができます。

one's　one には「一般的な人」という意味があります。エッセイで一般論を述べる際、one、people、we、you などいろいろなものを使いますが、最も硬く聞こえるのが one です。ただし、one は単数形であるため、代名詞で引き継ぐ際に he or she などとしなければならないため、何度も使うような場面では避けたほうがよいでしょう。

もちろん、one や one's を繰り返し使っても問題ありませんし、最近では they / their / them で受けることもありますが、そのような煩雑さを避けるには people が便利です。people は複数形ですので、性を意識することなく they / their / them で引き継ぐことができます。少しカジュアルなエッセイであれば、we や you などで一般論を述べることもできます。エッセイで求められているルールや形式から判断して選ぶとよいでしょう。

レベル別モデルアンサー
[仕事・雇用]

▶ 好きなことを仕事にするべきか？ /
仕事においてはコミュニケーション能力が重要か？

好きなことを仕事にするべきか？

**よく使う
アイデア**

・仕事に興味を持てなければモチベーションが続かないから

・働いている時間を有意義なものにするため

押さえておきたい背景

　職業を選べる時代に生まれた私たちはとても幸せなのかもしれません。多くの人は、1日の多くの時間を仕事に費やします。そのため、「仕事がつまらないものであれば、人生もつまらないものになってしまう」と考える人が多いのも頷けます。一方で、「仕事は仕事」と考える人もいます。好きなことを仕事にするには収入面などでのリスクがあると考えているからです。

　ここでは、「好きなことを仕事にするべき」と考える理由について考えてみましょう。

レベル別モデルアンサー	
レベル **1**	レベル **2**
It is important to choose an interesting job. Having an interesting job will motivate a person. Even if they receive a large salary, workers can easily lose motivation when they face difficult situations. However, when people are satisfied with their	From a motivational perspective, it is imperative to choose a job that one enjoys doing. When difficult circumstances arise at work, workers are easily discouraged unless there is an intrinsic motive for success apart from being paid. For a person whose work

レベル **1**	レベル **2**
work, difficult situations become an opportunity to develop their skills.	brings joy and satisfaction, challenging situations are rather an opportunity to find creative solutions, allowing them to further develop their skills.
自分が興味のある仕事を選ぶことは大切です。楽しいと感じる仕事をすることはモチベーションにつながります。人は、仮に高い給料をもらったとしても、難しい状況に直面すると簡単にモチベーションを失くしてしまいます。しかし、仕事に満足していると、困難な状況を自分の能力を向上させる機会ととらえるようになります。	モチベーションの観点から、自分が楽しいと思える仕事を選ぶことは非常に重要です。成功を求める動機が金銭以外にない限り、仕事で困難な状況が生じたとき、人は容易にモチベーションを失います。仕事を通して喜びや満足感を得られる人にとって、困難な状況は創造的な解決策を模索する機会であり、結果的に自分の能力をさらに向上させてくれます。
motivate：やる気にさせる salary：給料 lose motivation：モチベーションを失う face：直面する satisfied：満足した opportunity：機会	motivational：モチベーションの perspective：観点 imperative：必要不可欠な circumstance：事情 arise：生じる intrinsic：内部の motive：動機 apart from …：～とは別に challenging：困難な

主張のサポートを分析

「好きなことを仕事にするべき」と考える理由は、モチベーションを維持できることであるとしています。仕事に対して自分のモチベーションを維持できなければ、いくら給料がよくても続けることができない、というのが主張の根拠です。さらなる説明として、職場で何か困難な状況が生じた際に、仕事に満足をしていなければ「苦痛」となるが、仕事を楽しんでいる人はむしろスキルアップのチャンスととらえることができる、と説明しています。

表現の違いに注目

perspective 「from an economic perspective（経済の観点から）」「from an environmental perspective（環境の観点から）」のように、「from a … perspective（～の観点から）」の形でよく使われます。「perspective（観点）」の代わりに「point of view（観点）」も同じように使うことができ、「from an economic point of view（経済の観点から）」「from an environmental point of view（環境の観点から）」と言い換えることも可能です。

apart from … apart from …は、もともとは「〜から離れて」という意味です。転じて、「〜を除いて（except）」や「〜に加えて（in addition to …）」の意味でも使われます。この例文では、「〜に加えて」という意味で使われています。

rather 「A rather than B（BよりもむしろA）」のように使うこともありますが、今回の例文のように rather を単独で用いて、「むしろ」という意味を出すことができます。このような用法の場合、rather に続く名詞は可算名詞の単数形であることがほとんどです。

仕事においてはコミュニケーション能力が重要か？

よく使う
アイデア

・すべての仕事においてチームワークが必要だから
・コミュニケーションミスにより大きな損失や事故につながることがあるから

押さえておきたい背景

　多くの職場ではチームワークが求められます。営業を担当する人、事務を担当する人など、会社ではさまざまな人が常にコミュニケーションをとりながらビジネスを進めています。このように、仕事においてコミュニケーション能力が重要であることは言うまでもないかもしれませんね。

レベル別モデルアンサー	
レベル **1**	レベル **2**
In the workplace, communicating well is important because companies can increase their productivity by doing so. People who are poor at communicating may not be able to share information and ideas accurately. This can cause difficulties between them and their supervisors. As a result, the company becomes less efficient and profitable because more time and human resources need to be allocated.	In the workplace, having strong communication skills is considered a prerequisite as it helps the organization to become more productive. Compared to those who have the capacity to accurately exchange information and ideas, those less capable may bring about miscommunication between themselves and their supervisors. This will hinder the company from efficiently making profits as more time and human resources need to be allocated to fixing the problems created.

レベル **1**	レベル **2**
コミュニケーションが上手であることは、職場の生産性を高めてくれるため重要です。コミュニケーションが苦手な人は、情報やアイデアを正確に共有することができません。このことは上司との間で問題を生じさせる可能性があります。その結果、会社はより多くの時間と人材を割りあてなければならず、非効率的になり利益も減ります。	高いコミュニケーション能力は、職場の生産性を高めてくれるため、必須スキルとみなされています。正確に情報やアイデアをやりとりする能力のある人に比べて、コミュニケーション能力の低い人は上司との間で誤解を生じる可能性があります。その結果、会社は生じた問題の解決により多くの時間と人材を割りあてなければならず、効率的に利益を得られなくなります。
workplace：職場 productivity：生産性 share：共有する accurately：正確に supervisor：上司 efficient：効率的な human resources：人材 allocate：割りあてる	consider：みなす prerequisite：必要条件 organization：組織 productive：生産的な capacity：能力 capable：能力のある bring about …：〜をもたらす hinder：妨げる

主張のサポートを分析

　職場では高いコミュニケーション能力が必要であると述べており、その理由として会社の生産性をあげています。生産性とは、会社がいかに効率よく利益を上げることができるかです。正確に情報を伝えたり意見交換ができるような従業員がたくさんいると、コミュニケーションのミスを防ぐことができ、それは会社にとって非常に大きな資産になります。

表現の違いに注目

have the capacity to … 「capacity（能力、容量）」は「capable（能力がある）」の名詞形で「何かを処理するだけの能力や適性を持っている」という意味になります。
一般的に、似た意味の ability は「自分の身体を使って何かができる」といった実際の能力を、capability は「知識やスキルを使って何かができる」場合の能力を表す一方、capacity は「やろうと思えばそのような能力を秘めている」というようなニュアンスを含んでいる場合があります。

hinder 「As a result, the company …（その結果、会社は〜）」のようにつなぎ言葉を使う代わりに、「This will hinder the company from …（このことが会社が〜することを妨げる）」のように無生物主語のストラクチャーを使っています。前置詞が to ではなく from であることも確認しておきましょう。 Must 52参照。

437

レベル別モデルアンサー [スポーツ]

▶ オリンピックは主催都市にメリットをもたらすか？
／子どもたちはもっとスポーツをするべきか？

オリンピックは主催都市にメリットをもたらすか？

よく使う
アイデア

・施設の建設やインフラの整備のために環境が破壊されるから
・多大な借金を背負うことになるから
・地元の住民が平穏な生活を送れなくなるから

　1964年大会以来、57年ぶりに東京で開催されたオリンピックですが、オリンピックが近づくたびにオリンピックは果たしてその都市に利益をもたらしているのか、と議論されます。オリンピックを開催することで経済的なメリットをもたらすことは間違いありませんが、オリンピック開催には莫大な費用がかかることも事実です。長期的な観点から考えると、主催都市にデメリットであると考える人も少なくないようです。

レベル別モデルアンサー	
レベル **1**	レベル **2**
Hosting the Olympic Games does not benefit a city because the Games create a lot of debt. When building new facilities such as stadiums and accommodation, the government has to spend millions of dollars. It also	Hosting the Olympic Games has negative effects on a city because it forces the city to incur huge debts. The government has to invest millions of dollars in building new infrastructure such as stadiums and accommodation,

レベル **1**	レベル **2**
has to pay for citizens and businesses to be relocated. Even though the city may benefit economically from increased numbers of visitors, huge debts remain after the event.	as well as to compensate citizens and businesses that need to be evicted. As the economic benefit from increased visitors is only temporary, hosting cities are often confronted with colossal debts after the event.
オリンピックの開催は多大な借金をもたらすことになるため、開催都市にとってメリットではありません。競技場や宿泊施設などの新しい施設を建設する際、政府は何百万ドル単位のお金を費やさなければなりません。また、国民や企業に立ち退きを求めるためにお金を払わなければなりません。確かに、訪問者が増えることで経済的な利益を得るかもしれませんが、オリンピック後には巨額の借金が残ることになります。	オリンピックを開催すると多大な借金を背負うことになるため、開催都市にデメリットをもたらします。政府は、競技場や宿泊施設などの新しい施設の建設や、国民や企業に対する立ち退き要請のため、何百万ドル単位のお金を投資しなければなりません。訪問者が増えることでもたらされる経済的な利益は一時的なものなので、開催都市はオリンピック後に巨額の借金を背負うことになります。
host：主催する benefit：利益をもたらす debt：借金 facility：施設 stadium：スタジアム accommodation：宿泊施設、住居 economically：経済的に	incur：（損害・借金などを）招く、負う infrastructure：（社会）基盤 compensate：補償する evict：立ち退かせる temporary：一時的な confront：立ちはだかる colossal：膨大な

主張のサポートを分析

「多額の借金を背負うことになる」というのが今回のメインアイデアです。多額の借金が必要になる背景には、スタジアムや選手村などの建設、さらには住民や企業の立ち退き費用などをあげています。そして、経済的なメリットが一時的なことであることにも触れつつ、最終的に多額の借金を背負うことになると説明しています。

　この先に続く具体例としては、1998年に開催された長野オリンピックをあげることがよくあります。長野市がこのオリンピック開催のために作った借金は実に700億円近くにものぼり、借金の返済だけで20年近くかかったと言われています。

incur 「借金を作る」を、レベル1では「create a lot of debt（多くの借金を作る）」としましたが、レベル2では「incur huge debts（膨大な借金を招く）」のように、よりハイレベルな表現を使っています。incur は「自分の起こした行動が理由で、本来は起こってほしくないネガティブな結果を招く」というようなニュアンスで使います。

evict ややハイレベルですが「evict（立ち退かせる）」はオリンピックのような政府主導の建設をテーマにしたエッセイで使えるので覚えておくと便利です。「remove（取り除く、移動させる）」と違って、「法的手段で強制的に」という意味を含めることができます。

子どもたちはもっとスポーツをするべきか？

	・運動不足で肥満傾向にある子どもが増えているから
よく使う アイデア	・スポーツを通してチームワークを学ぶことができるから
	・ストレスを発散してメンタルの状態を健全に保つことができるから

子どもたちの運動不足は深刻であり、2018年の Regina Guthold 博士らによる研究結果によると、11〜17歳の80％強が運動不足であったとのことです。(Regina Guthold, PhD, et al. 『Global trends in insufficient physical activity among adolescents: a pooled analysis of 298 population-based surveys with 1·6 million participants』)

学校でのカリキュラムが学術的な科目を中心とした「勉強」にシフトしてきていること、都心部において公園などの遊ぶ施設が減ってきていること、コンピュータゲームの普及によって家で過ごす時間が増えていることなど、子どもたちの運動不足の背景にはさまざまなものがあります。

レベル別モデルアンサー

レベル**1**	レベル**2**
It is important for children to do more sport because it is good for their physical development. Compared to the past, there are few opportunities to play outside, particularly for children in cities. If they regularly take part in competitive sport, they can stay healthy.	It is crucial for children to do more sport because this promotes healthy physical development. Today's city environment offers fewer places to play outside, causing children to succumb to inactive lifestyles. Regularly taking part in competitive sport strengthens young people's cardiovascular

レベル **1**	レベル **2**
	health, as well as improving their overall balance and coordination.
身体的な発達を促すため、子どもたちはもっとスポーツをすることが大切です。過去に比べて子どもたちが外で遊ぶ機会はほとんどなく、このことは特に都市において顕著です。定期的にスポーツ競技に参加すれば、子どもたちは健康を維持することができます。	身体的な発達を促進するため、子どもたちはもっとスポーツをすることが大切です。今日の都市には外で遊ぶための場所がほとんどなく、子どもたちは非活動的なライフスタイルを余儀なくされています。定期的にスポーツ競技に参加することで、子どもたちは心血管系を強化し、全体的なバランスや体の協調性を養うことができます。
physical development：身体的な発達 compared to the past：昔に比べて opportunity：機会 particularly：特に competitive sport：競技 stay healthy：健康でいる	crucial：きわめて重大な promote：促進する succumb to …：〜に屈する inactive：活動的でない take part in …：〜に参加する strengthen：強化する cardiovascular：心血管の overall：全体の coordination：（筋肉の）協調

主張のサポートを分析

「子どもたちはもっとスポーツをするべき」と主張する理由として、身体的な発達に役立つことをあげています。子どもたちは、精神的にも身体的にも大人に向けて発達をしなければなりませんが、昔に比べると身体的な発達に必要な運動の機会が減っていることを背景事情として説明しています。そして、これは特に都会で育つ子どもたちに顕著であるとしています。子どもたちがもっとスポーツに参加することができれば、コンピュータゲームをしたりテレビを見たりするような、体をあまり動かさない生活様式から抜け出し、体の成長を促すことができる、というように説明を広げています。

表現の違いに注目

promote　「促す、促進する」という意味の他動詞で、「growth（成長）」や「development（発展）」ととても相性のよい動詞です。レベル1の「be good for …（〜に良い）」との表現の違いに注目してみましょう。

coordination　coordination は「協調」という意味ですが、ここでは個々の筋肉が「coordinate（協調する）」ことでスムーズな動きができることを表そうとしています。

441

レベル別モデルアンサー[健康]

▶ 肥満人口が増えている原因／現代人の食生活の問題点

― 肥満人口が増えている原因

よく使う
アイデア

・子どもたちが外で遊ぶ機会が減っているから
・車を使って移動をすることが多くなっているから
・生活が忙しくて運動をする機会が減っているから

　健康に関するテーマでは、やはり「肥満」の問題がよくとり上げられます。オーストラリアでは4人に1人が肥満とされており、アメリカなどと同様に深刻な社会問題になっています。

　肥満の原因はいろいろありますが、「座りっぱなしの生活」によって運動の機会が減っていること、高カロリーな食生活などが原因としてあげられます。

レベル別モデルアンサー	
レベル 1	レベル 2
One of the causes of the increase in obesity in recent years is that people spend more time seated. People spend a lot of time in front of the television or computer screens and do not exercise much. Once they become overweight, they tend to avoid exercise, and this makes their obesity worse.	One of the causes of the increase in obesity in recent years is the prevalence of a sedentary lifestyle. Greater screen-based leisure time, including television and video games, has led to people spending longer hours without moving and exercising their bodies. Once people become overweight, they become reluctant to exercise regularly, which

レベル**1**	レベル**2**
	accelerates their descent into obesity and its many related health problems.
近年、肥満人口が増えている原因の1つは、人びとが座って過ごす時間が長くなっていることです。人は長い時間、テレビやコンピューターの画面の前で過ごすようになってきており、運動をあまりしなくなっています。一度太り過ぎになると、運動を避けるようになり、さらに肥満を悪化させます。	近年、肥満人口が増えている原因の1つは、座りっぱなしのライフスタイルが一般的になってきていることです。テレビやビデオゲームなどの画面を使った娯楽が普及したことにより、人びとは長時間、身体をあまり動かさずに過ごすようになりました。一度太り過ぎになると、運動を面倒に思うようになり、肥満とそれに関連する病気の危険性が一気に高まります。
obesity：肥満 seated：座った状態の once …：一度〜すると overweight：太り過ぎの tend to：〜しがちである worse：bad の比較級	prevalence：蔓延 sedentary：座りっぱなしの screen-based：画面主体の leisure time：余暇の時間 reluctant：気の進まない accelerate：加速させる descent into …：〜への転落 related：関連する

主張のサポートを分析

　肥満の原因の1つは、「座りっぱなしの生活」だと主張しています。テレビやゲームなどの画面の前で過ごす時間が長ければ長いほど、人は運動をしなくなっていきます。いったん太り過ぎると、運動をしようという意欲がなくなるため、さらに肥満が悪化する悪循環になってしまうと説明しています。

表現の違いに注目

sedentary 「座りっぱなしの生活」という内容を表すのにピッタリの語彙が sedentary です。健康とテーマにしたエッセイではよく使いますのでぜひ覚えておきましょう。
ちなみに、「立ちっぱなし」をひとことで表す単語は英語にはなく、「立ちっぱなしの仕事をしている」は、以下のように表現することができます。

例 I have to stand all day while working.（仕事中、ずっと立っていなければなりません。）
screen-based 　-based は、「〜に基づいた、〜主体の」という意味の形容詞を作る接尾辞です。screen-based はテレビやゲームなど画面を使って行うすべての活動をカバーできます。他にも「information-based society（情報中心の社会）」「plant-based diet（植物主体の食事）」など「-based」を使ったさまざまな形容詞があります。

現代人の食生活の問題点

Idea
提案

よく使う
アイデア

・野菜や果物をあまり食べなくなってきている
・カロリーが高く栄養価の低い食事を好むようになってきている
・自炊をする人が減ってきている

押さえておきたい背景

　さて、今度は食生活の方に注目してみましょう。ハンバーガーやピザのようなファストフードの普及によって、人びとの食生活は大きく変化しました。その結果、糖尿病などの生活習慣病が急激に増えており、こちらも深刻な社会問題になっています。

レベル別モデルアンサー	
レベル **1**	レベル **2**
A major problem with people's eating habits today is that they often eat junk food. As the fast-food industry has grown rapidly and has become popular, people often choose foods such as pizza and hamburgers. Such foods have a lot of fats and sugars. As a result, more and more people are suffering from diseases such as diabetes.	A major problem with people's eating habits today is that they consume unhealthy meals frequently. The rapid growth and increased popularity of the fast-food industry have contributed to people often choosing foods such as pizza and hamburgers which contain high levels of saturated fats and sugars. This is causing an increasing number of people being afflicted with lifestyle-related diseases such as diabetes.
今日の人びとの食生活における主な問題は、ジャンクフードを頻繁に食べていることです。ファストフード産業が急速に成長し、人気が高まったことにより、人びとは脂肪分や糖分の高いピザやハンバーガーなどの食べ物をよく食べるようになりました。その結果、糖尿病などの疾病に苦しむ人が増加しています。	今日の人びとの食生活における主な問題は、不健康な食べ物を頻繁に食べていることです。ファストフード産業が急速に成長し、人気が高まったことにより、人びとは飽和脂肪や糖分の高いピザやハンバーガーなどの食べ物をよく食べるようになりました。このことにより、糖尿病などの生活習慣病に苦しむ人が増加しています。

444

レベル **1**	レベル **2**
eating habit：食習慣 junk food：ジャンクフード suffer from …：〜に苦しむ disease：病気 diabetes：糖尿病	consume：消費する unhealthy：健康に悪い frequently：しばしば popularity：人気 contain：含む saturated fat：飽和脂肪酸 be afflicted with …：〜に悩まされる lifestyle-related disease：生活習慣病

主張のサポートを分析

　食生活の主な問題点として「不健康な食事」をあげています。その背景にはファストフードの普及があると説明しています。また、ファストフードが具体的にどのように健康を害しているのかについても、飽和脂肪酸などの観点から考察しています。全体を通して、詳しい説明をすることで問題がいかに深刻であるかを読み手に伝えようとしていることがわかります。

表現の違いに注目

無生物主語

これまでに紹介した例文でもそうでしたが、レベル2では「無生物主語」のストラクチャーが効果的に使われていることがわかります。第2文の接続詞を使った文章が「the rapid growth and increased popularity（急速に成長し、人気が得ていること）」を主語にした無生物主語のストラクチャーに置き換えられています。

動名詞の意味上の主語

レベル2の第2文に登場する「people often choosing foods …（人びとがしばしば〜のような食事を選択すること）」や、第3文の「an increasing number of people being afflicted with …（より多くの人が〜に悩まされていること）」は、いずれも動名詞の意味上の主語です。 Must 94、95でお話ししたように、「〜が、〜すること」という意味になります。

第1章
第2章
第3章
第4章
第5章
第6章
第7章
第8章
第9章
第10章

レベル別モデルアンサー[言語]

▶国際共通語は必要か？
／英語学習はできるだけ早く始めるべきか？

国際共通語は必要か？

よく使う
アイデア

・異文化への理解が深まり紛争が減るから
・言語の壁がなくなることでビジネスが発展するから
・海外旅行が容易になり世界経済の発展につながるから

押さえておきたい背景

「リンガフランカ」という用語を聞いたことがありますか？

これは、イタリア語で「フランク王国（5世紀後半にフランク人によって建てられた王国）の言葉」という意味だそうですが、共通の母語を持たない人たちが意思疎通のために使う「共通言語」という意味で使われるようになりました。

世界では、英語を母語とする人が約3〜4億人、「英語を話せる人」は、統計によって幅はあるものの、約10〜20億人いるとされています。このように、事実上、英語が世界共通語として使われつつあります。

レベル別モデルアンサー	
レベル **1**	レベル **2**
A common language is necessary today because it is beneficial for the world economy. When there are no common languages, people have to spend a lot of time and money translating documents and ensuring good communication.	A lingua franca can be considered necessary today because its use enables businesses to grow in a fast-paced world. When employees of global corporations do not have a common language, much time and many resources are wasted in providing

レベル **1**	レベル **2**
However, if people have a global language, companies can operate much more effectively and smoothly, which is helpful for them to increase revenue and to become successful.	translations and correcting any misunderstanding which may arise. Companies can operate much more effectively and smoothly by communicating in a global language, which can lead to greater revenue and success.
世界経済への利益を考えると、世界共通言語は必要です。共通言語がないと、人びとは書類の翻訳や意思疎通のために、多くの時間やお金を費やさなければなりません。しかし、共通言語があれば、会社はもっと効果的かつスムーズにビジネスができるため、売上の増加や企業としての成功につなげることができます。	目まぐるしく変化する社会において、世界共通言語は経済成長のために必要だと考えられています。多国籍企業では、すべての社員が理解できる共通の言語がないと、翻訳作業や、誤解が生じたときの解決に無駄な時間やお金を費やさなければなりません。世界共通言語でコミュニケーションができると、会社はさらに効果的かつスムーズに経営することができ、より大きな売上とビジネスの成功をもたらすでしょう。
common language：共通語 beneficial：有益な translate：翻訳する ensure：〜を確実にする operate：運営する revenue：収入	lingua franca：共通語 fast-paced：変化の速い corporation：企業 waste：無駄にする correct：正す misunderstanding：誤解 arise：生じる

主張のサポートを分析

　ここでは世界共通語が必要である理由は、「変化の速い世の中においてもビジネスが成長するチャンスを与えてくれるから」としています。

　もし共通言語がなかったら、複数の国に拠点を置くような大きな企業では、おそらく書類を翻訳したり、会話には通訳が必要になります。これには時間やお金がかかるのは当然ですが、さらにミスコミュニケーションによる弊害も心配されます。そのようなことでは変化の速い世の中においてビジネスが成長しにくい、と主張しているのですね。

表現の違いに注目

lingua franca　このテーマにおいて覚えておくと便利な語彙の1つです。外来語ですが、

英語には多くの外来語がとり入れられており、レベル2で使われているように適切な場面で使用できると非常に洗練された文章にできます。

its use　第1文の because 以降の違いに注目してみましょう。レベル1では「it is beneficial for the world economy（世界経済に有益である）」と表現していましたが、レベル2では「its use（その使用）」というように無生物主語を使っています。「その使用」とは、もちろん「共通語の使用」です。また、「in this world（この世の中において）」という部分も、レベル2では、「in a fast-paced world（目まぐるしく変化する社会において）」のように、さらに詳しい情報が盛り込まれています。

英語学習はできるだけ早く始めるべきか？

今回のポジション
Yes

よく使う
アイデア

- 幼い子どものほうが恥ずかしがらずに練習できるから
- 幼い頃のほうが順応力が高く、自然な発音を身につけやすいから
- 第1言語と第2言語の区別なく学ぶことができるから

押さえておきたい背景

　私が小学生だった頃は、日本の小学校で「英語」を教科にとり入れているところはほとんどありませんでした。わずか数十年の間に時代は大きく変わり、2020年から英語は小学校の必須科目となりました。

　世界的にも、「英語を母語としない人は、英語学習は早期に始めるべきである」という考えが広がっています。その理由の1つにあげられるのが、年齢と言語習得の関係性です。年齢が若いほど言語習得能力は高いことを示す研究結果も多くあり、言語をスムーズに習得できる年齢の上限（いわゆる「臨界期」）を提唱する人も多数います。

レベル別モデルアンサー	
レベル1	レベル2
English learning should be started as early as possible because people can master the language more effectively. Children at an early age have a flexible brain and are able to copy what they	English learning should be started as early as possible because this will lead to a greater mastery of the language. Thanks to their greater neuroplasticity, children are able to instinctively imitate

レベル **1**	レベル **2**
hear without thinking too much about rules or theories. This is helpful to obtain better fluency as well as natural pronunciation in the language.	sounds of a different language. Better fluency and a natural pronunciation can be gained as a result.
英語学習を効果的に行うには、できるだけ早い年齢から始めるべきです。幼い子どもは脳が柔軟で、規則や理論をあまり考えることなく、耳にした言葉をそのまま真似ることができます。このことは、流暢さや自然な発音を身につける上で役立ちます。	より完璧に英語を習得するためには、できるだけ早い年齢から学習を始めるべきです。子どもの脳は高い神経可塑性*があり、その言語の音の違いを直感的に真似る能力を持っています。その結果、流暢さや自然な発音を身に着けることができます。 * 神経可塑性：環境に応じて神経細胞の構造や機能を変化させながら効率性を高める脳の現象のこと。
as early as possible：できるだけ早期に master：習得する effectively：効率的に theory：理論 obtain：獲得する fluency：流暢さ pronunciation：発音	mastery：完全習得 neuroplasticity：神経可塑性 instinctively：直感的に imitate：真似る

主張のサポートを分析

「英語学習はできるだけ早く始めるべき」と主張する理由として、効果的な学習をあげています。スポンジのように柔軟な脳を持つ幼少期の子どもは、細かな規則や理論を意識することなく、見たり聞いたりしたものをそのまま吸収できます。レベル2では子どもたちの脳神経は発生段階にあって、環境に合わせて脳神経が順応していく力を持っていると説明しています。早期に英語学習を始めることにより、より自然な発音や流暢さを身につけることができるのです。

mastery　レベル1では「people can master the language more effectively（人びとはより効率的に言語を習得できる）」と表現していましたが、レベル2では「lead to a greater mastery of the language（その言語の効率的な習得につながる）」というように無生物主語のストラクチャーで表現しています。「mastery（完全習得）」のような高いレベルの語彙が必要なことからもわかるように、無生物主語のストラクチャーを使うためには幅広い語彙と文法の柔軟性が必要です。

あとがきと謝辞

　英語教師を母に持ち、幼少時から外国人の訪問客と接することもあった私
は、自然と英語の世界に魅了されることになりました。

　その後、40年前の日本ではまだ珍しかった英語授業のある小学校に進学し
た私は、本格的に英語を学び始めました。

　中学時代は堀俊彦先生（現、洛南高等学校附属中学校 校長）のご指導の
もと、弁論大会に選んでいただいたり、教科書の内容を超えた議論におつき
合いいただきました。

　高校時代は北川辰雄先生（現、洛南高等学校 校長）のご指導のもと、非常
にハイレベルな授業を楽しみました。特に、John F. Kennedy アメリカ元大
統領の就任演説を使った授業は非常に印象的でした。

　中高時代にお世話になった英語教師のお二方が、そろって母校の校長に就
任されたことは感慨深いものがあります。

　同時期に通っていた「佐伯英語教室（Saeki English School）」では、佐伯
洋先生のもと、『Reader's Digest』を使った本格的な授業を通して、初めてラ
イティングの世界に出会いました。人生で初めて読んだ英語の長文「The
Efficiency Expert」は今でも鮮明に記憶に残っています。

　佐伯洋先生は発音にも厳しく、受講生全員での音読練習は今の私のスピー
キングスキルに大いに活かされていると感じます。

　佐伯英語教室は2022年に創立70周年を迎えられます。心よりお祝い申し
上げます。

　大学に進学した私は、その後、15年近く英語学習から離れることになりま
したが、2012年に渡豪を決意し、社会人として再び英語学習を始めました。

　しかし、当時、特に日本ではまだあまり知られていなかった IELTS という
資格試験に苦労をすることになりました。一方で、ライティングの難しさ、
奥深さ、そして面白さを知ったのもこの頃です。

ライティングは独学で勉強することが最も難しい技能の1つです。それは、本書で繰り返しお話ししてきた「論理性・明瞭性」を鍛えることなしに、文法の正確性を上げたり語彙を増やしたりするだけでは洗練された英文ライティングが実現できないからです。

　本書を手にとってくださったあなたは、これから海外の大学・大学院での勉強を考えておられるかもしれません。あるいは海外で英語で仕事をすることを考えている人もいるでしょう。「読み手に伝わる書き方」「読み手を納得させる書き方」を知ることで、人生が変わります。
　自分のライティングを見直すことは勇気が必要です。しかし、人は常に自らに挑戦をする努力をするべきだと私は考えています。変化は、時にストレスを伴いますが、変化を避けるものは成功をも遠ざけることになるからです。

　[Must]03に掲載したエッセイは、これからさまざまな分野で活躍されるであろう読者のみなさんに向けて私自身が書き下ろしたエッセイです。ここに和訳を添えて再掲いたします。

Life is all about change. While some may prefer life to be static, I would argue that it would be extremely monotonous if one only repeated the same actions. A person should incorporate changes into their life.

> （人生には変化が必要です。変化のない人生を好む人もいますが、同じことを繰り返すだけの人生は非常に単調なものだと考えます。人は人生に変化をとり入れるべきです。）

There are indeed a number of people who opt to repeat the same course of action in their everyday lives. Such people believe that change always carries stress that they have to cope with. For example, changing jobs requires people to familiarize themselves with a new environment, including new bosses and colleagues. Because of the resultant mental strain, people frequently end up depressed after a job change. In this way, a change in life occasionally brings about distress, which is why some choose to stay in their comfort zones.

(確かに日々の生活において同じことを繰り返すことを選択する人も多くいます。そういった人びとは、変化にはストレスがつきものであり、それに対処しなければならないと考えています。例えば、仕事を変えることにより、人は新しい上司や同僚といった新しい環境に順応しなければなりません。それに伴って生じる精神的重荷のために、人びとは転職後にしばしばうつ状態になります。このように、人生における変化は時折苦悩をもたらします。それが、自分の居心地のよい場所にとどまることを選ぶ人がいる理由です。)

However, I believe that people should always endeavour to challenge themselves because the ability to change is a key to success. Life is unpredictable and those who avoid failure also avoid success. Many successful entrepreneurs have experienced numerous setbacks, from which they have learnt how to be more competitive in the market. Steve Jobs, for instance, experienced being dismissed from a company he himself had established because of the weak sales for a computer he designed. Yet, this failure fueled his passion and allowed him to make a dramatic comeback as one of the most renowned CEOs in the world.

(しかしながら、人びとは常に自らに挑戦をする努力をするべきだと、私は考えます。人生を予測することは不可能であり、失敗を避けようとする人は成功も逃すことになります。成功した多くの起業家は多数の挫折を経験しており、そこから市場でより競争力を持つための方法を学んできました。例えば、スティーブ・ジョブズは、自分がデザインしたコンピュータの売れ行きが悪かったために彼自身が設立した会社から解雇されることを経験しました。しかし、この失敗が彼の情熱に火をつけ、世界で最も著名なCEOの1人として劇的な復活を遂げました。)

To sum up, although some people may seek regularity in their lives to avoid unnecessary anxiety, I advocate that one should always welcome change in life as this attitude will make one more successful.

(要約すると、不必要な不安を避けるために人生に規則性を求める人も中にはいますが、人は人生における変化を常に歓迎するべきだと考えます。なぜなら、この態度が人をより成功に導くからです。)

　最後に、今回の出版にあたってお世話になった以下の方々に順不同でお礼を申し上げます。

　本書の編集者、藤田知子氏には約2年に渡ってお世話になりました。常に読者目線から忌憚のないご意見をいただき、私の説明が難しくなり過ぎないように歯止めをかけてくださいました。

　藤田氏を私にご紹介いただいた上田哲也氏（明日香出版社「時短省力　私の英語勉強法」著者）にも感謝いたします。Twitterで実施した「12週間でIELTSライティング7.0を達成する企画（12週間チャレンジ）」における氏との濃密な12週間は、私の人生における大きな挑戦であり、大きな変化でもありました。公の場で短期間でのスコア達成を宣言することはリスクとストレスを伴うものでしたが、あのときの「挑戦」を避けていたら、本書の実現はありませんでした。

　私をIELTSの世界に導いてくださった丸山美香氏（プラスワンポイント副代表）をはじめ、本書の校閲に膨大な時間と労力をつぎこんでくださった長佑樹氏（プラスワンポイント主任講師）、ニコウス琴子氏（プラスワンポイント主任講師）、上田沙矢香氏（元プラスワンポイント講師）に心より感謝いたします。

　入念に英文のチェックをしてくださったStephen Boyd氏（大阪大学元教授）、Don Oliver氏（プラスワンポイント顧問）、Daniel Nikles氏（プラスワンポイント講師）にも深く感謝いたします。

　2021年1月に他界した父に本書の完成を見届けてもらうことができなかったことは唯一の心残りですが、きっとどこかで完成を祝ってくれていると信じています。幼少期に私を英語の世界に誘ってくれた両親に改めて感謝します。

　ライティングを勉強することの素晴らしさは、人に伝える能力が飛躍的に高まることです。本書を通して、読者の皆さまがライティングの面白さを知り、新しい人生の挑戦が始まることを願ってやみません。

髙橋　響

●著者略歴●
髙橋　響（たかはし　ひびき）
日本語で学ぶ IELTS 対策専門スクール
『PlusOnePoint（プラスワンポイント）』
創設者・代表。
1997 年に大阪大学医学部を卒業後、麻酔
科専門医として活躍。
2012 年渡豪時に自身が苦労をした経験か
ら、日本語で学ぶ IELTS 対策のサービ
スを複数展開。難しい文法・語彙を駆使
するのではなく、シンプルな表現とアイ
デアで論理性・明瞭性のあるライティン
グを指導している。
これまでの利用者は 2,500 名を超え、
Twitter で実施した「12 週間チャレンジ」
では、わずか 4 週間で 7.0、7 週間で 7.5
など、参加者 4 名全員が短期間でライ
ティングスコア 7.0 以上を達成（うち 2
名は 7.5 を達成）。「IELTS ライティング
の鬼」の異名を持つ。オーストラリア在
住 10 年、IELTS 8.5（ライティング 8.0）、
CEFR C2。

◆ IELTS 対策専門オンラインスクール
『PlusOnePoint』
https://ielts.jp
◆ IELTS 専門オンラインコミュニティ
『IELTS SQUARE』
https://www.ieltssquare.com
◆ IELTS ライティング徹底添削サービ
ス『IELTS MyEssay』
https://ieltsmyessay.com
◆著者 Twitter アカウント
https://twitter.com/PlusOnePoint

本書の内容に関するお問い合わせ
は弊社 HP からお願いいたします。

英語ライティングの鬼 100 則

2021 年　8 月 24 日　初版発行

著　者　髙橋　響
発行者　石野栄一

明日香出版社

〒112-0005 東京都文京区水道 2-11-5
電話 (03) 5395-7650（代 表）
(03) 5395-7654（FAX）
郵便振替 00150-6-183481
https://www.asuka-g.co.jp

■スタッフ■　編集部　田中裕也／久松圭祐／藤田知子／藤本さやか／朝倉優梨奈／竹中初音／
畠山由梨／竹内博香
営業部　渡辺久夫／奥本達哉／横尾一樹／関山美保子

印刷　株式会社フクイン
製本　根本製本株式会社
ISBN 978-4-7569-2165-9 C0082

必読！シリーズ本

2020 年 英文法書売上 No.1!
**「目からウロコ」「高校生の頃にこの本が出ていたら、
人生変わっていた」と多くの支持を得ています！**

ピンク

英文法の鬼100則

英文が表す「気持ち」を捉える

時吉秀弥 Hideya Tokiyoshi

丸暗記、禁止。

「卓越した英語教師としての経験と認知言語学に基づく
独自の文法観が見事に結びついたユニークな英語指南書。」

東京大学文学部（言語学研究室）教授 **西村義樹** 推薦

ISBN978-4-7569-2059-1
A5並製　440ページ
2019年11月発行
本体価格1800円＋税

英語を学ぶ人が知っていると役立つ英文法の知識を
「認知言語学」を下敷きに 100 項まとめました。
「どうしてここは ing を使うのかな」
「ここは for かな、to だっけ」
「これは過去形で語るといい案件かな」
英文法のルールを丸暗記するだけの詰め込み勉強だ
と、いつまで経っても英語が「使えません」。

「どういう気持ちからこう話すのか」が体感できると
英語で実際に話し、書く力が飛躍的に伸びます。

この本では、「なぜ」そうなるのかを認知言語学的に
解説しているので、英語の気持ちと型が理解でき、
相手にしっかり伝わる英語を使えるようになります。
著者のわかりやすい解説に加え、洗練されたカバー
や本文のデザイン、理解を助けるイラスト等も高評
価。

受験英語から脱皮して
「どう話すか」ではなく
「何を話すか」を身につけましょう！

文法書の新定番が、ここにできました!!